量子情報工学

Quantum Information for Engineers

富田　章久 著

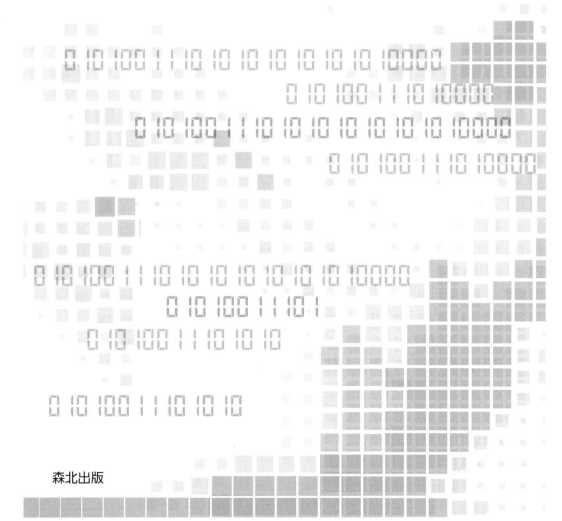

森北出版

● 本書のサポート情報を当社 Web サイトに掲載する場合があります．下記の URL にアクセスし，サポートの案内をご覧ください．

http://www.morikita.co.jp/support/

● 本書の内容に関するご質問は，森北出版 出版部「（書名を明記）」係宛に書面にて，もしくは下記の e-mail アドレスまでお願いします．なお，電話でのご質問には応じかねますので，あらかじめご了承ください．

editor@morikita.co.jp

● 本書により得られた情報の使用から生じるいかなる損害についても，当社および本書の著者は責任を負わないものとします．

■ 本書に記載している製品名，商標および登録商標は，各権利者に帰属します．

■ 本書を無断で複写複製（電子化を含む）することは，著作権法上での例外を除き，禁じられています．複写される場合は，そのつど事前に（社）出版者著作権管理機構（電話 03-3513-6969，FAX 03-3513-6979，e-mail：info@jcopy.or.jp）の許諾を得てください．また本書を代行業者等の第三者に依頼してスキャンやデジタル化することは，たとえ個人や家庭内での利用であっても一切認められておりません．

まえがき

　情報通信・情報処理に関する技術の進歩は著しく，これまでにはなかったような新しい分野が次々と誕生している．量子情報の分野もその一つで，なにやら難しそうだが，絶対に安全な暗号ができるとか，従来なら宇宙の年齢ほどの時間がかかるはずの計算があっという間にできるとか，無視するには魅力的すぎる能書きがついている．

　この本は学生や技術者で（科学ではなくて）工学としての量子情報技術に興味をもっている人を対象にしている．量子情報技術の研究開発を始めるときや，関連分野から量子情報技術を評価しようとしたとき，とりあえず関係する論文を読むことができ，必要に応じて専門書のどこを探せばよいか見当がつけられる程度の知識を得ることを目標にする．一般向けの解説記事を読んで，もう少し深く知りたいと思っても，参照する本がなかなか見つからないのが現状である．量子情報の世界にも標準的な教科書というのはあるが，読み通すのは結構大変である．薄い本はもっと専門的で難しかったり，一部の話題，とくに量子コンピュータに重点が置かれて量子情報技術としての見通しが良くなかったりするものが多い．私たちの研究室では量子暗号をはじめとした，光を使った量子情報処理技術の開発を目指しているが，はじめに読んでもらうのに適当な本を探すのに苦心している．それならば自分で書いてしまったほうが早いかも，と思ったのがこの本を書くきっかけの一つである．著者としては自分の知識と理解がこの程度というのがばれてしまうのはきついが，量子情報技術を研究する実験家として，これで何とかなっているというあたりを示すことにはなるのかもしれない．

　この本では，量子情報で重要な役割を果たす量子状態の概念，量子状態の準備，操作，測定や，量子もつれ，量子情報理論の初歩といった基礎を与える．そのうえでこれらを応用した量子情報技術を解説する．予備知識としては大学1，2年で習うはずの線形代数を仮定する．量子力学は知っていたほうがよいが，多くの大学で講義されている量子力学は量子情報技術で使う量子力学とは風景が違っているので，必要な量子力学の枠組みはこの本ので再構成する．古典的な（業界の慣習に従って量子力学を使わずに完結する世界を「古典的」という）情報理論も必要に応じて導入する．量子情報の表現には離散量と連続量の二つがあって，理論も実装もずいぶんと見かけが違う．本書では離散，それも2値で表される系を主に扱う．2値で表される量子情報の単位を量子ビットといい，従来の情報技術におけるビットにあたるものである．連続量の量子情報技術については別に良い本があるので，興味のある人はそちらを参照してほ

しい．

　こういった本で量子情報技術の実現方法をどの程度扱うかは，頭の痛いところである．抽象的な議論だけではどうしても何をやっているのか実感できない．工学はつくってなんぼの世界なので実装にも触れておきたい気持ちがある．一方で，具体的な実現法を理解するには量子ビットの物理的な実体の説明が必要になり，量子情報とは直接関係ない議論を長々としなければいけない．ここでは，光子，とくに偏光状態をもとにした量子ビットを題材とする．これは書いている本人が一番手なれている対象ということもあるが，偏光の現象は日常の生活でも（つまり古典的な世界でも）見ることができ，量子の世界をかいま見ることに適していると思えるからである．また，光子の偏光状態と量子ビットの代表格のスピンとは1対1の対応がつくので，他の物理系に対しても直感が効くということも期待できる．

　第1章で量子情報技術の概要を述べた後，第2章ではこれから量子情報技術を勉強していくために必要な数学（複素数と線形代数）を簡単におさらいしてから量子力学を再構成してみる．量子力学はいくつかの原理（仮定）を決めて，それに数学的な表現を与えたものである．原理を決めるためには実験事実を与えて，それらがうまく説明できるようにする．量子情報では量子力学の原理が直接的な形で使われ，おなじみのシュレーディンガー方程式はずっと影が薄くなるので，ここで述べるような線形代数と結びついた定式化が役に立つ．状態ベクトルを表すブラとケットを早い段階で導入するが，後で便利なことがわかるので，できるだけ目を慣らしてほしい．第3章では量子情報の基本単位となる量子ビットを説明し，量子ビットを操作するために必要な量子ゲートとそれを組み合わせた量子回路を述べる．複数の量子ビットがかかわると，量子情報処理で重要になる量子もつれ（エンタングルメント）が現れる．入門の段階では量子もつれの理論は具体的に何の役に立つのかわかりにくいところもあるので，詳しくは取り扱わない．第4章では量子情報理論を説明する．やや抽象的で，はじめて学ぶにはなじみにくいところもあるが，量子通信や量子暗号を理解するにはある程度の知識が必要なので辛抱してほしい．この章から先は，必要なところだけを拾っていってもよい．第5章では一番実用に近いとされている量子暗号鍵配付 (QKD) を扱う．QKDの安全性の理論は当初の直観的な議論からずいぶん遠くにきてしまっているが，そこに追いつくまでの土台をつくりたい．第6章は量子コンピュータについて述べる．量子コンピュータについてはすでにいろいろな本があるので，詳しくはそちらを読んでもらうことにして，代表的なアルゴリズムや量子計算モデルを説明する．最近，もしかすると量子コンピュータが本当に実現するかもしれないと思わせる出来事がいくつかあったので，それに関連した内容も紹介することにした．また，量子誤り訂正符号の考え方を簡単に説明する．

どなたかの教科書で，オリジナルな仕事がないという意味で「この本はすべて剽窃である」といったことが書かれていて，なるほど，と思ったものだが，この本も他の人の結果をまとめただけともいえる．とはいうものの，自分で使うために調べたことを書いたので，フィルタは通している．良いフィルタになっているとよいのだが．

この本のタイトルである『量子情報工学』の「工学」について一言しておきたい．筆者の駆け出しの時代に，上司からこんなことをいわれた．「何かができないことを示すのが『科学』で，そこを何とかするのが『工学』だ」．この本も，「何とかしよう」と思う人のためのものである．もちろん，できないものはできないのだが，障害物の様子がわかれば抜け道を探すこともできるだろう．本書がその助けになれば幸いである．

この本を書くにあたり，多くの人々から聞いたことが役に立っている．とくに，ERATO 今井量子計算機構プロジェクト，ERATO-SORST 量子情報システムアーキテクチャのメンバーや，NICT の量子暗号に関する委託研究に参加した諸氏との議論から得ることのできた知識・理解は大変貴重なもので，彼らに深謝したい．また，原稿を読んで誤りやわかりにくいところを指摘してくれた北海道大学大学院情報科学研究科情報エレクトロニクス専攻光エレクトロニクス研究室の諸君，とくに，小川和久助教に感謝する．

2016 年 12 月

著　者

目次

第1章 ◆ 量子情報技術とは　　1

- 1.1 量子情報技術とは 1
- 1.2 計算技術へのインパクト 3
- 1.3 暗号技術へのインパクト 6
- 1.4 量子情報技術を学ぶ意義 8

第2章 ◆ 量子力学再入門　　10

- 2.1 その前に，数学の準備 10
  - **2.1.1** 複素数 10
  - **2.1.2** 線形代数 12
- 2.2 量子力学 25
  - **2.2.1** シュテルン–ゲルラッハの実験 26
  - **2.2.2** 量子力学をつくる 29
  - **2.2.3** 演算子の交換関係と不確定性 40

第3章 ◆ 量子ビット　　44

- 3.1 1量子ビット 44
  - **3.1.1** 量子ビットの表現 44
  - **3.1.2** 1量子ビット演算 46
  - **3.1.3** 実際の量子ビットと量子ビット演算 53
- 3.2 多量子ビット 58
  - **3.2.1** 多量子ビットの表現法：テンソル積 59
  - **3.2.2** 量子もつれ 63
  - **3.2.3** 多量子ビットゲート 71
  - **3.2.4** 測定による状態操作，事後選択 76
  - **3.2.5** 量子もつれ光子対の生成と量子テレポーテーションの実験例 82

第 4 章 ◆ 量子情報理論　　88

4.1 混合状態　　88
- **4.1.1** 密度行列　　88
- **4.1.2** 密度行列を実験的に決定する　　93
- **4.1.3** 部分系の状態　　96

4.2 量子チャネル：一般化された状態の変化と測定　　103
- **4.2.1** クラウス表現，または operator-sum representation　　103
- **4.2.2** 1 量子ビットに対する量子チャネル　　109

4.3 量子状態はどれだけ似ているか　　113
- **4.3.1** 内積　　113
- **4.3.2** フィデリティ　　115
- **4.3.3** トレース距離　　119
- **4.3.4** 状態の近さを測る　　123

4.4 エントロピーと情報量　　127
- **4.4.1** 古典的なエントロピー　　128
- **4.4.2** 大数の法則，あるいは典型系列　　135
- **4.4.3** 量子系のエントロピー　　141
- **4.4.4** 量子もつれとエントロピー　　148

第 5 章 ◆ 量子暗号　　151

5.1 量子暗号鍵配付　　151
- **5.1.1** 現代暗号　　151
- **5.1.2** 鍵配付　　154
- **5.1.3** 量子暗号鍵配付の安全性の表現　　157
- **5.1.4** 量子暗号鍵配付のプロトコル　　159
- **5.1.5** 量子暗号鍵配付の道具立て　　164

5.2 量子暗号鍵配付の安全性証明　　170
- **5.2.1** 相補性に基づく安全性証明　　174
- **5.2.2** レーザ光源を使った場合の安全性　　179

5.3 量子暗号鍵配付の実際　　184
- **5.3.1** QKD システム　　184
- **5.3.2** 量子暗号の限界　　190

第 6 章 ◆ 量子計算　　195

- 6.1 量子フーリエ変換とその応用 195
  - **6.1.1** 量子フーリエ変換 196
  - **6.1.2** 量子フーリエ変換の応用 198
  - **6.1.3** 測定を行う量子フーリエ変換 203
- 6.2 振幅増幅とその応用 205
  - **6.2.1** 振幅増幅 205
  - **6.2.2** 振幅増幅の応用 208
- 6.3 量子計算のモデル 211
  - **6.3.1** 一方向量子計算の概要 211
  - **6.3.2** 量子ゲートの変換 213
  - **6.3.3** その他の量子計算モデル 217
- 6.4 量子誤り訂正 220
  - **6.4.1** 簡単な例 221
  - **6.4.2** スタビライザー 224
  - **6.4.3** フォールトトレラント量子計算 230
  - **6.4.4** デコヒーレンスフリーサブスペース 234

演習問題の略解　　237

参考書　　242

索引　　245

第 1 章

量子情報技術とは

Ch.1: Introduction

1.1 量子情報技術とは

　20 世紀の科学的な発見で人類に大きな影響を与えたものは何だろうか．人によっては細胞の複製の仕組みを鮮やかに説明したセントラルドグマをあげるかもしれない．DNA という言葉は日常会話にも使われていて，「会社の DNA」などと科学的には正しいとはいえない表現もよく耳にする（比喩としても「ゲノム」のほうが適当だと思うのだが）．しかし，その最たるものはやはり，エレクトロニクスや IT 機器だろう．これらは今では私たちの生活にすっかり溶け込んでいるため，あまり意識にのぼることはないが，社会を百年前には想像すらできなかったものに変えた．これらのもとになっているものは**量子力学**と**情報科学**である．量子力学はミクロな世界を支配する物理法則であり，原子が安定であることも量子力学の原理である不確定性によってはじめて説明できる．つまり，我々が存在できるのも量子力学のおかげなのだが，そこまで根源的なものに遡らなくても，エレクトロニクスの基礎となるトランジスタや光通信や光情報処理に不可欠なレーザは量子力学の産物である．量子力学は 1900 年のプランクによるエネルギー量子仮説の提案に始まり，1926 年に出されたディラックの理論でほぼ完成したので，まさに 20 世紀前半の知的成果といえる．

　情報科学は 1948 年のシャノンによる論文に始まる．ここでは，情報がはじめてエントロピーとして定量的に扱われ，さらに雑音のある通信路でも，信号と雑音の強度の比で決まる信号レートまでは誤りなく伝送できることが示された．携帯電話や衛星放送などの無線通信は，シャノンの理論を応用・発展させた誤り訂正符号なしには実現できなかったものである．また，データの冗長性を定量化することによって，データを損なわずに圧縮することも可能になった．同じころ，これもシャノンによって通信の秘匿性が定式化され，情報理論的に安全な暗号の概念が生まれた．送られたメッセージが誰かに盗み読みされたり書き改められたりしてはいないか．メッセージを送った相手は本当にあの人なのか．そういった疑いがあっては通信で大切なことを送れない．

暗号の歴史は人が他人を信用しなくなって以来続いているが，それに科学として根拠が与えられたのだ．コンピュータの発達と計算理論の進歩とも相まって，もはやデジタルデータを使わない生活は考えづらくなってしまった．その基盤となっているのが情報科学であるのは忘れてはならない．

しかし，これまで量子論と情報理論は相互に影響することなく発展してきた．量子力学を知らなくてもコンピュータを設計をすることができるし，反対に情報理論を知らなくても半導体デバイスをつくることができる．それどころかプログラムを書いたり，LSIをつくるだけなら別に量子力学も情報理論も知らなくても構わないのだが，それでもいままで考えられなかった新しいものをつくろうとするときには，こういった基本的な原理を知っているほうがやはり有利である．

量子情報科学は独自に発展してきた量子的な考え方と情報科学が20世紀も末になって出会って生まれたものである（図1.1）．情報科学ではビットという0と1の組み合わせで情報を表現しているが，量子力学的では0と1のどちらでもあるような，またどちらでもないような**重ね合わせ**といわれる状態を許す．このように情報の表現の仕方が変わったことで，情報を処理する方法も変わってくる．そのことによって，

・安全性が永遠に保証される量子暗号，
・これまでのコンピュータでは宇宙の寿命程度かかる計算を数時間でやってのける量子計算，
・わずかなエネルギーで高い分解能を実現する量子顕微鏡などの量子計測，

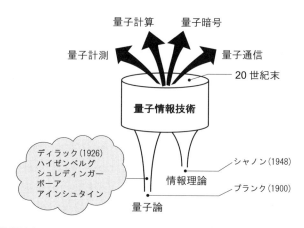

図1.1 量子情報技術の誕生と発展．20世紀前半に形成された量子力学と20世紀後半に発展した情報科学は社会を大きく変革してきた．生み出された20世紀の末になって，量子情報科学は計算・暗号・計測・通信などの分野で今世紀の情報社会に強い影響を与えていくものと期待される．

・通信感度の向上

といった新たな情報処理・情報伝送の可能性が予言されていて，あるものについてはアルゴリズムが示され，さらにその一部はすでに実現されている．つまり，量子情報科学は情報処理の原理から見直すことで従来よりはるかに少ないリソースで機能を実現する．量子情報理論は，これから述べるような，無条件安全な通信や超高速計算など従来不可能であったことが実現できるというだけでなく，我々が知りうることの限界や計算とは何かといった，情報技術の考え方そのものを考え直す機会を与える．それが応用と結びついたところが量子情報のすごさであるわけだが，さらに量子情報の考え方や手法を用いることで，これまでの情報理論における難問に答えが与えられたりもしている．

1.2 計算技術へのインパクト

　現在の情報処理技術ではソフトウェアの役割が極めて重要である．どれほど高性能なコンピュータであっても「ソフトウェアがなければただの箱」といわれるとおり，我々にとって重要な情報処理の機能はソフトウェアによって実現される．ソフトウェアはコンピュータハードウェアの性能向上と共に進歩しており，大量のデータを高速に処理して，人間の情報処理とはおそらく違ったアプローチによって人工的な知的情報処理が実現されつつある．もちろん，ソフトウェアも効率を高めるという方向にも進歩しているのだが，実現しようとしている機能がそれよりも速く高度になっていくため，ソフトウェアが要求するハードウェア性能はどんどん高いものになっている．たとえば，環境問題や気象問題の解析には大規模なシミュレーションが必要である．また，製薬などでコンピュータによる分子設計を行うときには複雑な条件の下で非常にたくさんの選択肢から最適なものを選び出さなくてはならない．従来，こうした問題を解決するためにスーパーコンピュータが開発されてきた．現在でも，一番を目指して世界中でより強力な計算機の開発競争が行われている．これらの計算機ではプロセッサの数を増やし，高いクロック周波数で動かすことで高速化を行っている．

■**ポストムーアの法則**　　コンピュータの性能向上には演算素子の高集積化・高速化が有効である．コンピュータには素子をたくさん使わなければならないが，そうすると発熱のためうまくはたらかなくなる．また，素子間の通信にかかる時間も大規模な計算機では問題となる．そのため，素子を微細化し流れる電力を小さくしようとする．しかし，この方向での性能向上には微細化の限界がささやかれている．これまで，集

積回路上のトランジスタの数は 18 か月で 2 倍になるという**ムーア (Moore) の法則**が成り立ってきた．ただし，いくらでも小さくできるわけではなくて，トランジスタを原子のサイズより小さくすることはできない．そうなる前にも，これまで利用してきた電子の流れを制御する仕組みが使えなくなって，リーク電流が増加するため素子の微細化の意味がなくなる．また，電力を小さくするということは使われる電子の数が少なくなることを意味する．そのため，これまで問題にならなかった電子数の揺らぎが平均化されずに残り，この影響でデバイスの動作が不安定になる．

現在まで，多くの人の知恵でそのような限界はどんどん先に延ばされてきているが，必ずいつかは限界に達する．この限界を乗り越えるためのアプローチは大きく分けて**モアムーア (more Moore)**，**モアザンムーア (more than Moore)** および**ビヨンドムーア (beyond Moore)** といわれている．モアムーアは，新しい材料や 3 次元的に素子を積み重ねることでムーアの法則をいけるところまで進展させる技術であり，モアザンムーアは従来のデジタル回路だけでなく，それ以外のアナログ回路や RF 回路などを集積して一つのチップで新たな機能を実現しようとする技術である．さらに，ビヨンドムーアはこれまでのトランジスタとは異なる原理に基づく素子によって微細化の限界を超えることを目指している．ハードウェアから見た量子情報技術は，量子情報処理という新たな機能を実現するという意味でモアザンムーアであり，従来とは異なる原理に基づいたデバイスをつくるという意味ではビヨンドムーアである．ただし，一般にいわれているビヨンドムーアはデバイスの原理は新しくなっているものの，実現しようとする機能は従来のデジタル情報処理にほかならない．その意味では量子情報技術は趣が異なる．

■**量子計算**　　量子情報処理では，「量子」という従来のデジタル情報処理とは違う原理を用いることで少ないリソースで計算を行えることが期待されている．計算に必要なリソースは**計算量 (computational complexity)** という言葉で表され，問題の大きさ（入力のビット数 L など）に対して答えを出すために必要な時間やメモリの量，ゲートの数などで評価される．計算量は正確な計算時間を表しているわけではなく，普通定数倍の違いは無視する．ある問題に対して高々 L に比例する計算時間で答えを出すアルゴリズムは，L^2 に比例する計算時間を要するアルゴリズムよりも効率が良い，といった具合である．計算量が L の多項式で表されるアルゴリズムがあるとき，その問題は効率的に解けるといい，それより計算量が多い（たとえば L の指数関数で増大する）アルゴリズムしか存在しないとき，その問題を解くことは困難であるという．指数的に増えるということは，計算量がねずみ算のようにあっという間に天文学的な大きさになってしまうということであり，大きな問題になると宇宙の寿命より長い計算

時間でも解けなくなる.

実は量子計算が本当に古典的な計算機より速いのかはわかっていない.ただ,古典的な計算は量子コンピュータでも効率的にシミュレートできるので,少なくとも古典的に計算できる問題が量子計算で解けないということはない.また,ある種の問題については,これまで知られている最良の古典アルゴリズムでも準指数的な(指数関数と多項式の中間の速さで増えていく)計算量を必要とするのに対して,多項式の計算量で解く量子アルゴリズムがある.また,この問題に対して,多項式時間で実行可能な古典アルゴリズムはおそらくないだろうと信じられているので,量子計算の優位性はかなり確からしい.その一例が素因数分解を行う**ショア (Shor) のアルゴリズム**である.素数の掛け算は簡単にできるが,掛け算の答えからもとの数を求めるのは大変な仕事となる.これまで知られている最も効率的なアルゴリズムである一般数体ふるい法では,素因数分解を行う数 N の準指数

$$L_N(s,c) = \exp[c(\ln N)^s(\ln\ln N)^{1-s}] \tag{1.1}$$

に従って計算に必要な時間が増えていく.計算量は s によって変わり,もし,$s=0$ のとき式 (1.1) は $L_N(0,c) = (\ln N)^c \propto L^c$ なので N のビット数 L の多項式,$s=1$ ならば $L_N(0,c) = (N)^c \propto 2^{Lc}$ なので L の指数関数になる.一般数体ふるい法では $s=1/3$,$c=(64/9)^{1/3} \simeq 1.9$ と評価されている.一方,ショアのアルゴリズムでは高々 L^3 に比例するリソースで計算ができる.

また,量子計算のスピードアップにどのような量子力学的な性質が重要なのかも確定していない.これは基礎的にも重要な問題であるばかりでなく,実際の量子コンピュータではどういった量子力学的な性質を使えばよいかという,計算機の設計にも関係する問題でもあるため,現在も研究が盛んに進められている.わからないとはいうものの,量子計算が高速に行える理由として,次のようなことは考えられる.前に述べたように,量子力学では 0 と 1 の重ね合わせ状態をつくることが可能になる.重ね合わせを使うと,すべてのビット値の組み合わせを一つの量子状態で表すことができる.普通の古典的計算では,たとえば,3 ビットだと $2\times2\times2=8$ 通りある組み合わせをすべて試すには 8 回の演算が必要になる.ところが量子では八つの状態の重ね合わせを一つの状態ベクトルで表し,1 回ですべての組み合わせに対する演算ができる.L ビットの数には 2^L 個の組み合わせがあるため,量子演算は古典計算より指数的に計算が速くでき,ビット数が大きくなるほど優位性が際立ってくる.

ところが,この話には落とし穴がある.演算が終わったときには結果はまだ量子力学的な重ね合わせ状態のままになっている.我々は古典的な世界に住んでいるため,必要な答えは古典的なビットで表されていなければならない.ビット列を求めるため

には測定を繰り返さなければならないが，一つの状態は1回しか測定できない（測定すると重ね合わせ状態が壊れてしまう）．そのため，何回も演算した結果の状態をつくり直さなければならず，結局指数回だけ演算が必要になってしまう．そのようなことが起こらないようにするためには，演算結果の状態を多項式回測定すれば答えが得られるようになっていなければならない．そういったうまいアルゴリズムが見つけられた問題というのはまだ限られていて，ショアによる素因数分解アルゴリズムとその拡張が主なものである．こういったアルゴリズムでは干渉や量子力学的な相関が効果的に使われている．とくに，素因数分解アルゴリズムでは，第6章で見るように（逆）**量子フーリエ変換**が使われている．

量子的なスピードアップのもう一つのメカニズムとして，**振幅増幅** (amplitude amplification) といわれるものがある．これは古典的な確率情報処理では成功確率が試行回数に比例して増大するのに対し，量子的な情報処理では確率振幅が試行回数に比例する．確率は確率振幅の絶対値の2乗であるので，量子情報処理では同じ成功確率を得るのに古典での試行回数の平方根でよいことになる．これは，先に見たような指数的なスピードアップに比べると効果としては小さいが，一般的に成立するので適用範囲が広いことが期待される．また，スピードアップについても 2^L の繰り返しが $2^{L/2}$ で済むことになるので，L が大きいときの効果は馬鹿にできないものとなる．

量子コンピュータの研究の方向には，アルゴリズムの探索による適用分野の拡大，量子計算と古典計算を分けるものは何かといった基礎的な問題と，実現するための方法の探求が考えられる．後者については物理的な実装技術だけでなく，一方向量子計算のような新しい計算モデルの導入や誤り訂正技術など理論的な検討も重要である．さらに，量子コンピュータをつくる技術だけでなく量子コンピュータを使う技術も重要になる．

1.3 暗号技術へのインパクト

重要な情報が電子化され，ネットワーク上を行き来するようになっている．これらの情報が他の人に知られないこと，誤った情報にすり替えられないことは非常に重要である．経済，外交，防衛，社会インフラなどで使われる情報の安全性が失われたときの社会的影響は極めて大きく，最高度の安全性が要求される．現在の暗号システムは，**計算量的安全性**，つまり，暗号を解くのに必要な数学的な問題が難しく，コンピュータで解読するのに非現実的に長い時間がかかることを安全性の基礎にしている．これは将来コンピュータ技術や解読技術が進歩すると安全でなくなってしまう可能性がある．一般に，安全性は暗号に使われる乱数（鍵）の長さに依存するので，技術の進歩

に伴って鍵を長くする必要がある．コンピュータの性能がまだ低かったころはたとえば鍵長として 56 ビットが使われていた．このような鍵からつくられた暗号文は現在のコンピュータで解読可能である．そのため，鍵長は 20 年程度，長くとも数十年で更新され，現在広く使われている暗号プロトコルの一つである RSA 暗号では 1024 ビット鍵から 2048 ビット鍵への移行が進められているところである．これによって少なくとも数十年は暗号通信は安全であると考えられている．ところが，情報を奪おうとする者は通信を傍受し，暗号解読ができるほど技術が進歩するまで保存しておくことができる．この戦略は "store now and decrypt later" などとよばれている．その場限りの情報であれば，当面安全性が保たれれば十分かもしれないが，たとえば，遺伝情報は一生どころか子孫の代まで秘密に保たれなければならない．未来永劫とまではいかなくとも，百年の単位で安全性を保証する技術が必要になる．

　ショアが提案した量子アルゴリズムとその一族は，現在広く使われている暗号の安全性を保証している数学的問題を多項式時間で解く．そのため，量子コンピュータが実現すると現在の暗号システムの安全性は大きく揺らぐことが予想される．そこで最近，量子コンピュータが登場しても安全性が保たれる暗号技術の研究が注目されている．このような暗号は**耐量子暗号** (post-quantum cryptography, quantum-resistant cryptography, quantum-safe cryptography) などとよばれている．ここでいう「量子」は量子コンピュータのことを指している．耐量子暗号は量子コンピュータが現実のものとなって，現在広く使われている暗号が破られるときがきても安全性が保たれることを目指している．この分野の研究の多くは，現在の暗号の枠組みは変えずに，安全性の根拠となる数学的問題を量子コンピュータにとっても難しいものに切り替えようというものである．いくつかの暗号アルゴリズムが提案されており，安全性の解析や実装に向けた研究が進められている．

　とはいえ，これらの暗号アルゴリズムに効率的な解法が本当にないという証明はなされていない．また，将来コンピュータの能力が向上することで難しい問題でも力押しで解かれる可能性もある．一方，計算量に頼らず，盗聴者がアクセスできる情報量に注目する**情報理論的安全**な暗号技術というものが考えられる．シャノンによって絶対安全性が証明されたワンタイムパッド暗号はその一例である．将来どのように技術が発展しても安全性が保たれる情報理論的安全性を追及することは，意義のあることだと考えられる．

■**量子暗号**　量子力学的な状態に対して得られる情報には限界がある．原理的な限界を盗聴者に課すことによって暗号の安全性を得る手法が量子暗号である．量子暗号の可能性はまだ完全に明らかになってはいないが，現在のところ，**量子暗号鍵配付**

(quantum key distribution, QKD) とよばれるプロトコルが実用的なものとして知られている．量子暗号鍵配付は離れた 2 者間で安全に乱数（暗号鍵）を共有する．この乱数の秘匿性（安全性）は計算の難しさによる計算量的安全性ではなく，情報理論的に保証されている．つまり，将来どれだけ技術が進歩しても鍵の秘匿性は保証される．量子通信を使わなくとも情報理論的に安全な乱数の共有は可能だが，たとえば記憶容量に上限があるといったように盗聴者の能力を限定する必要がある．量子暗号鍵配付ではそのような仮定は不要で，非直交状態の完全な測定ができないという量子力学の法則が盗聴者の能力に限界を与える．量子暗号鍵配付の安全性については理想的な状況でまず証明がなされ，その後現実の装置に存在する不完全性を考慮するための拡張が行われている．そのため，安全性理論はかなり込み入ったものになってしまっているが，安全性証明の基本的なところは確立したといってもよいだろう．今後は，実際につくられた装置の安全性を評価する手法を，理論と実験の両方から確かなものとしてユーザーが安心して使えるようにしていく必要がある．

また，量子暗号鍵配付には伝送距離や鍵生成速度に限界があり，また，外部からの雑音光に弱いといった問題がある．これらの問題を解決するためには，新しい原理や量子中継などの新技術，古典的な情報理論的安全な手法との連携といった試みが必要になってくると思われる．量子暗号鍵配布については第 5 章で詳しく見ていく．

1.4 量子情報技術を学ぶ意義

　新しい技術が既存の技術に挑むと，多くの場合失敗する．これまで残ってきた技術はやはり筋が良くて，改良の道筋が見えやすいものが多い．また，現在使われている技術にかかわる人や資金といったリソースが桁違いであることも少なくない．新技術がある目標を達成する頃には既存技術はもっと先に行っているということはよくあることである．そのため，どうせ新しいことをするのなら，いまある技術がどう頑張っても達成できないようなことを考えたほうがいいのではないかと思う．筆者は，量子情報技術はそういう技術の一つなのではないかと考えている．

　量子計算と量子暗号という，量子情報技術によって革新が期待できる二つの応用を述べたが，このほかに計測技術への応用も期待できる．たとえば，量子計算のところで述べた振幅増幅による試行回数の削減は，測定精度の向上に使える．測定精度は一般にサンプル数の平方根に比例して向上するが，量子的な測定ではサンプル数に比例して向上する．これはハイゼンベルグ限界とよばれ，とくにサンプル数があまりとれないときに有効になる．

　量子情報技術を学ぶ意義は以上のような応用にとどまらない．通信や計算とは本当

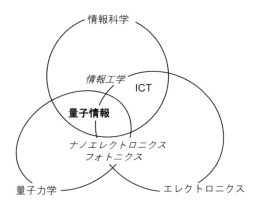

図 1.2 量子情報と関連する科学技術．理論的な基礎を与える量子力学と情報科学に加え，ナノエレクトロニクスやフォトニクスが実現のための技術的な基盤となる．また，量子情報処理を使うための技術として，情報工学や通信工学との連携が必要となる．

のところ何をしているのか？ 何が必要なのか？ 性能の限界を決めているものは何か？ そういった根本的な問いが新しい技術を生み出すことはよくあることである．原理的な問題に取り組むときには，しばしば極限的な場合や単純化された場合を考える．量子はまさに極限であり，複雑なアルゴリズムやデバイス構造に隠される前の姿で通信や計算の本質が現れる．また，これまでに習った（知識としてもっている）量子力学や情報科学を量子情報という観点からもう一度見直すことで新しい光景が開け，新しい意味を味わえるようになることも期待できる．さらに，図 1.2 に示すように，量子情報では量子力学・情報科学と実現方法であるフォトニクスやナノエレクトロニクスがクロスオーバーしている．量子情報処理において，演算操作は量子力学的な状態をつくり出し，制御していくことにほかならない．量子状態の生成や制御はもともと技術的に難しいことなので，理論で提案されたことをそのままの形で実現するというアプローチは困難かもしれない．実験的に可能なことをどのように使えば期待する機能が実現できるのか，アルゴリズムの側と実装する側の対話によって新しい概念を生み出していくことが必要と思われる．そういったダイナミズムもまた量子情報技術の魅力といえる．

　本書では量子情報技術を扱う枠組みを量子情報工学と位置づけ，上述したような技術を理解し，使えるようになるための理論を学んでいく．次章では数学と量子力学のうち量子情報技術に必要となることがらを見直そう．

第2章

量子力学再入門

Ch.2: Quantum Mechanics Revisited

2.1 その前に，数学の準備

　量子情報技術の勉強をするためには，やはりある程度の数学と物理学（量子力学）の知識が必要になる．ここでは量子情報を学ぶにあたって知っておいたほうがよいことをまとめておこう．物理を記述する言語は数学にほかならない．新しく訪れた土地で語られていることを理解するためには，その土地の言葉を知っておくことが重要である．

2.1.1 複素数

　量子力学の記述には複素数の利用が不可欠である．それは量子力学では状態の位相が大きな意味をもつからだ．もちろん，位相を実数の組で表すこともできるが，記述がひどく繁雑になるし，意味が伝わりにくくなる．

　複素数 α は二つの実数の組 $(a_1, a_2) \in \mathbb{R}^2$ で表される．複素数全体の集合を $\mathbb{C}$ で表す．複素数は実数と同様に四則演算ができる．つまり，複素数 α と $\beta = (b_1, b_2)$ に対して和は $\alpha + \beta = (a_1 + b_1, a_2 + b_2)$，積は $\alpha \times \beta = (a_1 b_1 - a_2 b_2, a_1 b_2 + a_2 b_1)$ という規則で計算される．単位元はそれぞれ $(0, 0)$ と $(1, 0)$ である．また，和と積について交換則 $\alpha * \beta = \beta * \alpha$，結合則 $(\alpha * \beta) * \gamma = \alpha * (\beta * \gamma)$，分配則 $\alpha \times (\beta + \gamma) = \alpha \times \beta + \alpha \times \gamma$ も成り立つ．ただし，$*$ は和（$+$）または積（$\times$）を表す．虚数単位 $i = \sqrt{-1}$ を使って

$$\alpha = a_1 + a_2 i \tag{2.1}$$

と書くと，実数の演算規則と違和感なく複素数の演算ができる．複素数の a_1 を実部，a_2 を虚部という．式 (2.1) のように書くと和と積の単位元は 0 と 1 となって，実数と同じ表記になるが，値が 0 の虚部がついていることを忘れてはいけない．以後，積の記号を省略して $\alpha\beta$ のように書くことにする．

　複素数 $\alpha = a_1 + a_2 i$ は 2 次方程式

$$x^2 - 2a_1 x + a_1^2 + a_2^2 = 0 \tag{2.2}$$

の解である．同時に $a_1 - a_2 i$ も方程式 (2.2) の解になっている．これを α に**共役**な複素数といい，α^* または $\bar{\alpha}$ と書く．この本では物理でよく用いられる α^* を使う．また，複素共役をとる操作もよく利用されるが，これは α を α^* に変える操作，つまり虚部の符号を反対にする操作である．

複素数は二つの実数の組で表されるから，実部を横軸（実軸とよぶ）に，虚部を縦軸（虚軸とよぶ）にとると，複素数は図 2.1 のように平面上の 1 点として表すことができる．この平面を複素平面という．複素平面上の点 $\mathrm{A}(a_1, a_2)$ と原点を結ぶ線分 OA の長さは $r = \sqrt{a_1^2 + a_2^2}$ であり，これが複素数の大きさを表す．r を複素数の絶対値ともいい，$r = |\alpha|$ と書く．絶対値の 2 乗は複素数とその複素共役の積である．

$$|\alpha|^2 = \alpha^* \alpha = a_1^2 + a_2^2 \tag{2.3}$$

複素平面上で見ると，複素数を線分 OA の長さ r と実軸との角度（偏角）θ で表せることがわかる．これを複素数の**極座標表示**といい，

$$\alpha = r e^{i\theta} \tag{2.4}$$

と書く．ここで，$\cos\theta = a_1/r$, $\sin\theta = a_2/r$ でなければならないが，これは**オイラーの公式**

$$e^{i\theta} = \cos\theta + i\sin\theta \tag{2.5}$$

そのものである．オイラーの公式は複素数の指数関数を定義したものと見ることもできる．容易に確かめることができるように，実数と同様の指数法則 $a^{x+y} = a^x a^y$, $(a^x)^y = a^{xy}$ などが複素数の a, x, y についても成り立つ．極座標表示を使うと複素共役は $\alpha^* = r e^{-i\theta}$ となる．また，べき乗も簡単に $\alpha^m = r^m e^{im\theta}$ と表せる．このことを使うと三角関数の計算は複素数の計算に置き換えることができ，面倒な三角関数の積和公

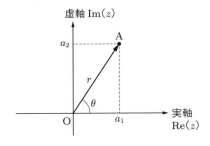

図 **2.1** 複素平面

式を忘れてしまっても複素数の計算（実数と同じようにできる）だけですませること
ができる．

2.1.2 | 線形代数

　成分が複素数のベクトルを導入する．基本的な演算は成分が複素数であっても実ベ
クトルと同じように行うことができる．また，量子力学を本格的に使うときに役立つ
ベクトルのブラケット表示もこの項で導入する．

■**複素ベクトル空間とヒルベルト空間**　　まず，舞台となるベクトル空間を用意する．
量子力学的な状態を表すには**ヒルベルト (Hilbert) 空間**上のベクトルが使われる．
ヒルベルト空間とは有限次元では「内積が定義された複素ベクトル空間」のことだと
思っていればよい．とはいえ，今後のためにもう少し数学的にきちんとした形で述べ
ておこう．まず，ベクトル空間とは何だったか思い出そう．集合 V が以下の性質を満
たすとき，複素ベクトル空間であるという．

1. 任意の V の元 u, v に対して演算 "+"（これは普通の足し算と同じでもよいし，違っ
   ていてもよい）が定義できる．つまり，$u, v, w \in V$ に対して単位元 0 があって
   $$u + v = v + u \in V$$
   $$0 + u = u + 0 = u$$
   $$u + (v + w) = (u + v) + w$$
   が成り立つ．
2. 任意の V の元 u に対して定数倍という演算が定義できる．つまり，あらゆる複素
   数 α, β について
   $$\alpha u \in V \quad \text{ただし，} 1u = u, 0u = 0$$
   $$\alpha \beta u = (\alpha \beta) u$$
   が成り立つ．
3. 任意の V の元 u, v とあらゆる複素数 α, β について
   $$(\alpha + \beta) u = \alpha u + \beta u$$
   $$\alpha (u + v) = \alpha u + \alpha v$$
   が成り立つ．

つまり，複素ベクトル空間では元となるベクトルの線形結合もそのベクトル空間の元
となっている．これは，物理の言葉でいえば重ね合わせが成り立っていることを示し

ている．

さて，複素ベクトル空間におけるベクトル $u_1, \ldots, u_n$ の線形結合 $a_1 u_1 + a_2 u_2 + \cdots + a_n u_n, (a_1, \ldots, a_n \in \mathbb{C})$ について

$$a_1 u_1 + a_2 u_2 + \cdots + a_n u_n = 0 \Leftrightarrow a_1 = a_2 = \cdots = a_n = 0 \tag{2.6}$$

であるとき，$u_1, \ldots, u_n$ は線形（一次）独立であるという．線形独立でないベクトルは他のベクトルの線形結合で表すことができる．また，ベクトル空間の次元は線形独立なベクトルの最大数である．たとえば，あるベクトル空間に属するどんなベクトルでも 2 個のベクトルの線形結合で表せれば，空間の次元は 2 である．

さらに，ヒルベルト空間は距離などの都合の良い性質をもっている．すなわち，**エルミート内積**をもち，それからノルムが定義できて距離関数がつくられる（ヒルベルト空間は距離空間でもある）．さらに無限次元のヒルベルト空間では収束性を議論するために完備であることを示す必要があるが，考える空間の次元が有限であればあまりそのあたりのことは気にしなくともよい．

さて，d 次元のヒルベルト空間を $\mathcal{H}$ と表すと，この空間の二つのベクトル $u, v \in \mathcal{H}$

$$u = \begin{pmatrix} u_1 \\ u_2 \\ \vdots \\ u_d \end{pmatrix}, \quad v = \begin{pmatrix} v_1 \\ v_2 \\ \vdots \\ v_d \end{pmatrix} \tag{2.7}$$

のエルミート内積（以下，単に内積）は

$$(v, u) = \sum_{i=1}^{d} (v_i)^* u_i \in \mathbb{C} \tag{2.8}$$

で定義される．内積は次の性質をもつ．

$$((\alpha u + \beta v), w) = \alpha^*(u, w) + \beta^*(v, w) \tag{2.9a}$$

$$(u, v) = (v, u)^* \tag{2.9b}$$

$$(u, u) \geq 0 \tag{2.9c}$$

$$(u, u) = 0 \Leftrightarrow u = 0 \tag{2.9d}$$

実数のベクトルの場合と異なり，順序を交換したものは複素共役になる．また，ノルム $\|u\| = \sqrt{(u, u)}$ が与えられ，シュワルツの不等式

$$\|u\| \|v\| \geq |(u, v)| \tag{2.10}$$

を満たす.

内積によってベクトルの直交性が定義できる．ヒルベルト空間におけるベクトル u, v が直交するとは内積が 0 ということである．

$$(v, u) = 0 \tag{2.11}$$

内積は，幾何学的に見ると二つのベクトルの角度が θ のとき

$$|(v, u)| = \|u\|\|v\| \cos\theta \tag{2.12}$$

と書け，よって内積は二つのベクトルがどれだけ似ているかを示している．

ヒルベルト空間 $\mathcal{H}$ の任意のベクトル $x \in \mathcal{H}$ が線形独立なベクトル $e_1, \ldots, e_d$ の線形結合で書けるとき，$e_1, \ldots, e_d$ は $\mathcal{H}$ の基底であるという．とくに，

$$(e_i, e_j) = \delta_{i,j} \tag{2.13}$$

のとき，正規直交基底という．d 個の線形独立なベクトルからグラム–シュミットの直交化法を使って正規直交基底をつくることができる．具体的な方法は線形代数の教科書を読んでもらいたい．

演習問題 2.1
線形独立なベクトル $(a_1, \ldots, a_d)$ を正規直交化するプログラムをつくれ．

■**Diracの記法：ブラとケット**　さて，ここまでは数学書風にベクトルを書いたが，これからは列ベクトルをケットで表すことにしよう．n 次元ベクトル空間のベクトルを

$$|\phi\rangle = \begin{pmatrix} \phi_1 \\ \phi_2 \\ \vdots \\ \phi_n \end{pmatrix} \tag{2.14}$$

と書くと約束する．とくに正規直交基底を $\{|1\rangle, \ldots, |n\rangle\}$ と表すことにすると，$|\phi\rangle$ はこうも書ける．

$$|\phi\rangle = \phi_1 |1\rangle + \cdots + \phi_n |n\rangle = \sum_j \phi_j |j\rangle \tag{2.15}$$

この式は成分表示 (2.14) と比べると表記がコンパクトになっている．さらに式 (2.15) では基底が明示されている．一方，成分表示のほうでは，暗黙的に $(1, 0, \ldots, 0)^T, \ldots,$

$(0, \ldots, 0, 1)^T$[*1]を基底としているが基底の正体はあいまいなままになっていた.さらに,ケット表示では,$|*\rangle$に入るラベル "*" は表す状態を指定するものであれば何でもよいので便利である.たとえば,「生きている猫と死んでいる猫の状態を書いてください」といわれたときは $|$生きている猫$\rangle$ と $|$死んでいる猫$\rangle$ と書けばよい.もちろん,こう書いたところで猫の状態が実際どんなものかはわからないが,とりあえずヒルベルト空間上のベクトルとして表せたので線形代数の計算規則によって演算を進めることができる.そこまでいかなくとも,粒子のスピン上向きと下向きの状態を $|\uparrow\rangle$, $|\downarrow\rangle$ などと表すことは量子力学ではよくある.

ケットベクトルと対になるブラベクトルを導入する.ブラはケットの複素共役転置(**エルミート共役**:ダガー†で表す)ベクトル

$$\langle\phi| = |\phi\rangle^\dagger = (\phi_1^*, \phi_2^*, \ldots, \phi_n^*) \tag{2.16}$$

である.別の見方をすると,ブラはケットと(行列としての)積をとることによって数(この場合は複素数)を与えるものである.この数が内積に等しくなるように式 (2.16) を決めている.この記法では内積は

$$(v, u) = \langle v|u\rangle \tag{2.17}$$

に等しい(記号の成り立ちから考えると真ん中の縦棒は 2 本あるべきだが,面倒なので 1 本で済ませるのが慣例となっている)[*2].

■**線形演算子**　ヒルベルト空間上の大きさ 1 のベクトル $|\phi\rangle$ が同じ空間のベクトル $|\psi\rangle$ に変換されるとしよう.2.2.2 項で述べるように,$|\phi\rangle$ は量子力学的な状態を表す.量子情報技術ではベクトルの変換は状態の操作,あるいは演算という意味をもち,非常に重要な役割をする.

$$|\psi\rangle = \hat{O}|\phi\rangle \tag{2.18}$$

式 (2.18) は,演算子 $\hat{O}$(以後,$\hat{*}$ は $*$ が演算子であることを示す)を $|\phi\rangle$ に左から作用させると $|\psi\rangle$ が現れることを表現している.そこで,演算子 $\hat{O}$ は次のように表せる.

$$\hat{O} = |\psi\rangle\langle\phi| \tag{2.19}$$

実際,$|\phi\rangle$ に作用させると $\langle\phi|\phi\rangle = 1$ だから結果は $|\psi\rangle$ になる.もちろん,式 (2.19) は考えているヒルベルト空間の任意のベクトル $|u\rangle$ に作用させることができて,ベクト

[*1] A^T は転置を表す.ベクトルなら縦のものを横にする.行列なら行と列を入れ変える.
[*2] 厳密にいうとブラベクトルはケットベクトルのいる空間の双対空間の元である.違う空間にいるので内積をとることはできない.そのため,本文のようなちょっと回りくどい表現をしている.

ル $|\phi\rangle$ に平行な成分 $\langle\phi|u\rangle$ を取り出して $|\psi\rangle$ に変換するという意味になる．$|\psi\rangle = |\phi\rangle$ のとき，

$$\hat{P} = |\phi\rangle\langle\phi| \tag{2.20}$$

は $|\phi\rangle$ に対しては何の効果もないが，任意のベクトルに対しては $|\phi\rangle$ への射影をとる操作となる．

以下では，線形な変換 $\hat{O}(a_1|\phi_1\rangle + a_2|\phi_2\rangle) = a_1\hat{O}|\phi_1\rangle + a_2\hat{O}|\phi_2\rangle$，ただし $a_1, a_2 \in \mathbb{C}$ を考える．n 次元ヒルベルト空間における線形演算子は $n \times n$ 行列で表すことができる．そのためには正規直交基底を用いて

$$|\psi\rangle = \sum_{i=1}^{n} p_i |i\rangle \tag{2.21a}$$

$$|\phi\rangle = \sum_{j=1}^{n} q_j |j\rangle \tag{2.21b}$$

と表す．ここで，$o_{ij} = p_i q_j^*$ とすると式 (2.19) は

$$\hat{O} = \sum_{i,j} o_{ij} |i\rangle\langle j| \tag{2.22}$$

と書け，o_{ij} は $\hat{O}$ の行列要素である．

行列といえば

$$\begin{pmatrix} a_{11} & \cdots & a_{1n} \\ \vdots & \ddots & \vdots \\ a_{n1} & \cdots & a_{nn} \end{pmatrix}$$

のように数（ここでは複素数）が縦横に並んでいるものが思い浮かぶが，基底が明示できるメリットがあるので今後はブラとケットを使った式 (2.19) や式 (2.22) のような表現を多用する．普通の行列表記では，基底を変換するともとの基底で書いた行列と区別がつかなくなって混乱する恐れがある．

線形演算子 $\hat{O}$ のエルミート共役演算子 $\hat{O}^\dagger$ は任意のベクトル $|u\rangle$，$|v\rangle$ に対して内積が

$$\left(|v\rangle, \hat{O}|u\rangle\right) = \left(\hat{O}^\dagger|v\rangle, |u\rangle\right) \tag{2.23}$$

を満たす．エルミート共役演算子 $\hat{O}^\dagger$ は $\hat{O}$ の複素共役転置をとったものだが，こちらのほうをエルミート共役演算子の定義と考えてもよい（演習問題 2.2）．この表式を使うと，演算子 $\hat{A}$，$\hat{B}$ について

$$(\hat{A}\hat{B})^\dagger = \hat{B}^\dagger \hat{A}^\dagger \tag{2.24}$$

であることを簡単に示すことができる．

◆証明◆　ベクトル $|u\rangle$, $|v\rangle$ に対して

$$\left(|v\rangle, \hat{A}\hat{B}|u\rangle\right) = \left((\hat{A}\hat{B})^\dagger|v\rangle, |u\rangle\right)$$

である．一方，式 (2.23) を 2 回使うと

$$\left(|v\rangle, \hat{A}\hat{B}|u\rangle\right) = \left(\hat{A}^\dagger|v\rangle, \hat{B}|u\rangle\right) = \left(\hat{B}^\dagger\hat{A}^\dagger|v\rangle, |u\rangle\right)$$

となり，これが任意のベクトルについて成り立つことから $(\hat{A}\hat{B})^\dagger = \hat{B}^\dagger\hat{A}^\dagger$ でなければならない．　□

演習問題 2.2

線形演算子 $\hat{O} = \sum_{ij} o_{ij} |i\rangle\langle j|$ とその複素共役転置をとった演算子 $\hat{O}^\dagger$ がベクトル $|u\rangle = \sum_i u_i |i\rangle$, $|v\rangle = \sum_i v_i |i\rangle$ について式 (2.23) を満たすことを示せ．

■**固有値，固有ベクトル**　演算子 $\hat{O}$ の固有値 λ に関する固有ベクトル $|e\rangle$ は次のようなものである．

$$\hat{O}|e\rangle = \lambda|e\rangle \tag{2.25}$$

同じ固有値 λ に属する固有ベクトル $|e_1\rangle$, $|e_2\rangle$ について

$$\begin{aligned}\hat{O}(a_1|e_1\rangle + a_2|e_2\rangle) &= a_1\hat{O}|e_1\rangle + a_2\hat{O}|e_2\rangle \\ &= \lambda(a_1|e_1\rangle + a_2|e_2\rangle)\end{aligned} \tag{2.26}$$

が成り立つので，同じ固有値に属する固有ベクトルの全体は一つのベクトル空間（考えているヒルベルト空間の部分空間）をつくることがいえる．

一般に線形演算子は固有値の性質で分類できる．これから重要になるのは正規演算子のファミリーであり，それぞれ以下のような性質がある．

- **正規演算子** (normal operator)：$\hat{N}\hat{N}^\dagger = \hat{N}^\dagger\hat{N}$　［対角化可能］
- **自己共役演算子** (self-adjoint operator)：$\hat{H} = \hat{H}^\dagger$　［実固有値］
- 非負または**正値演算子** (positive operator)：$\hat{A} \geq 0$　（任意のベクトル $|\psi\rangle$ に対して $\langle\psi|\hat{A}|\psi\rangle \geq 0$ が成り立つ）［固有値が非負］
- **射影演算子** (projection operator)：$\hat{P}^2 = \hat{P}$　［固有値=0,1］
- **恒等演算子** (identity operator)：$\hat{1}$
- **ユニタリ演算子** (unitary operator)：$\hat{U}^\dagger\hat{U} = \hat{1}$　［固有値の絶対値が1］

これらの間には図 2.2 に示すように

$$\text{正規} \supset \text{自己共役} \supset \text{正値} \supset \text{射影} \supset \text{恒等} \subset \text{ユニタリ} \subset \text{正規}$$

といった包含関係がある．実数の行列では自己共役演算子は対称行列，ユニタリ演算子は直交行列にあたる．自己共役演算子は**エルミート演算子**という名のほうが物理ではよく使われる．この本でもこれからはエルミートということにする．

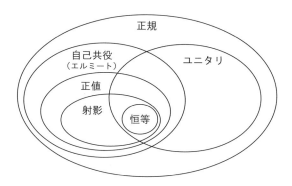

図 2.2 線形演算子の包含関係

正規演算子はあまり有名でないが，ユニタリ演算子もエルミート演算子もこれに属していて，対角化が可能であるという重要な性質をもっている．対角化可能とは，固有値 λ_i と正規直交化された固有ベクトル $\{|e_i\rangle\}$ によって

$$\hat{N} = \sum_i \lambda_i |e_i\rangle\langle e_i| \tag{2.27}$$

と表せるということである．これを**スペクトル分解**という．たとえば，恒等演算子 $\hat{1}$ は対角成分が 1 で非対角成分がすべて 0 の行列なので

$$\hat{1} = \sum_i |e_i\rangle\langle e_i| \tag{2.28}$$

と表せる♦．スペクトル分解 (2.27) において，$|e_i\rangle\langle e_i|$ は $|e_i\rangle$ への射影演算子である．

演算子をスペクトル分解すると，先に述べた演算子の性質と括弧のなかに書いた固有値の満たす条件が関係づけられる．たとえば，エルミート演算子について見てみると，演算子をスペクトル分解して

$$\hat{H} = \sum_i \lambda_i |e_i\rangle\langle e_i| \tag{2.29}$$

♦ これを完全性ともいい，$\{|e_i\rangle\}$ が空間の基底になっているための必要条件である．

と書く．式 (2.29) のエルミート共役をとる．ここで，$(|e_i\rangle)^\dagger = \langle e_i|$ であり，$(AB)^\dagger = B^\dagger A^\dagger$ であることを使うと，

$$\hat{H}^\dagger = \sum_i \lambda_i^* |e_i\rangle \langle e_i|$$

となる．これが $\hat{H}$ に等しいことから，$\lambda_i^* = \lambda_i$，つまり固有値は実数であることがわかる．

また，ユニタリ演算子をスペクトル分解する．

$$\begin{aligned}\hat{U} &= \sum_i \lambda_i |e_i\rangle \langle e_i| \\ \hat{U}^\dagger &= \sum_i \lambda_i^* |e_i\rangle \langle e_i|\end{aligned} \quad (2.30)$$

ユニタリ演算子は $\hat{U}^\dagger \hat{U} = \hat{1}$ を満たすから，

$$\hat{U}^\dagger \hat{U} = \sum_{i,j} \lambda_i^* \lambda_j |e_i\rangle \langle e_i|e_j\rangle \langle e_j| = \sum_i |\lambda_i|^2 |e_i\rangle \langle e_i|$$

と式 (2.28) を比べると，$|\lambda_i| = 1$ でなければならないことが結論される．ユニタリ変換はベクトルの長さを変えない（$|(\hat{U}|\psi\rangle, \hat{U}|\psi\rangle)| = |\langle\psi|\hat{U}^\dagger \hat{U}|\psi\rangle| = |\langle\psi|\psi\rangle|$）が，このことと固有値の絶対値が 1 であることは同値である．

> **演習問題 2.3**
> 射影演算子の固有値が 0 または 1 であることを示せ．

■**特異値分解**　演算子 $\hat{X}$ が $n \times m$ の行列 X で表され，ランクが $r \leq \min(n, m)$ であるとする．X は $n \times n$ のユニタリ行列 U，$n \times m$ の対角行列 D と $m \times m$ のユニタリ行列 V を用いて次のように積の形に分解できる．これを**特異値分解** (singular value decomposition) という．

$$X = UDV^\dagger \quad (2.31)$$

$$= \begin{pmatrix} u_1 & u_2 & \cdots & u_n \end{pmatrix} \begin{pmatrix} \sqrt{\lambda_1} & \cdots & 0 & \cdots & 0 \\ \vdots & \ddots & \vdots & & \vdots \\ 0 & \cdots & \sqrt{\lambda_r} & \cdots & 0 \\ \vdots & & \vdots & & \vdots \\ 0 & \cdots & 0 & \cdots & 0 \end{pmatrix} \begin{pmatrix} v_1^\dagger \\ v_2^\dagger \\ \vdots \\ v_m^\dagger \end{pmatrix} \quad (2.32)$$

上の式で U, V が行列を表すため，u_i は列ベクトル，$v_j^\dagger$ は行ベクトルである．対角行列は $diag(\sqrt{\lambda_1},\ldots,\sqrt{\lambda_r},0,\ldots,0)$ のようにも表す．ここで，$\sqrt{\lambda_i}$ を行列 X の**特異値**といい，特異値は大きい順に並んでいるものとする．

$$\sqrt{\lambda_1} \geq \sqrt{\lambda_2} \geq \cdots \geq \sqrt{\lambda_r} > 0 \tag{2.33}$$

特異値分解の式 (2.31) から

$$U^\dagger X X^\dagger U = DD^\dagger = diag(\lambda_1,\ldots,\lambda_r,0,\ldots,0) \tag{2.34a}$$

$$V^\dagger X^\dagger X V = D^\dagger D = diag(\lambda_1,\ldots,\lambda_r,0,\ldots,0) \tag{2.34b}$$

が導かれ，ユニタリ行列 U の各列は $XX^\dagger$ の固有ベクトル，V の各列は $X^\dagger X$ の固有ベクトルであることがわかる．

以下に，特異値分解が可能なことを示す．

◆**証明**◆　演算子 $\hat{X}$ は m 次元ヒルベルト空間 $\mathcal{H}_V$ のベクトルを n 次元ヒルベルト空間 $\mathcal{H}_U$ のベクトルに移すものである．それぞれの空間の正規直交基底を $\{|v_i\rangle\}, i=1,\ldots,m$ と $\{|u_i\rangle\}, i=1,\ldots,n$ とする．特異値分解の式 (2.31) を書きかえると

$$\hat{U}^\dagger \hat{X} \hat{V} = \hat{D} = \sum_{i,j=1}^r \delta_{i,j}\sqrt{\lambda_i}|u_j\rangle\langle v_i|$$

$$\langle u_j|\hat{U}^\dagger \hat{X} \hat{V}|v_i\rangle = \begin{cases} \delta_{i,j}\sqrt{\lambda_i}, & 1 \leq i \leq r \\ 0, & i > r \end{cases} \tag{2.35}$$

となるので，別の正規直交基底で

$$\langle \psi_j|\hat{X}|\phi_i\rangle = \begin{cases} \delta_{i,j}\sqrt{\lambda_i}, & 1 \leq i \leq r \\ 0, & i > r \end{cases} \tag{2.36}$$

と表せることを示せばよい．ここで

$$|\phi_j\rangle = \hat{V}|v_i\rangle \tag{2.37}$$

$$|\psi_j\rangle = \hat{U}|u_i\rangle \tag{2.38}$$

である．

さて，$\hat{X}^\dagger \hat{X}$ は $(\hat{X}^\dagger \hat{X})^\dagger = \hat{X}^\dagger \hat{X}$ なのでエルミートである．任意の $|\psi\rangle$ について $\langle\psi|\hat{X}^\dagger\hat{X}|\psi\rangle = \|\hat{X}|\psi\rangle\|^2 \geq 0$ が成り立つので正値演算子でもある．よって $\hat{X}^\dagger \hat{X}$ は非負の固有値をもち，0 でない固有値の数は行列 X のランク r に等しい．そこで，

$$\hat{X}^\dagger \hat{X}|\bar{\phi}_i\rangle = \lambda_i|\bar{\phi}_i\rangle, \quad i=1,\ldots,r \tag{2.39}$$

と書ける．ただし，$\lambda_i > 0$ である．固有ベクトルは互いに直交するので，正規直交する r 個のベクトル $\{|\bar{\phi}_i\rangle\}$ に固有値 0 に属する $m-r$ 個の一次独立な固有ベクトルを正規直

交化して合わせることによって，ヒルベルト空間 $\mathcal{H}_V$ の m 個の正規直交基底 $\{|\phi_i\rangle\}$ をつくることができる．

式 (2.39) の両辺に $\langle \bar{\phi}_j |$ をかける．

$$\langle \bar{\phi}_j | \hat{X}^\dagger \hat{X} | \bar{\phi}_i \rangle = \lambda_i \delta_{i,j}$$

$$\left(\hat{X} | \bar{\phi}_j \rangle\right)^\dagger \hat{X} | \bar{\phi}_i \rangle = \lambda_i \delta_{i,j} \tag{2.40}$$

そこで，

$$|\bar{\psi}_i\rangle = \frac{1}{\sqrt{\lambda_i}} \hat{X} |\bar{\phi}_i\rangle \tag{2.41}$$

とおく．$\{|\bar{\psi}_i\rangle\}$ が正規直交であることが示せれば，$\hat{X}^\dagger |\psi\rangle = 0$ を満たす $n-r$ 個の一次独立なベクトルと合わせてヒルベルト空間 $\mathcal{H}_U$ の n 個の正規直交基底 $\{|\psi_i\rangle\}$ をつくることができ，式 (2.40) から式 (2.36) を示すことができる．

$$\begin{aligned}\langle \bar{\psi}_j | \bar{\psi}_i \rangle &= \frac{1}{\sqrt{\lambda_j}} (\hat{X} |\bar{\phi}_j\rangle)^\dagger \frac{1}{\sqrt{\lambda_i}} \hat{X} |\bar{\phi}_i\rangle \\ &= \frac{1}{\sqrt{\lambda_j \lambda_i}} \langle \bar{\phi}_j | \hat{X}^\dagger \hat{X} | \bar{\phi}_i \rangle = \frac{1}{\sqrt{\lambda_j \lambda_i}} \lambda_i \delta_{i,j} \\ &= \delta_{i,j} \end{aligned} \tag{2.42}$$

よって，$\{|\bar{\psi}_i\rangle\}$ は正規直交であるので式 (2.36) を示すことができた． $\square$

特異値分解は量子情報だけでなく，最小二乗法やデータ解析における主成分分析など多くの応用がある．正の特異値の部分空間に状態を限定することができるので，解析に必要な空間の次元を小さくすることができる．さらに，小さい特異値を無視することによって主要な寄与をするベクトルの方向を決めることができる．そのため，次元の大きいデータを解析する際の重要なツールになっている．量子情報に関連した応用としては，量子もつれ理論で現れる**シュミット分解**がある．

> ----演習問題 **2.4**----
> 次の行列を特異値分解せよ．
> $$\begin{pmatrix} -(1+i) & 1+i \\ -3+4i & -3+4i \end{pmatrix}$$

■**行列の関数** 　行列 A の関数 $f(A)$ も行列になるが，これはテイラー展開によって定義できる．

$$f(A) = f(0)I + f^{(1)}(0)A + \frac{1}{2!}f^{(2)}(0)A^2 + \cdots \tag{2.43}$$

ここで，I は単位行列で恒等演算子 $\hat{1}$ に対応する．式 (2.43) を使うためには行列 A のべき乗を計算しなければならないが，対角行列 $D = diag(a_1, \ldots, a_n)$ のときは

$$D^m = diag(a_1^m, \ldots, a_n^m) \tag{2.44}$$

と簡単に求めることができる．行列が $D = PAP^{-1}$ のように対角化されるとき

$$A^m = P^{-1}DPP^{-1}DP \cdots P^{-1}DP = P^{-1}D^m P \tag{2.45}$$

なので，式 (2.43) に代入して

$$f(A) = P^{-1}f(D)P \tag{2.46}$$

のように計算できる．

行列 A が固有値 a と固有ベクトル $|a\rangle$ をもつとき，

$$A^m |a\rangle = A^{m-1} a |a\rangle = \cdots = a^m |a\rangle$$

なので

$$f(A)|a\rangle = f(a)|a\rangle \tag{2.47}$$

となる．

正規演算子の関数 $f(\hat{N})$ に対しては，式 (2.47) から

$$f(\hat{N}) = \sum_i f(\lambda_i) |e_i\rangle \langle e_i| \tag{2.48}$$

となる．ただし，$|e_i\rangle$ は固有値が λ_i の固有ベクトルである．

演習問題 2.5

$|n\rangle$ がエルミート演算子 $\hat{N}$ の固有値 n の固有ベクトル，すなわち $\hat{N}|n\rangle = n|n\rangle$ であるとき，

$$|\alpha\rangle = e^{-|\alpha|^2/2} \sum_{n=0}^{\infty} \frac{\alpha^n}{\sqrt{n!}} |n\rangle$$

で定義されたベクトルに $e^{i\chi \hat{N}}$ を作用させると α の位相が変化した次のベクトルが得られることを示せ．

$$e^{i\chi \hat{N}} |\alpha\rangle = |\alpha e^{i\chi}\rangle$$

■ **トレース** 行列に対する関数の一つに**トレース** (trace, tr) がある．行列 A のトレースは対角要素を足し上げた

$$\mathrm{tr}(A) \equiv \sum_i a_{ii} \tag{2.49}$$

で定義され，行列から数を得る操作の一つである．線形演算子 $\hat{A}$ についてもトレースは上の定義に対応して，基底ベクトル $\{|i\rangle\}$ を使って

$$\mathrm{tr}(\hat{A}) = \sum_i \langle i|\hat{A}|i\rangle \tag{2.50}$$

と表せる．

トレースは以下の性質をもつ．

- 巡回性：$\mathrm{tr}(\hat{A}\hat{B}) = \mathrm{tr}(\hat{B}\hat{A})$, $\mathrm{tr}(\hat{A}\hat{B}\hat{C}) = \mathrm{tr}(\hat{B}\hat{C}\hat{A})$, etc.
- 線形性：$\mathrm{tr}(\hat{A} + \hat{B}) = \mathrm{tr}(\hat{A}) + \mathrm{tr}(\hat{B})$, $\mathrm{tr}(\alpha\hat{A}) = \alpha\mathrm{tr}(\hat{A})$.
- ユニタリ変換[*1]に対して不変：$\mathrm{tr}(\hat{U}^\dagger \hat{A} \hat{U}) = \mathrm{tr}(\hat{A})$ （巡回性から）

また，$|\psi\rangle$ を大きさ 1 のベクトル（単位ベクトル）として

$$\mathrm{tr}(\hat{A}|\psi\rangle\langle\psi|) = \sum_i \langle i|\hat{A}|\psi\rangle\langle\psi|i\rangle = \sum_i \langle\psi|i\rangle\langle i|\hat{A}|\psi\rangle = \langle\psi|\hat{A}|\psi\rangle \tag{2.51}$$

である．1 行目から 2 行目に移るとき，$\langle i|A|\psi\rangle$ と $\langle\psi|i\rangle$ は内積，つまりただの数[*2]なので順序を交換してもよい．このように，ブラケット表示を使うとはじめは一つの演算子だった $|\psi\rangle\langle\psi|$ をばらして扱うことが自然にできる．また，基底ベクトル $\{|i\rangle\}$ のすべてにわたって和をとったとき

$$\sum_i |i\rangle\langle i| = \hat{1} \tag{2.52}$$

であることを使っている．これは，恒等演算子の表式を逆に見ただけともいえるが，非常に使いでのある恒等式である．

演習問題 2.6

上で述べたトレースの性質を，ブラとケットを使って行列を

$$\hat{A} = \sum_{i,j} a_{ij} |i\rangle\langle j|$$

のように表し，直接計算することで示せ．

[*1] 正規演算子のユニタリ変換がこのように表せることについては演習問題 4.1 を参照すること．
[*2] ただの数のことを c–数ともいう．後で出てくるように量子力学では物理量はただの数ではないので q–数とよばれる．

■**極分解とトレースノルム**　有限次元のヒルベルト空間上の線形演算子 $\hat{A}$ がある．以下の話を簡単にするために $\hat{A}$ は正規演算子であるとしておく．このとき，$\hat{A}$ は二つの演算子の積

$$\hat{A} = \hat{U}|\hat{A}| \tag{2.53}$$

と表すことができる．これを**極分解** (polar decomposition) という．複素数 z を極座標で表したとき，絶対値と偏角によって $z = |z|e^{i\theta}$ と書けることに対応している．$|\hat{A}|$ は行列式ではなくて，演算子の絶対値ともいえるもので

$$|\hat{A}| = \sqrt{\hat{A}^\dagger \hat{A}} \tag{2.54}$$

で定義される．これは複素数の絶対値の定義 $|z| = \sqrt{z^*z}$ に相当する．式 (2.54) では線形演算子の平方根を計算しなければならない．$\hat{A}$ をスペクトル分解によって固有値 λ_i と固有ベクトル $|i\rangle$ を使って

$$\hat{A} = \sum_i \lambda_i |i\rangle \langle i|$$

と表したとき，

$$\hat{A}^\dagger \hat{A} = \sum_i |\lambda_i|^2 |i\rangle \langle i|$$

なので，式 (2.48) を使うと

$$|\hat{A}| = \sum_i |\lambda_i| \, |i\rangle \langle i| \tag{2.55}$$

である．これから，$|\hat{A}|$ はエルミートで正値であり，さらに，逆演算子をもつことがわかる．また，$\hat{U}$ はユニタリ演算子である．ユニタリ演算子は回転を表すので複素数の位相部分 $e^{i\theta}$ に対応している．このように，線形演算子を「大きさ」と「回転」によって記述することができ，複素数の極形式と同様，解析に便利に使われる．ただし，両方とも数ではなくて演算子で表されている．

演習問題 2.7

上の極分解 (2.53) で $\hat{U}$ はユニタリであることを示せ．

演算子の大きさを量として表すものとして，**トレースノルム**を

$$\|\hat{A}\| = \mathrm{tr}|\hat{A}| = \mathrm{tr}\sqrt{\hat{A}^\dagger \hat{A}} \tag{2.56}$$

と定義する．ここでは $\hat{A}$ は正規演算子としているので，

$$\|\hat{A}\| = \sum_i |\lambda_i| \tag{2.57}$$

のように固有値を使って計算できる．$|\hat{A}|$ の定義とトレースの性質を使うとノルムとしての条件を満たしていることを示すことができる．

後で使うので，次の性質を示そう．すなわち，線形演算子 $\hat{A}$ があるとき，ユニタリ演算子 $\hat{V}$ をかけて得られる線形演算子 $\hat{B} = \hat{A}\hat{V}$ のトレースの絶対値を最大化したとき，最大値は $\hat{A}$ のトレースノルムになる．

$$\|\hat{A}\| = \max_{\hat{V}} \left| \mathrm{tr}\left(\hat{A}\hat{V}\right) \right| \tag{2.58}$$

この証明は以下のようにして行える．

◆ **証明** ◆ $\hat{A}$ を極分解した表式 (2.53) を用いると

$$\begin{aligned}
\mathrm{tr}\left(\hat{A}\hat{V}\right) &= \mathrm{tr}\left(\hat{U}|\hat{A}|\hat{V}\right) = \mathrm{tr}\left(|\hat{A}|\hat{V}\hat{U}\right) \\
&= \sum_i \langle i| \sum_j |\lambda_j\rangle\langle j| \hat{V}\hat{U} |i\rangle = \sum_i |\lambda_i| \langle i|\hat{V}\hat{U}|i\rangle
\end{aligned} \tag{2.59}$$

と書ける．ここで，$\hat{V}\hat{U}$ はユニタリであるのでベクトル $|i\rangle$ を大きさを変えずに変換する．そのため，$|\langle i|\hat{V}\hat{U}|i\rangle| \leq 1$ であり，等号は $|i\rangle = \hat{V}\hat{U}|i\rangle$ のとき成立する．よって，

$$\left|\mathrm{tr}\left(\hat{A}\hat{V}\right)\right| \leq \sum_i |\lambda_i| = \|\hat{A}\|$$

が成り立つ．等号が成立するのはすべての $|i\rangle$ について $|i\rangle = \hat{V}\hat{U}|i\rangle$ のときである．すなわち，$\hat{V}\hat{U} = \hat{I} \Leftrightarrow \hat{V} = \hat{U}^\dagger$ のとき等号が成立する． □

2.2 量子力学

ここからは，量子力学の世界に入ろう．古典力学は観測された量，たとえば粒子の位置や速度の時間変化や相互の関係を問題にしてきた．量子力学でも最終的には測定を行うので観測量がかかわってくるのだが，量子力学を建設する過程においては，観測される量とはどのようなものかについて，深刻な反省が行われた．その結果，**量子力学的な状態**に対して何らかのはたらきかけ（操作）を行い，それに対する応答として測定を考えるべきだということが明らかになった．このようなことは珍しい考え方ではなく，たとえば電子回路の状態を知るためにプローブを当て，流れる電流からそこでの電位を測定するなどということは普通に行われている．さらにいえば，プローブによっては状態が変化してしまい正確な測定ができないといったことも起きる．

そこで，問題となるのは，(1) 量子力学的状態とは何か，(2) 測定とはどのような操作か，(3) 測定によって状態はどのような影響を受けるか，(4) 測定しないとき状態はどのように変化するか，といったことである．量子力学の入門では，いつの間にかシュレーディンガー方程式が与えられ，その解として波動関数が得られる．定常のシュレーディンガー方程式は固有値問題であり，量子状態を測定すると固有値が得られ，測定後の状態は固有関数に収縮するといったことを学ぶことになるのだが，上の疑問に対する答えは明確な形では与えられないことが多い．

量子力学の発展の過程では，当然ながら，完成した理論がいきなり出てきたわけではない．理論は実験と整合するように数学的に記述され，物理的な解釈が行われて，この節の最後にあるような公準（要請）としてまとめられた．以下では，量子力学の性質を露わにした典型的な実験であるシュテルン–ゲルラッハの実験をもとに，実験結果と，そのもっともらしい数学的記述である量子力学の理論を見ていくことにする．

2.2.1 | シュテルン–ゲルラッハの実験

量子力学が建設されていく間には，古典物理学と量子力学の違いを示す様々な実験が行われた．量子力学の教科書のはじめのほうには黒体輻射とそれに関連したプランクの仮説，光電効果，コンプトン効果，電子波の干渉などが紹介されているが，なかでも重要なものに**シュテルン–ゲルラッハの実験**がある．この実験では，炉で加熱されて蒸発してきた銀原子を小さな穴の組（コリメーター）でビーム状にしたものを図 2.3 に示すような形の磁極の間に通し，スクリーンに原子が当たった場所を記録することで原子が曲げられる方向を測定する．磁極の形のせいで z 方向に不均一な磁場 $B_z(z)$ が生じている．磁気モーメントをもった原子と磁場との相互作用は，磁気モーメントの z 成分を μ_z とすると $-\mu_z B_z$ なので，原子には

$$F_z = \frac{\partial \mu_z B_z}{\partial z} \tag{2.60}$$

の力がはたらく．この実験は原子ビームの方向によって磁気モーメントの z 成分を測

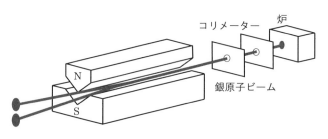

図 2.3 シュテルン–ゲルラッハの実験の概念図

定していることになる．さて，高温の炉から出てきた原子の向きはバラバラのはずなので，磁気モーメントの z 成分も最大値と最小値の間を連続的に分布しているものと考えられる．つまり，古典物理学で考えると観測される原子ビームの向きは連続的な広がりをもったものになるはずである．ところが，実際には原子は二つの方向にしか別れなかった．つまり，銀原子の磁気モーメントの z 成分は二つの値しかとることができない．このように，物理量がとびとびの値をとることを量子化されているという．現在では銀原子の磁気モーメントが電子のスピンに起因していることがわかっているので，この実験はスピンの z 成分の量子化 $S_z = \pm 1/2$ を表していると解釈されている．

シュテルン–ゲルラッハの実験では，磁極はスピンの z 成分によって原子ビームを分離する装置と考えることができる．いったん分離されたビームの一方を同じ向きにセットした磁極の間を通しても，ビームは分裂せず一方だけに現れる．もちろん，磁極の向きを変えれば x 成分や y 成分についても実験を行うことができる．スピンの z 成分によって分離した原子ビームを，さらに x 成分によって分離する装置で観測すると，興味深い結果が得られることが知られている．

原子ビームによる実験の説明を続ける代わりに，光子版シュテルン–ゲルラッハ実験を紹介しよう．この実験は電子のスピンの代わりに光子の偏光を用いるものである．単一光子源や光子検出器といったものを使わずに，照明光と偏光サングラスのような身近にあるものを使い，自分の目を検出器としても，もとの実験のおおよその雰囲気をつかむことができる．注意しなければならないのは，この簡易型の実験は波動光学でも説明できてしまう現象だということである．量子力学的にとらえるためには，観測される光の強度を光子の検出確率と解釈する必要がある．古典的には電子は粒子，光は波動としての性質がより強く現れている．量子的な性質が我々の古典物理学的直感に反するものだという一般的な考え方からすると，光の波動性で説明できる現象はあまり量子らしく見えない．しかし，電子のスピンと光子の偏光の現象の本質は同一なのである．

さて，電磁気学によると，単色で x 方向に進む光（平面波）の電場は

$$\vec{E}(x,t) = E\left\{\vec{e}\exp[i(kx-\omega t)] + \text{c.c.}\right\} \tag{2.61}$$

と書ける．ここで，c.c. は複素共役を表す．電磁波（光）は真空中では横波であることから，電場の振動方向 $\vec{e}$ は $y-z$ 平面上にある．真空中では光速を c として $\omega = ck$ が成り立つ．電磁気学はミクロな世界にも適用できるので，以上のことは光子についても正しい．量子性を持ち込むには，**アインシュタインとド・ブロイの関係を認める**ことにして，光子のエネルギー ϵ と運動量 p が次のように表されるものとする．

$$\epsilon = \hbar\omega \tag{2.62a}$$
$$p = \hbar k \tag{2.62b}$$

ここで，振幅 $E > 0$ は電磁波のエネルギー $\varepsilon_0 E^2 V/2$ が光子のエネルギー ϵ に等しくなるように決められる．ここで V は電磁波が閉じ込められている体積である．平面波だったら無限に広がっているはずじゃないのかといわれそうだが，閉じ込めの典型的な長さ $V^{1/3}$ が光の波長 $\lambda = 1/k$ より十分大きければ平面波とみなしてよい．

光子版シュテルン–ゲルラッハ実験で磁極にあたるものは偏光プリズムや偏光ビームスプリッタである．偏光プリズムは方解石などの複屈折結晶を利用したもので，偏光の向きによって光の進行方向を分離する．偏光ビームスプリッタは，界面に垂直な電場と水平な電場の反射率の違いを利用して偏光を分離するものである．動作原理は異なるが，どちらも偏光を分離する実験に用いることができる．偏光プリズムに垂直偏光した光を入射すると上方向に，水平偏光を入射すると下方向にビームが現れる．単一光子のビームの方向は，次のように観測する．すなわち，光子検出器を偏光プリズムの周りで動かして，光子が検出されたときの検出器の位置と偏光プリズムを結ぶ方向が光子ビームの方向であるとする．以上の準備をした後で偏光プリズムと光子検出器を用意して，図 2.4 に示す以下のような実験を行う．

1. 偏光プリズムにランダムに偏光した光を入射すると，光子は上下 2 方向のみで検出される．つまり，光子ビームは上下 2 方向のみに分離する．
2. 実験 1 で分離した上方向のビームを再び偏光プリズムに入射する．ビームは上方向からのみ現れる．このことから，最初の偏光プリズムを出た光は垂直に偏光していることが結論できる．
3. 実験 2 で，2 番目の偏光プリズムを 45° 傾ける．2 番目の偏光プリズムからは両方向にビームが現れる．
4. 偏光プリズムに θ 方向に偏光した光を入れると，分離されたビームでの光子の検出率は $\cos^2\theta : \sin^2\theta$ の割合になる．ビームはそれぞれ垂直と水平に偏光している．
5. 偏光プリズムの入力と出力を逆に使ってみる．垂直偏光したビームを偏光プリズムの垂直偏光のポートに入れると，入射側だったポートからは垂直偏光が，水平偏光のビームを水平偏光のポートに入れると入射側だったポートからは水平偏光が現れる．
6. 45° に偏光した光を偏光プリズムで二つに分け，もう一つの偏光プリズムの逆方向から入射して再び 1 本のビームにする．出力される光を測定すると 45° に偏光していることがわかる．

前にも述べたように，これらの結果は光を波動だと考えると当たり前のことではある．しかし，これを量子力学的に記述すると，より広く深い展開があり，当たり前でない

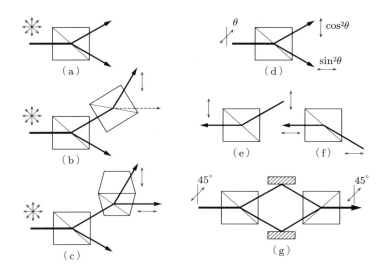

図 2.4 光子版シュテルン–ゲルラッハの実験．四角の箱が偏光プリズムを表す．太い矢印は光線，細い矢印は偏光の向きを示している．(a)：実験 1，(b)：実験 2，(c)：実験 3，2 番目の偏光プリズムは 45° 方向に傾いている，(d)：実験 4，入射する光子の偏光の向きが θ だけ傾いている．(e)：実験 5，垂直偏光を出力ポートから入れたとき，(f)：実験 5，水平偏光を出力ポートから入れたとき，(g)：実験 6，偏光の分離と合成．

量子情報処理の枠組みをつくりあげることができる．

演習問題 2.8

光学版シュテルン–ゲルラッハの実験を，液晶ディスプレイと偏光サングラスといった身近な材料で試してみよ．液晶ディスプレイから出る光は色によって向きが異なることもあるが直線偏光している（なぜか？ 動作原理を調べてみよう）．偏光サングラスは水面などで反射した光がまぶしくないように水平偏光をカットする（なぜか？ 水面や道路などの主な反射面は水平であることから説明してみよ）．そこで，偏光プリズムで光を分離するのではなく，ある方向に偏光した光のみを透過・検出する形で実験をデザインする．検出器には自分の目なり，カメラなりを使えばよい．その場合，間違っても光源に日光やレーザ光を使おうなどと考えないこと．

2.2.2 量子力学をつくる

理論をつくるということは，実験結果をうまく説明するように数学的な記述を行うことである．その際，できるだけ少ない仮定で多くのことが説明できるものが良い理論である．また，単に材料にした実験結果を説明するだけでなく，まだ行われていない実験の結果を予言できなければ理論の価値は小さい．さて，以下では 2.1 節で復習した数学を使ってシュテルン–ゲルラッハ実験の結果を記述することで，量子力学の原理を導出してみたい．

■**量子力学的な状態** 実験 1, 2 ではランダムな直線偏光から垂直偏光が取り出せることを示している．これだけでは各光子がそれぞれ異なるが定まった偏光をもっていて，そのなかから垂直偏光と水平偏光の光子が選ばれて透過していると考えることもできる．しかし，実験 3，実験 4 では偏光プリズムに対して傾いた偏光（垂直でも水平でもない）の光子も透過できることが示されている．そのため，上の仮説は否定される．そこで，傾いた偏光の光子が偏光プリズムをある確率で上下どちらかのビーム方向に透過すると考えてみる．この解釈では，実験 6 を行うと，実験 5 の結果と合わせて，垂直偏光と水平偏光が 1 : 1 の割合でランダムに現れるはずである．これは観察結果とは異なっている．

実験結果を説明するためには，$45°$ 偏光した光子からランダムに垂直偏光と水平偏光が取り出されるのではなく，偏光プリズムでいったん垂直偏光の成分と水平偏光の成分に分けられた光子が，もう一つの偏光プリズムで合成されて再び $45°$ 偏光の光子になると考えなくてはならない．ここで，分けられるものが光子そのものではなく，光子の成分であることに注意が必要である．

成分の分解と合成ができるものといえばベクトルがまず思い出される．そこで偏光状態はベクトルで表され，偏光プリズムによってベクトルの成分が取り出されると考えよう．実験 1 で偏光プリズムで二つの方向に光子ビームが分離され，他の方向には光子が観測されないことから，偏光状態のベクトル空間は 2 次元であると考えられる．このことは，式 (2.61) で電場の向きが y–z 平面上にあることとも整合する．そこで，偏光を電場の向きを表すベクトルで表現する．

$$\vec{e} = \begin{pmatrix} e_1 \\ e_2 \end{pmatrix} \tag{2.63}$$

2.1.2 項で導入したケットベクトルを使うと，垂直偏光と水平偏光を表すベクトルはそれぞれ，

$$|V\rangle = \begin{pmatrix} 1 \\ 0 \end{pmatrix} \tag{2.64a}$$

$$|H\rangle = \begin{pmatrix} 0 \\ 1 \end{pmatrix} \tag{2.64b}$$

と書ける．垂直偏光と水平偏光は直交しているから，それぞれの偏光状態を表すベクトル $|V\rangle$ と $|H\rangle$ も互いに直交する．それゆえ，$|V\rangle$，$|H\rangle$ は偏光状態の 2 次元ベクトル空間を張る直交基底である．また，一般に角度 θ 方向に直線偏光した光子の状態を $|\theta\rangle$ と表すことにする．電場の成分を考えることにより，この状態は

$$|\theta\rangle = \begin{pmatrix} \sin\theta \\ \cos\theta \end{pmatrix} \quad (2.65)$$

と表せる．ケットベクトルを使うと

$$|\theta\rangle = \cos\theta |H\rangle + \sin\theta |V\rangle \quad (2.66)$$

である．

　式 (2.65) または式 (2.66) はどのような向きの直線偏光でも表すことができるが，円偏光，あるいはもっと一般的に楕円偏光を表すことはできない．円偏光とは，光子に乗って電場を見たとき，時間的に電場の向きが右回り（左回り）に回転している光である．電場がぐるぐる回るためには，図 2.5(b), (d) のように垂直偏光成分と水平偏光成分の時間変化がずれている（位相差がある）ことが必要である．位相差を導入するためには，重ね合わせの係数に複素数を認めればよい．たとえば，$e_1 = 1/\sqrt{2}$, $e_2 = i/\sqrt{2}$

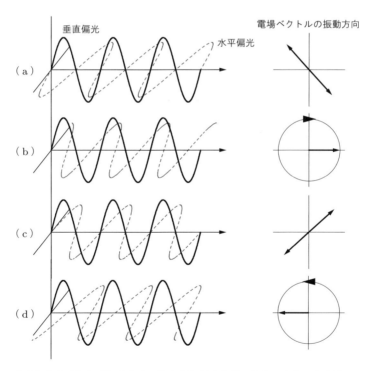

図 2.5 垂直偏光成分と水平偏光成分の位相差と偏光状態．矢印の向きに光が進んでいる．
(a) 位相差 π：$-45°$ 直線偏光，(b) 位相差 $\pi/2$：右回り円偏光，(c) 位相差 0：$45°$ 直線偏光，(d) 位相差 $3\pi/2$：左回り円偏光．位相差がこれらの中間の値をとると楕円偏光になる．

とすると右回り円偏光が表せる（式 (2.61) に代入してみればわかる）．このことは，偏光状態の空間は 2 次元複素ベクトル空間であることを示している．後で見るように，測定を考えるときには内積が必要になるので，偏光状態の空間は 2 次元ヒルベルト空間であるとする．一般の偏光状態は位相の因子を加えて

$$|\psi\rangle = \cos\theta |H\rangle + e^{i\varphi} \sin\theta |V\rangle \tag{2.67}$$

と表せる．ベクトル $|\psi\rangle$ は基底ベクトルの線形結合で表されている．このような線形結合のことを量子力学の言葉では**重ね合わせ**という．

演習問題 2.9

光波の表式 (2.61) に $e_1 = 1/\sqrt{2}$, $e_2 = i/\sqrt{2}$ を代入して，電場ベクトルの向きが波が進むにつれて回転することを確かめよ．$|e_1| \neq |e_2|$ のとき電場ベクトルはどのようになるか．

■**測定** 光子版シュテルン–ゲルラッハの実験の説明のなかで，「偏光を測定すると」という表現を用いた．偏光はどうやって測定するのだろうか．さらに，一般に量子力学的な状態の測定はどのように定式化できるだろうか．偏光の状態が垂直偏光と水平偏光の重ね合わせになっているとき，偏光状態は垂直とも水平ともいえない．垂直偏光だけを偏光プリズムで選び出した後で光子が検出されれば，光子は垂直偏光だということはできる．水平偏光についても同様のことがいえる．そこで，状態を測定するとは，測定で得られる可能性のある状態の成分を取り出すことだと考える．可能性のある状態を測定基底とよぶことにする．可能性の取りこぼしがないようにするためには，測定基底が測定される状態の空間を張っている必要がある．偏光プリズムのはたらきはベクトルで表される偏光状態の垂直偏光成分と水平偏光成分を取り出すものだから，この操作は測定される状態を $|\psi\rangle$ として内積 $\langle V|\psi\rangle$ と $\langle H|\psi\rangle$ で表せそうである．2 次元ヒルベルト空間のベクトルなので，考えるのはこの 2 種類の内積だけでよい．ところが，内積は複素数である可能性がある．内積を光子が検出される確率に対応づけるためには非負の実数にする必要がある．そこで，エルミート共役をかけたものを確率とみなす．

$$p(V) = \langle \psi|V\rangle \langle V|\psi\rangle = |\langle V|\psi\rangle|^2 \tag{2.68a}$$

$$p(H) = \langle \psi|H\rangle \langle H|\psi\rangle = |\langle H|\psi\rangle|^2 \tag{2.68b}$$

たとえば，$|\psi\rangle = |\theta\rangle$ として，式 (2.66) を使うと，$p(V) = \sin^2\theta$, $p(H) = \cos^2\theta$ が得られ，これは実験 4 の結果に一致する．さらに，$p(V) + p(H) = 1$ であるから，確かに確率としてふさわしい．ここで，和が 1 になるためには状態ベクトルの大きさが

1 になっている必要がある．いまの場合式 (2.66) は確かに $\||\theta\rangle\| = 1$ になっている．状態ベクトルの大きさを 1 にそろえることを規格化という．

上のことを一般化するために式 (2.68a) を書き換える．測定といっても量子状態に対する操作には違いないので，線形演算子で表せるはずである．そこで，$|V\rangle\langle V|$ の間に $1 = \langle V|V\rangle$ を挿入すると

$$p(V) = \langle\psi|V\rangle\langle V|V\rangle\langle V|\psi\rangle = \langle\psi|\hat{M}_V^\dagger \hat{M}_V|\psi\rangle \tag{2.69}$$

となる．ここで，測定演算子 $\hat{M}_i$ を導入した．上の場合，測定演算子は

$$\hat{M}_V = |V\rangle\langle V| \tag{2.70}$$

であり，状態 $|V\rangle$ への射影演算子になっている．このような測定を**射影測定**という．射影演算子 $\hat{M}$ は $\hat{M}^\dagger\hat{M} = \hat{M}$ なのでわざわざ式 (2.69) のように書くことはないが，この先でもっと一般的な測定を考えるときにはこのような表し方が必要になる．測定演算子を用いると，（規格化された•）状態 $|\psi\rangle$ を測定して結果が i となる（状態 $|i\rangle$ を検出する）確率は

$$p(i) = \langle\psi|\hat{M}_i^\dagger \hat{M}_i|\psi\rangle \tag{2.71}$$

である．ただし，確率であることから，すべての可能な i に関する和：$\sum_i p(i) = 1$ でなければならない．つまり，測定演算子は

$$\sum_i \hat{M}_i^\dagger \hat{M}_i = \hat{1} \tag{2.72}$$

を満たす必要がある．

測定演算子 $\hat{M}_i$ は状態 $|\psi\rangle$ を別の状態 $\hat{M}_i|\psi\rangle$ に変換する．偏光測定の例 $\hat{M}_V = |V\rangle\langle V|$ では，偏光プリズムを通って上向きに進んだ光子が検出されたときの状態は

$$|V\rangle\langle V|\theta\rangle = \sin\theta\,|V\rangle$$

だが，これでは規格化されていないので，検出確率の平方根 $|\sin\theta|$ で割る必要がある．一般に，測定して結果が i となったときの状態は

$$\frac{\hat{M}_i|\psi\rangle}{\sqrt{p(i)}} \tag{2.73}$$

である．状態が測定演算子の固有状態にないときには，測定によって状態が変化する．このことを使うと，測定によって状態を操作することもできる．

• 多くの場合，暗黙のうちに状態ベクトルの大きさは 1 として，いちいち「規格化された」とは断らない．逆に，表記を簡略化するために規格化の係数を省略するときはそのことを明記する．

ここで注意しなければならないのは，測定の過程には状態の分離と検出の二つの要素があり，検出が終わってはじめて測定が完了することである．光子版シュテルン–ゲルラッハの実験6のように，いったん状態を分離してもそのまま合成すれば，もとの状態に戻る．測定演算子 $\hat{M}_i$ を作用させた段階では，

$$|\psi\rangle = \hat{M}_i |\psi\rangle + \left(\hat{1} - \hat{M}_i\right)|\psi\rangle \tag{2.74}$$

のように状態を分離しただけであり，検出の結果 i であることがわかった後に式 (2.73) のような状態に**収縮**する．光子版シュテルン–ゲルラッハの実験の場合について，この事情をもう少し詳しく調べてみる．

図 2.6 のように θ 方向に直線偏光した光子を入射した場合，垂直偏光成分は上向きビーム $|上, V\rangle$ に，水平偏光成分は下向きビーム $|下, H\rangle$[*1]になる．

$$|\theta\rangle \to |上, V\rangle\langle V|\theta\rangle \quad (上向き)$$
$$|\theta\rangle \to |下, H\rangle\langle H|\theta\rangle \quad (下向き)$$

したがって，分離されたビームの状態は

$$|上, V\rangle\langle V|\theta\rangle + |下, H\rangle\langle H|\theta\rangle \tag{2.75}$$

となる．ここで，上下どちらに光子があるか観測し，たとえば上に光子があるとわかったときには光子の状態は $|上, V\rangle$ に確定する．光子が上にあると観測される確率は $|\langle V|\theta\rangle|^2$ である．普通は，光子検出器に入れると光子は消えてしまうが，原理的には光子を消さずに有無を調べることができる[*2]ので測定後の状態を考えることが可能である．一方，光子の観測をしない場合は状態の収縮は起きないので，偏光プリズムで再び合波した後の状態は

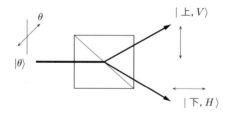

図 2.6 状態の分離（光子版シュテルン–ゲルラッハの実験の場合）

[*1] ビームの向きと偏光の向きを同時に表すためにこのような表記を用いた．たとえば $|上, V\rangle$ はビームが上向きで垂直偏光にある状態を表している．厳密にいえばビームの向きと偏光は異なる自由度なので 3.2 節のように $|上\rangle \otimes |V\rangle$ のように表すのが正しい．

[*2] このような光子数の測定を光子数の非破壊測定という．

$$|V\rangle \langle V|\theta\rangle + |H\rangle \langle H|\theta\rangle = |\theta\rangle$$

となる.

このように，状態の変化の途中で二つの過程に分かれても，どちらの過程を経由したか区別できないときに重ね合わせ状態が現れる．それに対して，測定などによって過程が原理的に区別できる場合には重ね合わせにならず，4.1 節で述べる混合状態が得られる．これは重ね合わせ状態と混合状態の違いを物理的に示しており，この二つの違いを理解することは非常に重要である．

■**物理量，あるいはオブザーバブル**　　測定をもっと一般的に考えよう．**物理量**は我々が測定しうる量であるので，これを**オブザーバブル**という．さきほど述べたように，測定も状態に対する操作であるという考えに従うと測定の演算子を考えることが自然である．一般化するために演算子の種類を射影演算子から正規演算子まで範囲を広げる．正規演算子 $\hat{N}$ はスペクトル分解できるので式 (2.27) を状態 $|\psi\rangle$ に作用させてみよう.

$$\hat{N}|\psi\rangle = \sum_{i=1}^{n} \lambda_i |e_i\rangle \langle e_i|\psi\rangle \qquad (2.76)$$

もし，$|\psi\rangle$ が $\hat{N}$ のある固有状態 $|e_i\rangle$ にあれば，$\hat{N}|\psi\rangle = \lambda_i |e_i\rangle$ である．一般の場合には，演算子 $\hat{N}$ は $|\psi\rangle$ を $|e_i\rangle$ の重ね合わせに分解する．そこで，さきほどまで考えていた偏光プリズムのように粒子を演算子の固有状態によって分解する装置を考え（いまの場合出力は n 通りある），何番目の出力で粒子が検出されるかを見る．ここで，λ_i を粒子の状態が演算子 $\hat{N}$ の固有状態 $|e_i\rangle$ にあるときの $\hat{N}$ の測定値に対応づける．つまり，この装置の i 番目の出力で粒子が検出されたときの測定値を λ_i であるということにする（そういう測定装置をつくったわけだ）．ここで，測定値は我々が感知できる量なので実数でなければならない．エルミート演算子の固有値は実数なので，測定の演算子はすべからくエルミートであるべき，という条件を加える[1]．つまり，オブザーバブルはエルミート演算子で表されると考える．一般の $|\psi\rangle$ について粒子が e_i 状態にあると観測される確率は $p(i) = |\langle e_i|\psi\rangle|^2$ である．つまり，測定値 λ_i が得られる確率は $p(i)$ である．また，測定値として可能な値はオブザーバブルを表す演算子の固有値だけである[2]．ここでは，話を簡単にするために有限次元の演算子を考えたので，固有値は有限個であり，とりうる測定値も有限になる．連続な固有値をもつ演算子も考

---

[1] エルミートでない演算子でも実数の固有値をもつものがあるかもしれないが，不都合の起きそうない仮定としてこのように考える．

[2] 測定後にある特定の状態になったときの測定結果だけを抜き出していく（事後選択）と固有値以外の測定値が得られることもある．これを弱値 (weak value) という．弱値の，物理と量子情報への応用は，最近のトピックになっている．

えることができて，位置や運動量の演算子がその例である．この場合は測定値は連続量になる．

一方，$|e_i\rangle\langle e_i|$ は射影演算子なので，測定値が得られた後の状態は射影されて $|e_i\rangle$ に収縮する．また，エルミート演算子の異なる固有値に属する固有ベクトルは直交するので，測定によって互いに直交した状態に分けられることがわかる．測定というと，物差しで測るようなイメージがあるが，フィルタで固有状態をこし出すイメージのほうが量子力学の測定にはふさわしいように思う．

測定値の期待値は

$$\begin{aligned}\langle \hat{N}\rangle &= \sum_i \lambda_i p(i) = \sum_i \lambda_i |\langle e_i|\psi\rangle|^2 \\ &= \sum_i \lambda_i \langle\psi|e_i\rangle\langle e_i|\psi\rangle = \langle\psi|\left(\sum_i \lambda_i |e_i\rangle\langle e_i|\right)|\psi\rangle \\ &= \langle\psi|\hat{N}|\psi\rangle \end{aligned} \quad (2.77)$$

で与えられ，量子力学の教科書にある表式が得られる．最後の式変形では式 (2.76) を使った．

ところで，$\langle\psi|\hat{N}|\psi\rangle$ は $\langle\psi|(\hat{N}|\psi\rangle)$，つまり $|\psi\rangle$ に $\hat{N}$ を作用させてもとの状態ベクトルとの内積をとって得た値と解釈できる．内積記号で書くと，$(|\psi\rangle, \hat{N}|\psi\rangle)$ である．一方，$(\langle\psi|\hat{N})|\psi\rangle$ と考えてもよい．どちらでもよいので普通は括弧を付けないわけである．これは $(\hat{N}|\psi\rangle, |\psi\rangle)$ とは意味が異なることを注意しておく．なぜなら，$(\hat{N}|\psi\rangle)^\dagger = \langle\psi|\hat{N}^\dagger$ なので $(\hat{N}|\psi\rangle, |\psi\rangle) = \langle\psi|\hat{N}^\dagger|\psi\rangle$ になるからである．オブザーバブルを考えているときは $\hat{N}$ はエルミート演算子なので $\hat{N}^\dagger = \hat{N}$ であり，二つは同じことになる．

■**状態の発展とユニタリ演算子**　　量子状態の自然な変化（発展）も線形演算子で表せるはずである．変化した後のベクトルも量子状態であるためにはその長さが 1 でなければならない．そうでないと確率が保存しなくなって困る．線形演算子でベクトルの長さを変えないものはユニタリである．測定演算子は一般にユニタリではないが，測定は状態を壊しながら行うものなので（実際，重ね合わせは失われる）自然な変化とはいえない．自然な状態の変化はユニタリ演算子 $\hat{U}$ によって，

$$|\phi_{\text{out}}\rangle = \hat{U}|\phi_{\text{in}}\rangle \quad (2.78)$$

と表せる．ユニタリ変換は可逆（$\hat{U}^{-1} = \hat{U}^\dagger$）で，内積は保存される．つまり，二つの状態ベクトル $|\phi\rangle$ と $|\psi\rangle$ にユニタリ変換 $\hat{U}$ を作用したとき，

$$(\hat{U}\,|\phi\rangle\,,\hat{U}\,|\psi\rangle) = \langle\phi|\,\hat{U}^{\dagger}\hat{U}\,|\psi\rangle = (|\phi\rangle\,,|\psi\rangle)$$

である．このことは，量子状態の発展は可逆変化であって状態間の判別可能性（4.3節で詳しく説明するように，これが内積の物理的意味である）を変えないことを意味している．

ユニタリ演算子は同じ空間の二つの正規直交基底 $\{|e_i\rangle\}, \{|f_i\rangle\}$ によって

$$\hat{U} = \sum_i |e_i\rangle\langle f_i| \tag{2.79}$$

と書ける．つまり，ユニタリ変換は正規直交基底間を移り変わる変換である．

微小時間 dt の間の状態変化を考える．時刻 t から $t+dt$ の間の状態変化を決めるユニタリ演算子を $\hat{U}(t+dt,t)$ とすると，dt の1次までの範囲で

$$\begin{aligned}|\phi(t+dt)\rangle &= \hat{U}(t+dt,t)\,|\phi(t)\rangle \\ &\sim \left(\hat{1}+\hat{C}(t)dt\right)|\phi(t)\rangle\end{aligned} \tag{2.80}$$

と書くことができる．第2式がユニタリ演算子を表すためには

$$\left(\hat{1}+\hat{C}(t)dt\right)^{\dagger}\left(\hat{1}+\hat{C}(t)dt\right) = \hat{1} \tag{2.81}$$

でなくてはならない．ここでは dt の1次までしか見ないので，式 (2.81) の条件は $\hat{C}^{\dagger}+\hat{C}=0$ に帰着する．これは $\hat{C}$ がエルミート演算子 $\hat{H}$ を使って $\hat{C}=-ic\hat{H}$（ただし，c は実数）と表せることを示している．このとき，エルミート演算子 $\hat{H}$ は系のユニタリ変換の**生成子**となっているという．さらに，式 (2.80) で $\hat{C}(t)dt = -ic\hat{H}(t)dt$ は無次元でなければない．つまり，$c\hat{H}$ は時間の逆数（振動数）の次元をもつ．またこのユニタリ変換 (2.80) が，状態の時間発展という意味をもつためには，$\hat{H}$ は考えている系のダイナミクスを決める量であるべきである．アインシュタイン−ド・ブロイの関係から，エネルギーをプランク定数で割ったものは振動数の次元をもつことがわかっている．さらに，ハミルトニアンはエネルギーの次元をもち，古典力学で知られているように系のダイナミクスを決めている．そこで $\hat{H}$ をハミルトニアンであるとし，$c=\hbar^{-1}$ とする．このとき，式 (2.80) は

$$\begin{aligned}|\phi(t+dt)\rangle &= \left(\hat{1}-\frac{i}{\hbar}\hat{H}dt\right)|\phi(t)\rangle \\ |\phi(t+dt)\rangle - |\phi(t)\rangle &= -\frac{i}{\hbar}\hat{H}dt\,|\phi(t)\rangle \\ i\hbar\frac{|\phi(t+dt)\rangle - |\phi(t)\rangle}{dt} &= \hat{H}\,|\phi(t)\rangle\end{aligned} \tag{2.82}$$

となる．ここで，$dt \to 0$ の極限をとるとシュレーディンガー方程式

$$i\hbar \frac{\partial}{\partial t} |\phi(t)\rangle = \hat{H} |\phi(t)\rangle \tag{2.83}$$

が得られる．

とくに，定常状態の解は時間に依存しない状態ベクトルと絶対値 1 の数 $c(t)$ との積

$$|\phi(t)\rangle = c(t) |\varphi\rangle \tag{2.84}$$

で表される．わざわざ $c(t)$ をかけるのは，前に述べたように状態ベクトルを定数倍しても同じ量子状態を表すから，その分の自由度を取り入れるためである．絶対値 1，すなわち，$|c(t)|^2 = 1$ はユニタリ変換が状態ベクトルの長さを変えないことからくる条件である．定常解 (2.84) をシュレーディンガー方程式に代入する．

$$i\hbar \frac{dc(t)}{dt} |\varphi\rangle = c(t) \hat{H} |\varphi\rangle$$

$$i\hbar \frac{dc(t)}{dt} = c(t) \langle \varphi | \hat{H} | \varphi \rangle$$

ここで，$\langle \varphi | \varphi \rangle = 1$ を使った．$\epsilon = \langle \varphi | \hat{H} | \varphi \rangle$ とすると，$c(t) = c(0) \exp[-i\epsilon t/\hbar]$ となるので，ϵ が実数で，初期値が $|c(0)|^2 = 1$ であれば条件 $|c(t)|^2 = 1$ を満たす．ハミルトニアンはエルミート演算子なので，$|\varphi\rangle$ がハミルトニアンの固有ベクトルであれば ϵ は実数の固有値となる．以上のことから，定常状態を与えるシュレーディンガー方程式は

$$\hat{H} |\varphi\rangle = \epsilon |\varphi\rangle \tag{2.85}$$

である．この固有値方程式の解（固有ベクトル）はシュレーディンガー方程式 (2.83) の解空間を張る正規直交基底となる．測定についての議論により，系のエネルギーを測定すると測定値としてハミルトニアンの固有値のどれかが得られ，測定後の状態はエネルギーの固有状態となる．

ハミルトニアンの固有値と固有ベクトルを ϵ_n と $|\varphi_n\rangle$ とする．シュレーディンガー方程式 (2.83) の解 $|\phi(t)\rangle$ を固有ベクトルで展開する．

$$|\phi(t)\rangle = \sum_n a_n(t) |\varphi_n\rangle \tag{2.86}$$

これをシュレーディンガー方程式 (2.83) に代入すると

$$i\hbar \frac{\partial}{\partial t} \sum_n a_n(t) |\varphi_n\rangle = \hat{H} \sum_n a_n(t) |\varphi_n\rangle$$

$$i\hbar \sum_n \frac{da_n}{dt} |\varphi_n\rangle = \sum_n \epsilon_n a_n(t) |\varphi_n\rangle$$

となり，左から $\langle\varphi_m|$ をかけると $\langle\varphi_m|\varphi_n\rangle = \delta_{m,n}$ なので

$$i\hbar \frac{da_m}{dt} = \epsilon_m a_m(t)$$
$$a_m(t) = a_m(0) \exp[-i\epsilon_m t/\hbar] \tag{2.87}$$

である．よって解 $|\phi(t)\rangle$ は

$$|\phi(t)\rangle = \sum_n a_n(0) e^{i\frac{\epsilon_n t}{\hbar}} |\varphi_n\rangle \tag{2.88}$$

となる．ただし，初期値は

$$\sum_n |a(0)|^2 = 1$$

を満たす．異なるエネルギー状態の重ね合わせ状態を時間発展させると，エネルギー固有値に応じた位相がついた重ね合わせ状態になる．なお，同じ固有値に属する固有ベクトルが複数ある（縮退している）場合には少々注意が必要なので，量子力学の教科書を参照してほしい．

さて，ここまで来てようやくシュレーディンガー方程式が現れた．量子力学の講義ではここからシュレーディンガー方程式の解法に終始するのだが，量子情報技術に関してはシュレーディンガー方程式はそれほど重要ではない．むしろ量子情報技術では量子状態を変換するユニタリ演算子を駆使して，量子情報処理を記述していく．ユニタリ変換が個々の物理系でどのように実現されるかということはとりあえず興味の対象から外しているわけだ．そうすることで一般的な議論ができる．一方，実験家にとってはどのようにユニタリ変換を実現するかが大問題となる．つまり，系のダイナミクスを支配するハミルトニアンを決めることと，実際のダイナミクスを導くこと，すなわちシュレーディンガー方程式を解くことが重要である．このように，抽象的な量子情報理論と泥臭い物性物理の間を行ったり来たりするのが量子情報技術の宿命である．ただ，光子を扱う限り，少なくとも1量子ビットのユニタリ変換については苦労しなくても済む．

■**量子力学の公準 (postulates)**　これまで述べてきたことをまとめると，量子力学は以下のことを前提（公準）として要請している．これらの公準はこれまで述べた線形演算子の言葉で述べることができる．

1. 量子力学的状態はヒルベルト空間におけるベクトルで表される.
2. 物理量（オブザーバブル）はエルミート演算子で表される.
3. 量子状態の測定は直交する状態への射影の組で表される. 正規直交状態の組を $\{|\phi_1\rangle, \ldots, |\phi_k\rangle\}$ として，状態 $|\psi\rangle$ を測定すると，確率 $|\langle\phi_i|\psi\rangle|^2$ で結果 i が得られ，測定後の状態は $|\phi_i\rangle$ となる. これを状態の収縮 (collapse) という.
4. 測定を行わないとき，量子状態の変化はユニタリ変換で表せる. とくに量子状態の時間変化（時間発展）はハミルトニアンで決まるユニタリ変換であり，シュレーディンガー方程式で記述できる.

以上のことが正しいことが論理的に導けるわけではない. この章でも，シュテルン – ゲルラッハの実験の結果を説明できるよう，物理的にもっともらしい仮定をしながら発見法的に導いてきたにすぎない. しかし，ここで要請した公準に基づいた理論はつじつまが合っており，シュテルン – ゲルラッハの実験に限らずミクロな物理系に対していままで行われてきた実験の結果がすべて説明できるため正しいものと考えられている.

2.2.3 | 演算子の交換関係と不確定性

演算子は作用させる順序を変えると異なる結果を与える. 我々は，線形代数ですでに行列が一般に交換しないことを学んでいる. 交換しないことの物理的な説明は，物理系にある操作を行うと状態が変化するため，別の操作をしたときの結果がはじめの操作をしないときとは違ってしまうということである.

演算子 $\hat{A}$ と $\hat{B}$ について**交換関係**を次のように定義する.

$$[\hat{A}, \hat{B}] = \hat{A}\hat{B} - \hat{B}\hat{A} \tag{2.89}$$

ちなみに，**反交換関係**は

$$\{\hat{A}, \hat{B}\} = \hat{A}\hat{B} + \hat{B}\hat{A} \tag{2.90}$$

である. 交換関係 $[A, B]$ を与える超演算子♦ $[,]$ を**交換子** (commutator), 反交換関係 $\{A, B\}$ を与える超演算子 $\{,\}$ を**反交換子** (anti-commutator) という. $[\hat{A}, \hat{B}] = 0$ のとき，$\hat{A}$ と $\hat{B}$ は交換するという.

量子力学の講義で習うとおり，位置と運動量の演算子は交換しない. 座標表示では $\hat{x} = x$, $\hat{p} = -i\hbar\partial/\partial x$ であるから任意の関数 $f(x)$ に作用させると

$$\hat{x}\hat{p}f(x) = -i\hbar x\frac{\partial f}{\partial x}$$

$$\hat{p}\hat{x}f(x) = -i\hbar\frac{\partial}{\partial x}xf = -i\hbar f - i\hbar x\frac{\partial f}{\partial x}$$

♦ 演算子に作用するので超演算子という. 普通の演算子は状態ベクトルに作用する.

なので
$$[\hat{x}, \hat{p}] = i\hbar \hat{1} \tag{2.91}$$
になる．

交換関係のエルミート共役をとってみよう．
$$\left([\hat{A}, \hat{B}]\right)^\dagger = \left(\hat{A}\hat{B} - \hat{B}\hat{A}\right)^\dagger = \hat{B}^\dagger \hat{A}^\dagger - \hat{A}^\dagger \hat{B}^\dagger = -[\hat{A}^\dagger, \hat{B}^\dagger]$$

$\hat{A}$, $\hat{B}$ が物理量（オブザーバブル）に対応するエルミート演算子であるとき $\hat{A} = \hat{A}^\dagger$, $\hat{B} = \hat{B}^\dagger$ なので，上の式は
$$\left([\hat{A}, \hat{B}]\right)^\dagger = -[\hat{A}, \hat{B}] \tag{2.92}$$
を示している．$\hat{C} = [\hat{A}, \hat{B}]$ のように，エルミート共役をとると符号が変わる演算子を**エルミート交代演算子**とよぶ．同様に反交換関係から導かれる演算子 $\hat{D} = \{\hat{A}, \hat{B}\}$ はエルミート共役をとっても符号が変わらないからエルミートである．

エルミート交代演算子の固有値は純虚数である（cf. エルミート演算子の固有値は実数）．

◆ 証明 ◆
$$\hat{C}|c\rangle = c|c\rangle \tag{2.93}$$
とする．両辺のエルミート共役をとると $\hat{C}$ がエルミート交代演算子 ($\hat{C}^\dagger = -\hat{C}$) であることから
$$-\langle c|\hat{C} = c^* \langle c| \tag{2.94}$$
となる．式 (2.93) の両辺に左から $\langle c|$ を，式 (2.94) の両辺に右から $|c\rangle$ をかける．
$$\langle c|\hat{C}|c\rangle = c\langle c|c\rangle$$
$$-\langle c|\hat{C}|c\rangle = c^* \langle c|c\rangle$$

これより，$c^* = -c$ であるから，固有値 c は純虚数である． □

■**両立可能性，あるいは同時対角化可能** 　物理量（オブザーバブル）に対応する演算子が交換可能なとき，これらを**両立可能な物理量**という．二つのエルミート演算子 $\hat{A}$ と $\hat{B}$ とで表される物理量が両立可能なことと，演算子が同じ固有ベクトルで対角化可能であることは同値である．$\hat{A}$ の固有値に縮退がない場合の証明は簡単である．まず，$\hat{A}$ が固有ベクトル $|a_i\rangle$ で対角化されているとする．これは，$\hat{A}|a_i\rangle = a_i|a_i\rangle$ になるベクトルを使って $\hat{A} = \sum_i a_i |a_i\rangle\langle a_i|$ と書けるということである．ここで，$\langle a_j|a_i\rangle = \delta_{i,j}$ であることに注意する．

$$\langle a_j | [\hat{A}, \hat{B}] | a_i \rangle = \langle a_j | (\hat{A}\hat{B} - \hat{B}\hat{A}) | a_i \rangle$$
$$= \langle a_j | \sum_k a_k |a_k\rangle \langle a_k | \hat{B} | a_i \rangle - \langle a_j | \hat{B} \sum_k a_k |a_k\rangle \langle a_k | a_i \rangle$$
$$= \sum_k a_k \delta_{j,k} \langle a_k | \hat{B} | a_i \rangle - \langle a_j | \hat{B} \sum_k a_k |a_k\rangle \delta_{k,i}$$
$$= (a_j - a_i) \langle a_j | \hat{B} | a_i \rangle$$

仮定よりすべての異なる $|a_j\rangle$, $|a_i\rangle$ に対して $a_j \neq a_i$ であるから，$[\hat{A}, \hat{B}] = 0 \Leftrightarrow \langle a_j | \hat{B} | a_i \rangle = 0$ が成り立つので $\hat{B}$ の非対角要素は 0 であることが結論できる．つまり，

$$\hat{B} = \sum_i b_i |a_i\rangle \langle a_i|$$

が成り立つ．ただし，$b_i = \langle a_i | \hat{B} | a_i \rangle$ である．固有値に縮退がないとしたが，縮退がある場合でもこのことは成り立つ．

両立可能性の物理的な意味を考えよう．ここまで見てきたように，物理量 A の測定によって状態ベクトルは演算子 $\hat{A}$ の固有ベクトルのどれかが選択される．物理量 B が A と両立できる場合，選択された固有ベクトルは $\hat{B}$ の固有ベクトルにもなっているので，それぞれの値が確定した状態が選ばれると考えてよい．あるいは物理量 A と B の両方を精確に測定可能な状態があると解釈することもできる．

■**不確定性**　逆に二つの物理量が両立できないとき，つまり対応する演算子が交換しないとき，二つの物理量の値が確定した状態は存在しない．このことを測定したときのばらつきを表す演算子を導入することで示すことにしよう．物理量 A, B に対して

$$\Delta \hat{A} \equiv \hat{A} - \langle \hat{A} \rangle \hat{1}, \quad \Delta \hat{B} \equiv \hat{B} - \langle \hat{B} \rangle \hat{1} \tag{2.95}$$

を定義する．$\langle \hat{X} \rangle$ はある任意の状態 $|\psi\rangle$ についての期待値である：$\langle \hat{X} \rangle = \langle \psi | \hat{X} | \psi \rangle$．すぐわかるように $\Delta \hat{A}$, $\Delta \hat{B}$ の期待値は 0 である．物理量 A の分散は $\Delta \hat{A}^2$ の期待値として与えられる．

$$\langle \Delta \hat{A}^2 \rangle = \langle \psi | \hat{A}^2 | \psi \rangle - \langle \psi | \hat{A} | \psi \rangle^2 \tag{2.96}$$

これから，もし期待値をとる状態が $\hat{A}$ の固有状態であれば分散は 0 になることがわかる．このとき，測定値にばらつきはなく，値は確定していると考えることも可能である．任意の状態について次の不等式が成り立つ．これを不確定性関係という．

$$\langle \Delta \hat{A}^2 \rangle \langle \Delta \hat{B}^2 \rangle \geq \frac{1}{4} \left| [\hat{A}, \hat{B}] \right|^2 \tag{2.97}$$

これは両立できない物理量をどちらも精確に（つまり分散 0 で）測定可能な状態は存在しないことを示している．

◆ **証明** ◆　　不確定性関係の証明のために，まずシュワルツの不等式

$$\langle a|a \rangle \langle b|b \rangle \geq |\langle a|b \rangle|^2 \tag{2.98}$$

を示す．正規化した状態ベクトル $|b\rangle / \sqrt{\langle b|b \rangle}$ を考える．これは正規直交基底 $\{|i\rangle\}$ の一つとみなせ，完全性 $\sum_i |i\rangle \langle i| = \hat{1}$ を使うと

$$\begin{aligned}
\langle a|a \rangle \langle b|b \rangle &= \sum_i \langle a|i \rangle \langle i|a \rangle \langle b|b \rangle \\
&\geq \langle a| \frac{|b\rangle \langle b|}{\langle b|b \rangle} |a\rangle \langle b|b \rangle \\
&= \langle a|b \rangle \langle b|a \rangle = |\langle a|b \rangle|^2
\end{aligned}$$

となる．等号成立は状態ベクトル $|a\rangle$ と $|b\rangle$ が平行もしくは反平行のときになる．

ベクトル $|a\rangle = \Delta\hat{A} |\psi\rangle$，$|b\rangle = \Delta\hat{B} |\psi\rangle$ にシュワルツの不等式を適用すると

$$\langle \Delta\hat{A}^2 \rangle \langle \Delta\hat{B}^2 \rangle \geq \left| \langle \Delta\hat{A}\Delta\hat{B} \rangle \right|^2$$

が成り立つ．ここで，

$$\begin{aligned}
\Delta\hat{A}\Delta\hat{B} &= \hat{A}\hat{B} - \langle \hat{A} \rangle \hat{B} - \langle \hat{B} \rangle \hat{A} + \langle \hat{A} \rangle \langle \hat{B} \rangle \hat{1} \\
&= \frac{[\Delta\hat{A}, \Delta\hat{B}]}{2} + \frac{\{\Delta\hat{A}, \Delta\hat{B}\}}{2}
\end{aligned}$$

である．エルミート演算子の固有値は実数だから，期待値も実数となる．また，エルミート交代演算子の固有値は純虚数なので期待値も純虚数となる．そこで，$\Delta\hat{A}\Delta\hat{B}$ の期待値は交換関係の期待値（純虚数）と反交換関係の期待値（実数）の和となる．絶対値の 2 乗は実数部分の 2 乗と純虚数部分の 2 乗の和になるので

$$\left| \langle \Delta\hat{A}\Delta\hat{B} \rangle \right|^2 = \frac{\left| [\Delta\hat{A}, \Delta\hat{B}] \right|^2}{4} + \frac{\left| \{\Delta\hat{A}, \Delta\hat{B}\} \right|^2}{4} \geq \frac{\left| [\Delta\hat{A}, \Delta\hat{B}] \right|^2}{4}$$

となる．よって，式 (2.97) が成立する． □

ここで示した不確定性は，測定が状態に擾乱を与えるために両立しない物理量の測定結果が変わってくることを主張するハイゼンベルクの不確定性とは異なる．この問題については小澤 (M. Ozawa) が詳しく論じている．

第 3 章

量子ビット

Ch.3: Quantum Bits

3.1 1量子ビット

この章では量子情報の基本単位である量子ビットについて解説する．はじめに量子ビットが一つの場合について，その表現と操作（演算）を調べる．次に量子ビットが二つ以上ある場合を考える．ここでは，量子もつれのような量子力学特有の性質と量子情報技術との関連が明らかになる．

3.1.1 量子ビットの表現

2.2.2 項では偏光を題材にした量子力学を展開した．そこでは，偏光の状態を表すために二つの正規直交基底 $|H\rangle$, $|V\rangle$ で張られる 2 次元ヒルベルト空間上のベクトルを用いた．以後議論を進めるにあたって，偏光という物理的実体を背負ったラベル H, V を，他の物理系にも適用できるようにするため，

$$\begin{aligned} H &\to 0 \\ V &\to 1 \end{aligned} \tag{3.1}$$

のように抽象化する．2 次元ヒルベルト空間上のベクトルを量子ビット (qubit) といい，$|0\rangle$, $|1\rangle$ はヒルベルト空間の正規直交基底となる．ビット値 0 とビット値 1 に対応した状態である．$|0\rangle$, $|1\rangle$ の選び方には決まりはないが，ハミルトニアンの固有状態が実験で確認しやすいのでこれを選ぶことが多い．どのような状態にせよ，選ばれた基底 $\{|0\rangle, |1\rangle\}$ は**計算基底** (computational basis) とよばれ，基準となる基底として使われる．

計算基底によって，任意の量子ビットの状態は

$$|\psi\rangle = \cos\frac{\theta}{2}|0\rangle + e^{i\varphi}\sin\frac{\theta}{2}|1\rangle \tag{3.2}$$

と書くことができる．古典的なビットが 0，1 の 2 値だけをとるのに対して，量子ビッ

トは $|0\rangle$ と $|1\rangle$ の重ね合わせ状態を許すので量子ビットの状態は連続変数で表される．二つの基底の重ね合わせの係数は複素数なので，実部と虚部がある．そのため，状態を決めるためには 4 個の実数が必要なように思えるが，上の式 (3.2) では θ と φ の二つの実数しか現れない．これは，$|\psi\rangle$ と新たに二つの実数の自由度を付け加えた $ae^{i\alpha}|\psi\rangle$ とが実験的に区別できない（同じ測定結果を与える）ので，付け加えた自由度には物理的な意味がないためである．実際，シュテルン–ゲルラッハの実験 1～6 で状態を $|\psi\rangle$ ではなく $ae^{i\alpha}|\psi\rangle$ としても，同じ結果が得られる．つまり，$ae^{i\alpha}$ をどのように選んでも同じ状態を表していると考えてよい．通常，振幅 a は確率解釈をするのに便利なように $|\langle\psi|\psi\rangle|^2 = 1$，つまり，状態ベクトルの長さが 1 になるように規格化される．$e^{i\alpha}$ は**グローバル位相** (global phase) とよばれるが，この値を決める合理的な理由はない．そのため量子状態の表し方に任意性が残るが，その時々で最も便利なように表せばよい．同じ位相でも，$|0\rangle$ と $|1\rangle$ との相対位相を表す $e^{i\varphi}$ は量子干渉をもたらし，量子情報技術においても重要な役割を果たす．グローバル位相と相対位相の違いと，二つの位相の役割が異なる理由をよく理解してもらいたい．

■**ブロッホ球**　さて，量子ビットの状態 (3.2) は図 3.1 のように半径 1 の球面上の 1 点で表すことができる．この球のことを**ブロッホ球**とよぶ．ブロッホ球を使うと 1 量子ビットの状態や変換の様子を視覚的にわかりやすく表現できる．ここで，ブロッホ球の北極点 $(x, y, z) = (0, 0, 1)$ を $|0\rangle$，南極点 $(0, 0, -1)$ を $|1\rangle$ に対応させている．すると，x 軸上の点 $(\pm 1, 0, 0)$ は $(|0\rangle \pm |1\rangle)/\sqrt{2}$ に，y 軸上の点 $(0, \pm 1, 0)$ は $(|0\rangle \pm i|1\rangle)/\sqrt{2}$ に，それぞれ対応する．もっと一般に式 (3.2) で表される状態は $(\sin\theta\cos\varphi, \sin\theta\sin\varphi, \cos\theta)$ の点にある．これが式 (3.2) で $\theta/2$ とした理由である．実際，大多数の教科書や論文もそのように表記している．

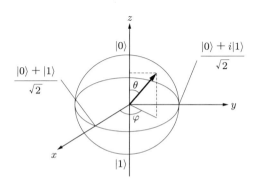

図 3.1　ブロッホ球．量子ビットの状態は単位球の上の点で表される．矢印で示された状態ベクトルは $|\psi\rangle = \cos\frac{\theta}{2}|0\rangle + e^{i\varphi}\sin\frac{\theta}{2}|1\rangle$ に対応している．

ブロッホ球はもともとはスピンを表現するための記法である．そこでは上向きスピンが北極点に対応している．光学にはよく似たものにポアンカレ球というものがあるが，極点に円偏光，赤道面上の点に直線偏光を対応させている．この本ではブロッホ球を採用し，偏光量子ビットでよく用いられる式 (3.1) のような対応づけをしているので，ポアンカレ球の同じ座標の点とは異なる偏光を表している．そのため，論文を読んだり，実験を行ったりする場合にはどちらの表現を使っているか注意して混同しないようにしてほしい．ちなみに，ブロッホ球上の点を y 軸の周りに $\pi/2$ 回転し，x 軸の周りを $\pi/2$ 回転すると，対応するポアンカレ球の点になる．

3.1.2 │ 1 量子ビット演算

量子情報処理における演算は量子ビットの変換として行われる．量子ビットの変換を行うものを**量子ゲート**，あるいは**量子論理ゲート**という．最も基本的なものは 1 量子ビットを別の 1 量子ビットに変換する 1 量子ビットゲートである．量子状態の変換はベクトルの長さを 1 に保つようにユニタリでなければならないので，1 量子ビットゲートは計算基底を使って 2×2 ユニタリ行列

$$\hat{U} = \sum_{i=0}^{1} \sum_{j=0}^{1} u_{ij} |i\rangle \langle j| \tag{3.3}$$

$$= \begin{pmatrix} u_{00} & u_{01} \\ u_{10} & u_{11} \end{pmatrix} \tag{3.4}$$

で表される．ただし，ユニタリであることから

$$|u_{00}|^2 + |u_{01}|^2 = 1 \tag{3.5a}$$

$$|u_{00}|^2 - |u_{11}|^2 = 0 \tag{3.5b}$$

$$|u_{10}|^2 - |u_{01}|^2 = 0 \tag{3.5c}$$

$$u_{01}^* u_{00} + u_{11}^* u_{10} = 0 \tag{3.5d}$$

$$u_{10} u_{00}^* + u_{11} u_{01}^* = 0 \tag{3.5e}$$

である．これはまた，

$$\hat{U} = \begin{pmatrix} u_{00} & u_{01} \\ -u_{01}^* & u_{00}^* \end{pmatrix}, \quad |u_{00}|^2 + |u_{01}|^2 = 1 \tag{3.6}$$

とも表せる．1 量子ビットの状態 $|\psi\rangle = a|0\rangle + b|1\rangle$（ただし，$|a|^2 + |b|^2 = 1$）はベクトル表記すると

$$|\psi\rangle = \begin{pmatrix} a \\ b \end{pmatrix} \tag{3.7}$$

なので，1量子ビットゲートで変換された状態は

$$\hat{U}|\psi\rangle = \sum_{i,j} u_{ij} |i\rangle \langle j| (a|0\rangle + b|1\rangle)$$

$$= (u_{00}a + u_{01}b)|0\rangle + (u_{10}a + u_{11}b)|1\rangle \tag{3.8}$$

$$= \begin{pmatrix} u_{00} & u_{01} \\ u_{10} & u_{11} \end{pmatrix} \begin{pmatrix} a \\ b \end{pmatrix}$$

$$= \begin{pmatrix} u_{00}a + u_{01}b \\ u_{10}a + u_{11}b \end{pmatrix} \tag{3.9}$$

となり，当然ブラケット表示とベクトル表示の結果は一致する．ブラケット表示の場合は計算基底の正規直交性 $\langle i|j\rangle = \delta_{i,j}$ を用いて計算する．量子状態にはグローバル位相だけの不定性があるので，ユニタリ行列の全体に $e^{i\delta}$ がかかっても同じ変換を表しているとみなす．さて，2×2 のユニタリ行列はグローバル位相を除いて次のように書くことができる．

$$\hat{U} = \begin{pmatrix} e^{-i(\alpha/2+\beta/2)}\cos\left(\frac{\theta}{2}\right) & -e^{-i(\alpha/2-\beta/2)}\sin\left(\frac{\theta}{2}\right) \\ e^{i(\alpha/2-\beta/2)}\sin\left(\frac{\theta}{2}\right) & e^{i(\alpha/2+\beta/2)}\cos\left(\frac{\theta}{2}\right) \end{pmatrix} \tag{3.10}$$

ただし，α，β，θ は実数である．

演習問題 3.1

上の式 (3.10) がユニタリであることを確かめよ．

■**パウリ行列**　任意の 2×2 行列 $\hat{A}$ は次のように**パウリ** (Pauli) 行列で展開できることが知られている．

$$\hat{A} = \alpha_0 \hat{\sigma}_0 + \alpha_1 \hat{\sigma}_1 + \alpha_2 \hat{\sigma}_2 + \alpha_3 \hat{\sigma}_3 \tag{3.11}$$

ただし，係数 $\alpha_0, \ldots, \alpha_3$ は複素数である．パウリ行列は次のように定義される．

$$\hat{\sigma}_0 = \hat{1} \tag{3.12a}$$

$$\hat{\sigma}_1 = \hat{\sigma}_x = \begin{pmatrix} 0 & 1 \\ 1 & 0 \end{pmatrix} \tag{3.12b}$$

$$\hat{\sigma}_2 = \hat{\sigma}_y = \begin{pmatrix} 0 & -i \\ i & 0 \end{pmatrix} \tag{3.12c}$$

$$\hat{\sigma}_3 = \hat{\sigma}_z = \begin{pmatrix} 1 & 0 \\ 0 & -1 \end{pmatrix} \tag{3.12d}$$

表記をコンパクトにまとめたいときには $\hat{\sigma}_1, \hat{\sigma}_2, \hat{\sigma}_3$ のような書き方が便利だが，$\hat{\sigma}_x, \hat{\sigma}_y, \hat{\sigma}_z$ のように表したほうが意味がわかりやすい．そのため，式 (3.12a)～(3.12d) のように数式のなかで $i = 1, 2, 3$ と動かしたいとき以外は x, y, z を使うことにする．ブラケット表示でパウリ行列を表すと

$$\hat{\sigma}_0 = |0\rangle\langle 0| + |1\rangle\langle 1| \tag{3.13a}$$

$$\hat{\sigma}_x = |0\rangle\langle 1| + |1\rangle\langle 0| \tag{3.13b}$$

$$\hat{\sigma}_y = -i|0\rangle\langle 1| + i|1\rangle\langle 0| \tag{3.13c}$$

$$\hat{\sigma}_z = |0\rangle\langle 0| - |1\rangle\langle 1| \tag{3.13d}$$

となる．

実際に代入してみるとわかるが，$|0\rangle$ と $|1\rangle$ は $\hat{\sigma}_z$ の固有値 ± 1 に対する固有ベクトルになっている．つまり，$\hat{\sigma}_z$ は $|0\rangle$ をそのままにし，$|1\rangle$ の符号を反転する（$-1 = \exp[i\pi]$ をかける）演算である．また，$\hat{\sigma}_x$ は $|0\rangle$ と $|1\rangle$ を入れ替える演算 (NOT) であり，固有値 ± 1 に対応する固有ベクトルはそれぞれ，

$$|\pm\rangle = \frac{1}{\sqrt{2}} (|0\rangle \pm |1\rangle) \tag{3.14}$$

である．また，$\hat{\sigma}_y$ は $\hat{\sigma}_x$ と $\hat{\sigma}_z$ を連続して行い，結果に $i = \exp[i\pi/2]$ をかける演算である ($\hat{\sigma}_y = i\hat{\sigma}_x\hat{\sigma}_z$)．固有値 ± 1 に対応する固有ベクトルはそれぞれ，

$$|\tilde{\pm}\rangle = \frac{1}{\sqrt{2}} (|0\rangle \pm i|1\rangle) \tag{3.15}$$

である．

ブロッホ球を考えると，$\hat{\sigma}_z$ は z 軸の周りを 180 度回すことに対応して，図 3.2 のようにブロッホ球上の点 (r_1, r_2, r_3) を $(-r_1, -r_2, r_3)$ に移す．$\hat{\sigma}_x$ と $\hat{\sigma}_y$ もそれぞれ x, y 軸の周りを 180 度回すので，ブロッホ球上の点 (r_1, r_2, r_3) を $(r_1, -r_2, -r_3)$，$(-r_1, r_2, -r_3)$ に移す．そのため，パウリ行列 $\hat{\sigma}_x, \hat{\sigma}_y, \hat{\sigma}_z$ のことを X ゲート，Y ゲート，Z ゲートということもある．ゲートの名前としては，X ゲート，Y ゲート，Z ゲートが使われることも多いが，その正体はパウリ行列ということになる．

ところで，パウリ行列はユニタリであるとともにエルミートでもある．つまり，パ

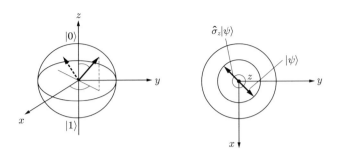

図 3.2 ブロッホ球で表した，$\hat{\sigma}_z$ のはたらき．右図は北極方向から見たときの量子ビット $|\psi\rangle$ と $\sigma_z|\psi\rangle$ を示している．$\hat{\sigma}_x$ と $\hat{\sigma}_y$ も同じように考えればよい．

ウリ行列は状態の変換を表すと同時に物理量（オブザーバブル）としての資格がある．実際，パウリ行列 $\hat{\sigma}_x$, $\hat{\sigma}_y$, $\hat{\sigma}_z$ はブロッホ球における x, y, z 方向の成分を測定する演算子となっている．スピンの x, y, z 成分を測定する演算子としてよく用いられるが，もちろん，偏光やその他の量子ビットの成分の測定も表すことができる．

パウリ行列はまた，直接計算すれば簡単に示せるように，次のような性質を満たす．

$$[\hat{\sigma}_i, \hat{\sigma}_j] = 2i\epsilon_{ijk}\hat{\sigma}_k \tag{3.16a}$$

$$\hat{\sigma}_i\hat{\sigma}_j + \hat{\sigma}_j\hat{\sigma}_i = 2\delta_{i,j}\hat{1} \tag{3.16b}$$

$$\mathrm{tr}\,\hat{\sigma}_i = 0 \tag{3.16c}$$

$$\mathrm{tr}(\hat{\sigma}_i\hat{\sigma}_j) = 2\delta_{i,j} \tag{3.16d}$$

ただし，ϵ_{ijk} は $\epsilon_{123} = 1$ とする反対称テンソル（$\epsilon_{123} = \epsilon_{231} = \epsilon_{312} = 1$, $\epsilon_{132} = \epsilon_{213} = \epsilon_{321} = -1$ でこれ以外は0）である．式 (3.16b) は $\hat{\sigma}_i^2 = \hat{1}$ ということでもある．また，式 (3.16a) と式 (3.16b) から，$\hat{\sigma}_1\hat{\sigma}_2 = i\hat{\sigma}_3$, $\hat{\sigma}_2\hat{\sigma}_3 = i\hat{\sigma}_1$, $\hat{\sigma}_3\hat{\sigma}_1 = i\hat{\sigma}_2$, $\hat{\sigma}_i\hat{\sigma}_j = -\hat{\sigma}_j\hat{\sigma}_i$ $(i \neq j)$ であることもわかる．

> **演習問題 3.2**
> スピンの波動関数が式 (3.2) で表されているとき，スピンの x, y, z 成分の期待値をそれぞれ求めよ．

■**アダマール変換** 重要な1量子ビットに対する演算にアダマール (Hadamard) 変換（アダマールゲート）がある．これは

$$\hat{H} = \frac{1}{\sqrt{2}}\begin{pmatrix} 1 & 1 \\ 1 & -1 \end{pmatrix} \tag{3.17}$$

あるいは

$$\hat{H} = \frac{1}{\sqrt{2}}(|0\rangle\langle 0| + |1\rangle\langle 0| + |0\rangle\langle 1| - |1\rangle\langle 1|)$$
$$= |+\rangle\langle 0| + |-\rangle\langle 1| = |0\rangle\langle +| + |1\rangle\langle -| \tag{3.18}$$

であり，固有値は ± 1 である．また，アダマール変換もユニタリかつエルミートである．ハミルトニアンも同じ $\hat{H}$ で表すことが多いので，少々紛らわしいが，量子情報ではハミルトニアンはあまり表面に出てこないので，$\hat{H}$ を見たらアダマールゲートだと思ってよい．

アダマールゲートは $|0\rangle$ を $|+\rangle = (|0\rangle + |1\rangle)/\sqrt{2}$ に，$|1\rangle$ を $|-\rangle = (|0\rangle - |1\rangle)/\sqrt{2}$ にそれぞれ移す．つまり，0 と 1 の重ね合わせ状態をつくる．

また，アダマールゲートを使うと，X ゲートと Z ゲートを相互に変換することができる．

$$\hat{H}\hat{X}\hat{H} = \hat{Z}, \quad \hat{H}\hat{Z}\hat{H} = \hat{X} \tag{3.19}$$

これは，パウリ行列とアダマールゲートの行列表示 (3.17) を直接計算しても確かめることができる．また，アダマールゲートが $\{|0\rangle, |1\rangle\}$ の基底と $\{|+\rangle, |-\rangle\}$ の基底を変換することからも理解できる．Y ゲートについては

$$\hat{H}\hat{Y}\hat{H} = -\hat{Y} \tag{3.20}$$

が成り立つ．

■位相回転ゲート　　位相回転ゲート $\hat{Q}(\phi)$ は次のように定義される．

$$\hat{Q}(\phi) = \begin{pmatrix} 1 & 0 \\ 0 & e^{i\phi} \end{pmatrix} = |0\rangle\langle 0| + e^{i\phi}|1\rangle\langle 1| \tag{3.21}$$

つまり，$|1\rangle$ 状態の位相を $i\phi$ だけずらすものであり，Z ゲートは位相回転ゲートで $\phi = \pi$ とした特殊な場合と見ることもできる．とくに $\phi = \pi/2$ としたものと $\phi = \pi/4$ としたものが重要である．

$$\hat{S} = \begin{pmatrix} 1 & 0 \\ 0 & i \end{pmatrix} = |0\rangle\langle 0| + i|1\rangle\langle 1| \tag{3.22}$$

$$\hat{T} = \begin{pmatrix} 1 & 0 \\ 0 & \dfrac{1+i}{\sqrt{2}} \end{pmatrix} = |0\rangle\langle 0| + \frac{1+i}{\sqrt{2}}|1\rangle\langle 1| \tag{3.23}$$

$\hat{S}$ をとくに **位相ゲート** ということもある．また，$\hat{T}$ は ($\phi = \pi/4$ だが) 慣用的に **$\pi/8$ ゲート** とよばれる．

■**回転ゲート**　パウリ行列を使うとブロッホ球上における x, y, z それぞれの軸の周りの θ 回転を表すことができる．

$$\hat{R}_x(\theta) = e^{-i\theta\hat{\sigma}_x/2} = \cos\frac{\theta}{2}\hat{\sigma}_0 - i\sin\frac{\theta}{2}\hat{\sigma}_x = \begin{pmatrix} \cos\frac{\theta}{2} & -i\sin\frac{\theta}{2} \\ -i\sin\frac{\theta}{2} & \cos\frac{\theta}{2} \end{pmatrix} \quad (3.24a)$$

$$\hat{R}_y(\theta) = e^{-i\theta\hat{\sigma}_y/2} = \cos\frac{\theta}{2}\hat{\sigma}_0 - i\sin\frac{\theta}{2}\hat{\sigma}_y = \begin{pmatrix} \cos\frac{\theta}{2} & -\sin\frac{\theta}{2} \\ \sin\frac{\theta}{2} & \cos\frac{\theta}{2} \end{pmatrix} \quad (3.24b)$$

$$\hat{R}_z(\theta) = e^{-i\theta\hat{\sigma}_z/2} = \cos\frac{\theta}{2}\hat{\sigma}_0 - i\sin\frac{\theta}{2}\hat{\sigma}_z = \begin{pmatrix} \exp\left[-i\frac{\theta}{2}\right] & 0 \\ 0 & \exp\left[i\frac{\theta}{2}\right] \end{pmatrix} \quad (3.24c)$$

演算子の指数関数の計算は 2.1.2 項で見たようにテイラー展開すればよい．パウリ行列が 2 乗すると単位行列になることを使うと，上のように二つの項にまとめられる．ここで，ユニタリ変換を表す行列では角度が $\theta/2$ になっていることに注意する．

量子ビットに対するユニタリ変換はグローバル位相を除いて次のように表せる．

$$\hat{U}(\mathbf{n}, \theta) = \hat{R}_\mathbf{n}(\theta) = \exp\left[-i\frac{\theta}{2}\mathbf{n}\cdot\vec{\sigma}\right]$$
$$= \cos\frac{\theta}{2}\hat{1} - i\sin\frac{\theta}{2}\sum_{i=1}^{3}n_i\hat{\sigma}_i \quad (3.25)$$

ここで $\mathbf{n} = (n_1, n_2, n_3)$ は回転の軸方向を示す単位ベクトル (実数) である．これがグローバル位相を除いて式 (3.10) の形になることは計算して確かめられる．また，

$$\mathbf{n}\cdot\vec{\sigma} = \sum_{j=1}^{3}n_j\hat{\sigma}_j \quad (3.26)$$

である．$\hat{R}_\mathbf{n}(\theta)$ は回転ゲート (3.24a)～(3.24c) を拡張したものになっている．

■**量子回路**　すべての 1 量子ビットゲートはここまでに紹介した基本的な量子ゲートの組み合わせで表現することができる．量子ゲートの組み合わせを図 3.3 のように表すものを **量子回路** (quantum circuit) という．量子ゲートは入力と出力を線で表し，ゲートそのものはその機能 (ユニタリ変換) を示すラベルの付いた箱 (関数) で表される．1 量子ビットゲートでは入力と出力はそれぞれ一つずつある．一般の n 量子ビットゲートは n 対の入出力をもつ．出力の量子ビットは計算基底で測定されることもあ

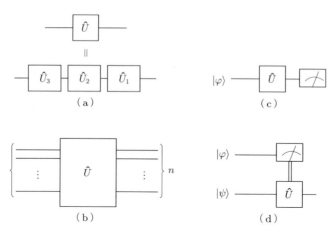

図 3.3 量子回路．(a) 1 量子ビットゲート．下は三つの量子ゲートの合成で表したとき．(b) n 量子ビットゲート．(c) 量子ビットの測定．入力状態を $|\varphi\rangle$ とする．(d) フィードフォワード．古典情報は 2 重線で表す．

る．測定は M というラベルのついた箱やメータの絵で表される．測定の基底は測定器の前に 1 量子ビットのユニタリ変換を行うことで，実質的には自由に選ぶことができる．また，測定を行った結果古典的なビットが出力されるが，ビット値をもとに次に作用させる量子ゲートを選択することもできる．これを**フィードフォワード** (feed forward) という．量子回路は量子情報処理の機能をうまく表せるため広く使われている．もっと複雑な量子回路の例は量子コンピュータを扱う第 6 章で見ることができる．

量子回路では図の一番左が入力で，左から右へ進むにつれて量子状態が変換されていく．ただし，これは空間的に量子ビットが動くというよりは時間が左から右に経過している様子を示している．光子のように時間の推移に従って量子ビットが空間的に移動する場合は，空間的に量子ゲートを配置していくと量子回路が出来上がる．一方，原子等で実現された量子ビットは空間的には動かないので時間的に異なるユニタリ変換を次々に作用させることで量子回路を実現する．この意味で量子回路は楽譜に似ているといわれる．量子回路を式で書くと

$$|\varphi_{\text{out}}\rangle = \hat{U}_1 \hat{U}_2 \hat{U}_3 |\varphi_{\text{in}}\rangle$$

のようになる．量子回路の図とは演算の順序が反対になっているように見えるので混乱しないようにしてほしい．

ユニタリ変換 $\hat{U}$ には必ず逆変換 $\hat{U}^\dagger$ があるので，量子回路で入力と出力を入れ変えればもとに戻すことが常に可能である．これは図 3.3 を右から左に進めることにあたる．普通の向きに書き直すときにはユニタリ変換 $\hat{U}$ を逆変換 $\hat{U}^\dagger$ に変える．量子回路

の可逆性から，入力と出力の数は同じでなければならないことが結論される．これは，我々になじみのある AND や OR といった古典論理ゲートとの大きな違いである．

3.1.3 | 実際の量子ビットと量子ビット演算

　量子ビットを 2 次元ヒルベルト空間上の長さ 1 のベクトルとだけ考えて，その実体には立ち入らずに量子情報理論を展開していくことができる．しかし，理論を現実化するためには，量子ビットを表現する物理系と，ユニタリ変換に対応する物理的操作を決める必要がある．実際の量子系を量子ビットとみなすことができるためには二つの直交した量子状態が必要である．さらに，二つの量子状態で閉じていることが必要である．偏光状態のようにもともと自由度が 2 の系では，たやすくその条件を満たすことができるが，一般には他の状態も同時に存在しうるのでそれらを分離することが重要である．そのためには，考えている 2 状態と他の状態のエネルギー差を大きくして，それぞれの状態間の相互作用が無視できるようにする．

　たとえば調和振動子系では，各状態のエネルギーが等間隔で並ぶので，特定の 1 組を量子ビットとして選ぶのは難しい．調和振動子の典型的な例としては，バネにつながれた質点の運動があげられる．実際，シリコンを微細加工してサブミクロンサイズの板バネをつくると量子化された振動子ができる．別の例として，電気回路でインダクタンス L とキャパシタンス C からつくられる LC 共振器を考える．インダクタンスとキャパシタンスが定数のとき，両端の電圧 V と素子を流れる電流 I には線形の関係が成り立つ．

$$V = -L\dot{I}, \quad \int I dt = CV$$

ただし，$\dot{I}$ は I の時間微分である．I または V を消去すると力学的な調和振動子と同じ方程式が得られ，量子化するとエネルギー固有値は $E_n = (n+1/2)\hbar/\sqrt{LC}$ と等間隔になる．超伝導量子ビットの等価回路も LC 共振器で書けることが知られているが，ジョセフソン接合という非線形な（流れる電流に依存する）インダクタンスがあるため，エネルギー準位の間隔が一定でなくなる．そのため，特定の準位間の遷移を選択的に励起することが可能になり，この 2 準位を量子ビットとすることができる．

　量子ビットとして用いる二つの量子状態がつくれたとして，次に問題となるのは重ね合わせ状態がどれだけの時間保たれるか，ということである．この時間を**コヒーレント時間**という．量子ゲートで量子状態を操作している間に状態が変化しては意味がなくなるので，（コヒーレント時間）÷（ゲート操作時間）が十分大きいことが必要である．この値はゲート操作の可能な回数という意味をもっている．量子ビットの実現可能性とコヒーレント時間の条件から，現在量子情報処理に用いることが検討されて

いる物理系は，光子の偏光または相対位相，スピン，超伝導ジョセフソン結合を利用した回路における電荷・磁束・位相，トラップに閉じ込められた原子やイオンの状態などに限られている．

演習問題 3.3

量子情報処理を実現するために検討されている物理系について，量子情報処理に利用する場合の長所と短所を調べてみよう．

■**偏光量子ビット**　　状態の変換はそれぞれの系に適当なハミルトニアンを作用させることによって得られるため，系の物理的な性質に影響される部分が大きく，一般的に議論するのは難しい．そのなかで，偏光量子ビットを用いた1量子ビットゲートは容易に構成できる．そこで，ここでは光子の偏光状態に対するユニタリ変換を調べることにする．まず，光子版シュテルン–ゲルラッハの実験6を思い出そう．45°偏光した状態ベクトルは

$$\frac{1}{\sqrt{2}}\begin{pmatrix} 1 \\ 1 \end{pmatrix}$$

あるいは

$$\frac{1}{\sqrt{2}}(|0\rangle + |1\rangle) \tag{3.27}$$

と書ける．実験で分離した垂直偏光と水平偏光を位相差なしで合成する変換は単位行列なので，再び45°偏光が得られる．両者の位相差をπとしたとき式(3.27)で$|1\rangle$に$e^{i\pi} = -1$がかかるから

$$\frac{1}{\sqrt{2}}(|0\rangle - |1\rangle) \tag{3.28}$$

となる．この変換を与えるユニタリ変換はZゲートにほかならない．

垂直偏光と水平偏光の間に位相差を与える素子は波長板とよばれ，複屈折結晶からつくられる．水晶や方解石のような複屈折結晶の屈折率は，伝搬する光の電場の振動方向によって異なる．とくに結晶の光学軸が光の入射面内にくるように結晶をカットすると，光学軸に垂直な電場成分と平行な電場成分がお互いに混じり合わずに伝搬する．垂直偏光と水平偏光に対する屈折率をそれぞれ，n_V, n_Hとすると，結晶の長さをdとして結晶内を伝搬した結果，垂直偏光と水平偏光の光路差は$(n_V - n_H)d$であり，波長λの光における位相差は$2\pi(n_V - n_H)d/\lambda$で与えられる．波長板としてよく使われるものは位相差$\pi/2$を与える1/4波長板とπを与える1/2波長板である．1/2波長板を$\delta/2$回転させたとき，波長板の効果は$\begin{pmatrix} 1 & 0 \\ 0 & -1 \end{pmatrix}$に軸を回転させる行列を右から，その逆行列を左からかけて，

$$\begin{pmatrix} \cos\delta/2 & -\sin\delta/2 \\ \sin\delta/2 & \cos\delta/2 \end{pmatrix} \begin{pmatrix} 1 & 0 \\ 0 & -1 \end{pmatrix} \begin{pmatrix} \cos\delta/2 & \sin\delta/2 \\ -\sin\delta/2 & \cos\delta/2 \end{pmatrix} = \begin{pmatrix} \cos\delta & \sin\delta \\ \sin\delta & -\cos\delta \end{pmatrix}$$
$$= \sin\delta\hat{\sigma}_x + \cos\delta\hat{\sigma}_z \tag{3.29}$$

となる．1/2 波長板を $\pi/4$ 回転させたときは X ゲート，$\pi/8$ 回転させたときはアダマールゲートとしてはたらくことがわかる．

同様に，1/4 波長板を $\delta/2$ 回転させたとき，波長板の効果は $\begin{pmatrix} 1 & 0 \\ 0 & i \end{pmatrix}$ に軸を回転させる行列を右から，その逆行列を左からかけて，

$$\frac{1+i}{\sqrt{2}} \begin{pmatrix} \frac{1}{\sqrt{2}}(1 - i\cos\delta) & -\frac{i}{\sqrt{2}}\sin\delta \\ -\frac{i}{\sqrt{2}}\sin\delta & \frac{1}{\sqrt{2}}(1 + i\cos\delta) \end{pmatrix} = \frac{1+i}{\sqrt{2}}\left(\hat{1} - i(\sin\delta\hat{\sigma}_x + \cos\delta\hat{\sigma}_z)\right) \tag{3.30}$$

と表せる．1/4 波長板を $\pi/4$ 回転したものに水平偏光を通すと左回り円偏光が，垂直偏光を通すと右回り円偏光が得られる．

波長板のはたらきはブロッホ球上では $(\sin\delta, 0, \cos\delta)$ 方向を軸とする回転として表せ，1/2 波長板の回転角は π，1/4 波長板の回転角は $\pi/2$ である．1/2 波長板は直線偏光を回転させるため，XZ 平面の大円上の点を大円の上に移す．一方，1/4 波長板は楕円偏光と直線偏光を変換する．つまり，ブロッホ球上の任意の点を XZ 平面の大円上に移す．1/4 波長板-1/2 波長板-1/4 波長板の 3 枚を組み合わせて軸の角度を制御すると，任意の偏光＝量子ビットの状態を得ることができる．これは，最初の 1/4 波長板が任意の偏光（一般に楕円偏光）にある入射光を直線偏光（ブロッホ球上の XZ 平面）へ変換し，1/2 波長板が直線偏光を希望する角度へ回転させる．最後に 2 番目の 1/4 波長板が直線偏光を求める任意の偏光（楕円偏光）に変換する．

決まった値の位相差を与える波長板の代わりに，電気光学効果などを使って，電気信号によって位相差を制御できる．つまり回転ゲート $\hat{R}_{x,y,z}(\theta)$ において任意の回転角を与えることができる．回転ゲートを三つ使うと，グローバル位相の違いを許してあるゆる 1 量子ビットゲート $\hat{U}$ が表せることが知られている．

$$\hat{U} = e^{i\alpha}\hat{R}_z(\beta)\hat{R}_y(\gamma)\hat{R}_z(\delta) \tag{3.31}$$

また，偏光を回転させる別の現象として磁気光学効果がある．これは与える磁場の強さに比例して偏光の回転角が変わるもので，$\hat{R}_y(\theta)$ のはたらきをする．これらのデバイスは偏波コントローラやファラデー素子といった名前で市販されている．量子ビッ

トの実装に偏光を使うことにすると，1量子ビットゲートはすでに用意されていた，というわけである．

演習問題 3.4

式 (3.31) で与えた変換がグローバル位相を除いてユニタリ変換の一般的な形 (3.10) になることを示せ．また，
$$\hat{U} = e^{i\alpha}\hat{R}_z(\beta)\hat{R}_x(\gamma)\hat{R}_z(\delta) \tag{3.32}$$
でもグローバル位相を除いてユニタリ変換の一般的な形 (3.10) になることを示せ．

なぜ三つの回転ゲートが必要か，ということに興味のある人は，回転群やオイラー角について調べてみるとよい．

■**2準位系とラビ振動** スピン 1/2 の粒子や量子光学でよく登場する 2 準位原子のように二つの状態が他の状態から独立していると考えられるとき，その系は **2準位系**として扱うことができる．系のハミルトニアンを $\hat{H}_0$ とすると固有状態は

$$\begin{aligned}\hat{H}_0 |0\rangle &= \epsilon_0 |0\rangle \\ \hat{H}_0 |1\rangle &= \epsilon_1 |1\rangle\end{aligned} \tag{3.33}$$

を満たす．二つの状態のエネルギー固有値が異なるときを考える．これを実現するために，スピンの場合はある方向，たとえば z 軸方向に静磁場をかける．すると，スピンの z 成分の値によってエネルギーに差が生じる♦．量子ビット状態 $|0\rangle$ と $|1\rangle$ のエネルギー差を $\Delta = \epsilon_1 - \epsilon_0$ とする．

原子の準位間の遷移は外場として図 3.4 のように電磁波 $Ee^{i\omega t} +$ c.c. を印加することで起こすことができる．このとき，$\hbar\omega = \Delta$ とし，電磁波の振動数がエネルギー差に共振しているものとする．2 準位原子の双極子能率を μ とし，回転波近似とよばれる近似を使うと，摂動ハミルトニアンは

$$\hat{H}_1 = -\frac{1}{2}\mu E e^{-i\omega t} |1\rangle\langle 0| - \frac{1}{2}\mu E e^{i\omega t} |0\rangle\langle 1| \tag{3.34}$$

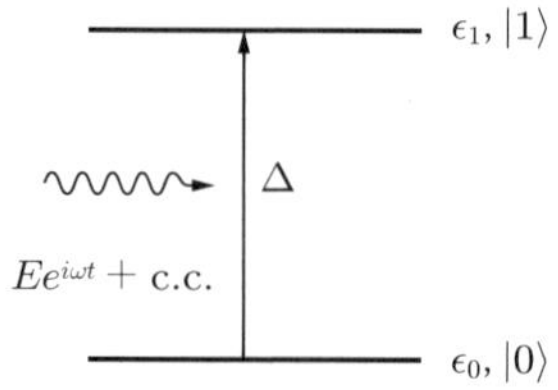

図 3.4 2 準位系と電磁波との相互作用

♦ この現象はゼーマン効果として知られている．

である．電磁波の照射を時刻 0 に始めたとして，時刻 t における 2 準位原子の状態を

$$|\psi(t)\rangle = a_0(t) \exp\left[-i\frac{\epsilon_0 t}{\hbar}\right]|0\rangle + a_1(t) \exp\left[-i\frac{\epsilon_1 t}{\hbar}\right]|1\rangle \tag{3.35}$$

とする．これを時間に依存するシュレーディンガー方程式

$$i\hbar\frac{\partial}{\partial t}|\psi\rangle = \left(\hat{H}_0 + \hat{H}_1\right)\psi\rangle \tag{3.36}$$

に代入する．

$$\left(i\hbar\frac{da_0}{dt} + \epsilon_0 a_0\right)\exp\left[-i\frac{\epsilon_0 t}{\hbar}\right]|0\rangle + \left(i\hbar\frac{da_1}{dt} + \epsilon_1 a_1\right)\exp\left[-i\frac{\epsilon_1 t}{\hbar}\right]|1\rangle$$
$$= \epsilon_0 a_0 \exp\left[-i\frac{\epsilon_0 t}{\hbar}\right]|0\rangle + \epsilon_1 a_1 \exp\left[-i\frac{\epsilon_1 t}{\hbar}\right]|1\rangle$$
$$- \frac{1}{2}\mu E e^{i\omega t} a_1 \exp\left[-i\frac{\epsilon_1 t}{\hbar}\right]|0\rangle - \frac{1}{2}\mu E e^{-i\omega t} a_0 \exp\left[-i\frac{\epsilon_0 t}{\hbar}\right]|1\rangle \tag{3.37}$$

両辺に $\langle 0|$ と $\langle 1|$ をそれぞれかけて整理すると，次のような連立微分方程式が得られる．

$$\begin{aligned}\frac{da_0}{dt} &= i\chi a_1/2 \\ \frac{da_1}{dt} &= i\chi a_0/2\end{aligned} \tag{3.38}$$

ただし，$\chi = \mu E/\hbar$ である．χ をラビ振動数という．この方程式は標準的なやり方で解くことができて，解は

$$\begin{cases} a_0(t) = a_0(0)\cos\dfrac{\chi t}{2} + ia_1(0)\sin\dfrac{\chi t}{2} \\ a_1(t) = ia_0(0)\sin\dfrac{\chi t}{2} + a_1(0)\cos\dfrac{\chi t}{2} \end{cases} \tag{3.39}$$

である．

わかりやすい場合として，$t=0$ で原子が $|0\rangle$ 状態にある $(a_0(0)=1, a_1(0)=0)$ とする．時刻 t で原子が $|0\rangle$ 状態にある確率と $|1\rangle$ 状態にある確率はそれぞれ

$$\begin{cases} |a_0(t)|^2 = \cos^2\dfrac{\chi t}{2} \\ |a_1(t)|^2 = \sin^2\dfrac{\chi t}{2} \end{cases} \tag{3.40}$$

であって，確率が周期 $2\pi/\chi$ で振動する．この振動を**ラビ振動**という．ラビ振動によってブロッホ球上で状態ベクトルの回転ができる．式 (3.39) をベクトル $(a_0(0), a_1(0))^T$ に対するユニタリ変換と見ると，この変換は

$$\begin{pmatrix} \cos\dfrac{\chi t}{2} & i\sin\dfrac{\chi t}{2} \\ i\sin\dfrac{\chi t}{2} & \cos\dfrac{\chi t}{2} \end{pmatrix} = \cos\dfrac{\chi t}{2}\,\hat{1} + i\sin\dfrac{\chi t}{2}\,\hat{\sigma}_x = \hat{R}_x(-\chi t) \tag{3.41}$$

から，x 軸周りの $-\chi t$ 回転であることがわかる．$\chi t = \pi$ のとき X ゲートとなる．

$\chi t = 2\pi$ のとき，状態は $|0\rangle$ に戻るが，符号が反転している．本来符号はグローバル位相なので状態には影響しないが，このことを使って Z ゲートをつくることができる．その原理は以下のとおりである．まず，図 3.5 のように $|0\rangle$ と $|1\rangle$ のほかに $|2\rangle$ という 3 番目の準位を考える．いま，$|0\rangle$ と $|2\rangle$ の間で電磁波による遷移ができ，$|1\rangle$ と $|2\rangle$ の間は遷移できないものとしよう．状態をうまく選べばそのようなことが可能である．たとえば，$|0\rangle$, $|1\rangle$, $|2\rangle$ の角運動量をそれぞれ 0，1，1 になるような準位を選ぶと，双極子遷移は角運動量の差が 1 のとき可能なので，$|0\rangle$-$|1\rangle$ 間と $|0\rangle$-$|2\rangle$ 間の遷移は許され，$|1\rangle$-$|2\rangle$ 間の遷移は禁じられる．$|0\rangle$-$|1\rangle$ 間と $|0\rangle$-$|2\rangle$ 間のエネルギー差が大きく違えば，電磁波の振動数をどちらかの遷移に共振させることで遷移を選ぶことができる．この 3 準位系の状態が $(1/\sqrt{2})(|0\rangle + |1\rangle)$ であるとき，$|0\rangle$ と $|2\rangle$ の間でラビ振動を起こす．ラビ周波数を χ' とすると $\chi' t = 2\pi$ となったときの状態は，$|0\rangle$ の符号が反転しているため，$(1/\sqrt{2})(-|0\rangle + |1\rangle)$ となって Z ゲート（正確には $-Z$ だが，今度は符号をグローバル位相として無視できる）をかけた状態になっている．

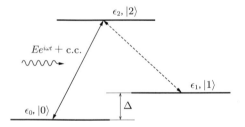

図 3.5 ラビ振動を使った Z ゲート．3 準位を使い，$|0\rangle$ と $|2\rangle$ との間にラビ振動を起こす．

3.2 多量子ビット

量子力学的状態の本当の不思議さは，2 粒子以上の状態で現れる．この問題は量子力学の創始者たちも頭を悩ませてきたものであり，アインシュタインは量子力学が正しい物理を表していないのではないかという彼の疑念をこの問題に関するいわゆる **EPR** (Einstein-Podolsky-Rosen) **のパラドックス**によって表明したし，シュレーディンガーも**量子もつれ**（エンタングルメント）について考察したノートを残している．それ以

後，量子もつれは量子力学の基礎の問題として研究されてきたが，最近になって，量子情報技術の背後にある不可欠なリソースとして新たに認識されようになった．つまり，量子もつれは量子計算が古典計算を凌駕するために必要であるだけでなく，量子テレポーテーションやエンタングルメントスワッピング (entanglement swapping) などを基本操作として，光子が主役を演ずる量子暗号・通信でも重要なはたらきをすることが明らかになった．ここではまず多量子ビットの状態の数学的な表現を考える．それをもとに，量子もつれ状態や多量子ビットの操作を調べていく．

3.2.1 | 多量子ビットの表現法：テンソル積

AとBという二つの粒子の状態を考えよう．簡単のため各粒子は2次元ヒルベルト空間上のベクトルで表される量子ビットであるとする．古典的には2ビットは $(0_A, 0_B), (0_A, 1_B), (1_A, 0_B), (1_A, 1_B)$ の四つの状態を指定する．ここから類推して，2量子ビットの系も $|0\rangle_A |0\rangle_B, |0\rangle_A |1\rangle_B, |1\rangle_A |0\rangle_B, |1\rangle_A |1\rangle_B$ の四つで表すことができるように思える．量子状態は重ね合わせを許すから，一般の2量子ビット状態は

$$|\psi\rangle_{AB} = a|0\rangle_A|0\rangle_B + b|0\rangle_A|1\rangle_B + c|1\rangle_A|0\rangle_B + d|1\rangle_A|1\rangle_B$$

のように表せそうである．そこで気になるのは $|0\rangle_A|0\rangle_B$ などが何を表しているかということである．たぶん4次元空間の基底ベクトルなのだろうが，いまの段階では二つの状態ベクトルを並べただけなので正体はわからない．

実は数学ではテンソル積という概念が考えられていて，それによって多量子ビットの状態を定式化すると，上の予想は正当化される．そこで，まず2量子ビットの空間を考える．1量子ビットAはある2次元ヒルベルト空間 $\mathcal{H}_A$ にいる．もう一つの1量子ビットBは別の2次元ヒルベルト空間 $\mathcal{H}_B$ にいる．2量子ビットの空間 $\mathcal{H}_{AB}$ は $2 \times 2 = 4$ 次元になる．二つのベクトル空間 $\mathcal{H}_A$，$\mathcal{H}_B$ から大きな空間 $\mathcal{H}_{AB}$ をつくる操作をテンソル積といい，$\mathcal{H}_A \otimes \mathcal{H}_B$ と書く（エイチエー　テンサー　エイチビーなどと読む）．一般には m 次元の空間と n 次元の空間のテンソル積は mn 次元になる．その要素を $|a\rangle \otimes |b\rangle$ と書く．ただし，$|a\rangle \in \mathcal{H}_A, |b\rangle \in \mathcal{H}_B$ である．これは正式な書き方で，$|a\rangle|b\rangle, |ab\rangle$ などと略して書かれることもある（むしろそのほうが多い）．添え字をつけて粒子や空間を指定することもよく行われる．もとの空間の基底ベクトルのテンソル積は，テンソル積をとった空間の基底ベクトルになる．テンソル積は次のような基本的な関係を満たすので，普通にベクトルの計算をするつもりでいて構わない．

1. スカラー z に対し，$z(|a\rangle \otimes |b\rangle) = z|a\rangle \otimes z|b\rangle$
2. $(|a_1\rangle + |a_2\rangle) \otimes |b\rangle = |a_1\rangle \otimes |b\rangle + |a_1\rangle \otimes |b\rangle$

3. $|a\rangle \otimes (|b_1\rangle + |b_2\rangle) = |a\rangle \otimes |b_1\rangle + |a\rangle \otimes |b_2\rangle$

ただし，$|a\rangle$ と $|b\rangle$ が別の空間にいることを忘れないようにすること．そうすれば，次のことは当然に思えるだろう．

$\mathcal{H}_A$ における線形演算子 $\hat{A}$，$\mathcal{H}_B$ における線形演算子 $\hat{B}$ があるとき，$\mathcal{H}_A \otimes \mathcal{H}_B$ における線形演算子 $\hat{A} \otimes \hat{B}$ は次のように定義される．

$$(\hat{A} \otimes \hat{B})(|a\rangle \otimes |b\rangle) \equiv \hat{A}|a\rangle \otimes \hat{B}|b\rangle \tag{3.42}$$

つまり，あるヒルベルト空間の演算子は自分と同じ空間のベクトルにだけ作用するということである．もちろん，テンソル積をとった空間全体に作用する演算子を考えることもできる．

演算子や状態ベクトルの線形結合についても，これまでの議論を拡張して定義できる．テンソル積でつくられた大きな空間で重ね合わせが成り立つ．また，二つのベクトル $\sum_i \alpha_i |a_i\rangle \otimes |b_i\rangle$ と $\sum_j \beta_j |a'_j\rangle \otimes |b'_j\rangle$ の内積は

$$\left(\sum_i \alpha_i |a_i\rangle \otimes |b_i\rangle, \sum_j \beta_j |a'_j\rangle \otimes |b'_j\rangle\right) \equiv \sum_{i,j} \alpha_i^* \beta_j \langle a_i | a'_j \rangle \langle a_i | b'_j \rangle \tag{3.43}$$

で定義される．

粒子が三つなら $\mathcal{H}_A \otimes \mathcal{H}_B \otimes \mathcal{H}_C$ のようにテンソル積によって大きなヒルベルト空間をつくり，そこでの基底や演算子を上で行ったのと同じようにして定義する．多量子ビットのように，N 個の粒子が同じ種類のヒルベルト空間 $\mathcal{H}$ に属するとき，全体のヒルベルト空間は N テンソル積をつくるといって，$\mathcal{H}^{\otimes N}$ のように書く．ベクトルや演算子も同様に $|\phi\rangle^{\otimes N}$ や $\hat{A}^{\otimes N}$ と書く．

テンソル積を具体的に行列の成分で書いてみよう．まず，A を m 行 n 列の行列とする．

$$A = \begin{pmatrix} A_{11} & A_{12} & \cdots & A_{1n} \\ A_{21} & A_{22} & \cdots & A_{2n} \\ \vdots & \vdots & \cdots & \vdots \\ A_{m1} & A_{m2} & \cdots & A_{mn} \end{pmatrix} \tag{3.44}$$

同様に B を p 行 q 列の行列とすると，テンソル積 $A \otimes B$ は mp 行 nq 列の行列

$$A \otimes B = \begin{pmatrix} A_{11}B & A_{12}B & \cdots & A_{1n}B \\ A_{21}B & A_{22}B & \cdots & A_{2n}B \\ \vdots & \vdots & \cdots & \vdots \\ A_{m1}B & A_{m2}B & \cdots & A_{mn}B \end{pmatrix} \tag{3.45}$$

となる．ここで成分のように見える $A_{11}B$ は p 行 q 列の小行列であることに注意する．たとえば 2 量子ビットの線形演算子は 4×4 行列になる．このくらいなら我慢できるが，n 量子ビットでは $2^n \times 2^n$ と非常に大きな行列を書かなくてはならず，ブラケット表示で記述するほうがコンパクトになる．とくに行列要素に規則性がある場合には形が単純で見やすくなる．もちろん，実際に数を入れて計算しようとすれば $2^n \times 2^n$ 行列で表す必要があり，量子計算を普通の計算機でシミュレーションしようとすると膨大なメモリを使う．

2 量子ビットの空間の基底はこの節の最初で考えたように

$$\{|0\rangle \otimes |0\rangle, |0\rangle \otimes |1\rangle, |0\rangle \otimes |1\rangle, |1\rangle \otimes |1\rangle\} \tag{3.46}$$

である．任意の状態は

$$|\psi\rangle_{AB} = a|0\rangle \otimes |0\rangle + b|0\rangle \otimes |1\rangle + c|0\rangle \otimes |1\rangle + d|1\rangle \otimes |1\rangle,$$
$$|a|^2 + |b|^2 + |c|^2 + |d|^2 = 1 \tag{3.47}$$

と表せる．注意しなければならないのは，この状態が常に

$$|\psi\rangle_{AB} = (u_A|0\rangle + v_A|1\rangle)_A \otimes (u_B|0\rangle + v_B|1\rangle)_B,$$
$$|u_A|^2 + |v_A|^2 = |u_B|^2 + |v_B|^2 = 1 \tag{3.48}$$

のように書けるわけでないことである．それは，式 (3.47) には変数が四つあって規格化の条件が一つであるのに対して，式 (3.48) にも変数が四つあるが規格化条件が二つあるため，より制限が強く，とりうる範囲が狭くなっているためである．式 (3.48) のように書けない状態を，**もつれ合っている**（エンタングルしている）という．逆に式 (3.48) で表せる状態を分離している (separable) という．量子もつれ（エンタングルメント）については次の 3.2.2 項で詳しく調べる．もつれ合った状態はテンソル積の性質から導かれたもので，量子性とは直接関係していないことを注意しておく．量子力学に従う粒子の系（多量子ビット）ではもつれ合った状態が自然に現れるというだけであり，他のダイナミクスに従う粒子でもつれ合いが現れないということではない．

また，線形演算子も，$\sum u_{ij} \hat{A}_i \otimes \hat{B}_j$ のように $\hat{A} \otimes \hat{B}$ の形に書けないものがある．

この演算子はテンソル積した空間全体に作用し，3.2.3 項で述べる制御量子ゲートとして重要な役割を果たす．

■**複製禁止定理**　ここまで学んだことの応用として，**複製禁止定理** (no cloning theorem) を証明する．この定理は任意の量子状態の複製（コピー）がつくれないということを主張していて，量子暗号の安全性にも関連する．

平行でもなく，直交もしていない二つの量子状態 $|\psi\rangle_1$ と $|\phi\rangle_1$ の複製をつくりたい．この二つは同じヒルベルト空間の状態ベクトルとする．状態の複製ができるとは，同じ次元のヒルベルト空間のベクトル $|0\rangle_2$ を用いて

$$\hat{U}(|\psi\rangle_1 \otimes |0\rangle_2) = |\psi\rangle_1 \otimes |\psi\rangle_2 \tag{3.49}$$

$$\hat{U}(|\phi\rangle_1 \otimes |0\rangle_2) = |\phi\rangle_1 \otimes |\phi\rangle_2 \tag{3.50}$$

を満たす変換 $\hat{U}$ が存在することである（図 3.6）．式 (3.49) と (3.50) は量子状態の変化を表すことから，この変換はユニタリである．

証明は簡単で，式 (3.49) と (3.50) の内積を両辺について計算する．そのために，式 (3.50) のエルミート共役をとって式 (3.49) にかけると

$$(\langle\phi|_1 \otimes \langle 0|_2)\hat{U}^\dagger \hat{U}(|\psi\rangle_1 \otimes |0\rangle_2) = (\langle\phi|_1 \otimes \langle\phi|_2)(|\psi\rangle_1 \otimes |\psi\rangle_2)$$

$$\langle\phi|\psi\rangle_1 \cdot \langle 0|0\rangle_2 = \langle\phi|\psi\rangle_1 \cdot \langle\phi|\psi\rangle_2$$

$$\langle\phi|\psi\rangle_1 = \langle\phi|\psi\rangle_1 \cdot \langle\phi|\psi\rangle_2 \tag{3.51}$$

を得る．式 (3.51) が成立するためには $\langle\phi|\psi\rangle_1 = 0$ または $\langle\phi|\psi\rangle_2 = 1$ でなければならない．このことは，$|\psi\rangle$ と $|\phi\rangle$ が平行または直交であるということなので仮定に反する．つまり，状態の複製を行うユニタリ変換は存在せず，複製は不可能である．式 (3.51) の 1 行目から 2 行目に移るところでユニタリ変換であること ($\hat{U}^\dagger \hat{U} = \hat{1}$) が効いている．

複製禁止定理の意味は測定過程をもう一度振りかえってみると納得できる．測定では状態を直交した基底の組に射影した．測定後の状態は基底の状態のどれかになる．ということは，もとの状態が基底と同じ方向を向いていない場合，測定結果の状態に直交した成分に関する情報は失われてしまう．状態のコピーがたくさんあって繰り返し測定できる場合には，様々な基底についての測定結果を集めることによってもとの状態を知ることができるが，状態が 1 個しかない場合ではもとの状態を完全に知ることはできない．もし，1 個の状態から複製がいくらでもつくれれば，繰り返し測定することでもとの状態が再現できるので先に述べたことと矛盾する．それゆえ，任意の量

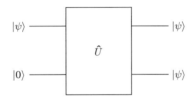

図 3.6 量子コピー機．入力を $|\psi\rangle$ と $|0\rangle$ とすると $|\psi\rangle \otimes |\psi\rangle$ が出力される．複製禁止定理は任意の状態に対してこのようなはたらきをするユニタリ変換は存在しないことを示している．

子状態の複製は不可能である．ここで，「任意」といった意味は，基底と平行または直交していないときを含むということである．あらかじめ，状態ベクトルが基底に平行または直交であるとわかっているときは1回の測定でどちらかを知ることができ，複製も可能である．

3.2.2 | 量子もつれ

量子もつれ状態の例を示そう．以後，簡単のためにテンソル積の記号 $\otimes$ を省略する．

$$|\Psi^{(-)}\rangle = \frac{1}{\sqrt{2}}(|0\rangle_A|1\rangle_B - |1\rangle_A|0\rangle_B) \tag{3.52}$$

これはどのように係数を選んでも式 (3.48) のような1量子ビット状態のテンソル積で表すことができない．式 (3.52) は $|0\rangle$ を上向きスピン，$|1\rangle$ を下向きスピンに対応させると，水素分子の電子スピンの一重項状態の波動関数として量子力学の教科書にも現れる．

量子力学では波動関数が決まると物理系の状態は完全に決まる．言い換えれば，波動関数 (3.52) は2量子ビットの状態について知りうることのすべてを表している．ところが，この波動関数は1量子ビット状態のテンソル積になっていないため，1量子ビットの状態は決まらない．つまり，全体のことはわかってもそれを構成する部分のことはわからないという，奇妙な状況になっている．

このことをもっと形式的に調べてみよう．粒子 A についての測定の演算子を

$$\hat{M}_{0,A} = |0\rangle_A\langle 0|$$
$$\hat{M}_{1,A} = |1\rangle_A\langle 1|$$

とし，粒子 B についての測定の演算子を

$$\hat{M}_{0,B} = |0\rangle_B\langle 0|$$
$$\hat{M}_{1,B} = |1\rangle_B\langle 1|$$

とすると，確かに

$$\hat{M}_{0,A}^\dagger \hat{M}_{0,A} + \hat{M}_{1,A}^\dagger \hat{M}_{1,A} = \hat{M}_{0,B}^\dagger \hat{M}_{0,B} + \hat{M}_{1,B}^\dagger \hat{M}_{1,B} = \hat{1}$$

を満たしている．これらの演算子は射影演算子なので $\hat{M}_{0,A}^\dagger = \hat{M}_{0,A}$，$\hat{M}_{0,A}^2 = \hat{M}_{0,A}$ などの性質をもつ．

2粒子A，Bが $|\Psi^{(-)}\rangle$ で表される状態にあるとき，粒子Aを測定して値0を得る確率は，$\hat{M}_{0,A}$ が粒子Aの状態ベクトルにだけ作用すること（式(3.42)）と，異なる粒子の状態ベクトルは順序を入れ替えてもよいことに気をつけると

$$\begin{aligned} P_A(0) &= \langle\Psi^{(-)}|\hat{M}_{0,A}^\dagger \hat{M}_{0,A}|\Psi^{(-)}\rangle \\ &= \frac{1}{2}\left({}_A\langle 0|{}_B\langle 1| - {}_A\langle 1|{}_B\langle 0|\right)\hat{M}_{0,A}\left(|0\rangle_A|1\rangle_B - |1\rangle_A|0\rangle_B\right) \\ &= \frac{1}{2}\left({}_A\langle 0|\hat{M}_{0,A}|0\rangle_A\,{}_B\langle 1|1\rangle_B + {}_A\langle 1|\hat{M}_{0,A}|1\rangle_A\,{}_B\langle 0|0\rangle_B\right) \\ &= \frac{1}{2} \end{aligned}$$

となる．このような計算では，$\langle i|j\rangle = \delta_{i,j}$ や $\langle i|\hat{M}_0|j\rangle = \delta_{i,0}\delta_{j,0}$ といったことをあらかじめ考えに入れて，0にならない項だけ拾い上げるのが，速く間違いなく答えを出すためのコツである．また，この測定をした後の状態は

$$\frac{1}{\sqrt{P_A(0)}}\hat{M}_{0,A}|\Psi^{(-)}\rangle = |0\rangle_A|1\rangle_B \tag{3.53}$$

になる．同様な計算をすると，粒子Aを測定して値1を得る確率と測定後の状態はそれぞれ $P_A(1) = 1/2$，

$$\frac{1}{\sqrt{P_A(1)}}\hat{M}_{1,A}|\Psi^{(-)}\rangle = |1\rangle_A|0\rangle_B \tag{3.54}$$

である．粒子Aを測定したとき，値0，1を得る確率がどちらも1/2であるということは，測定前には粒子Aの状態がまったく決まっていないことを示している．また，式(3.53)と(3.54)から，粒子Aを測定して値を得た後の粒子Bの状態はAが $|0\rangle$ ならBは $|1\rangle$，Aが $|1\rangle$ ならBは $|0\rangle$ というように確定していることがわかる．ただし，粒子Aの測定結果を知らないと粒子Bの状態がどちらなのかわからないままになっている．測定の基底を $\{|0\rangle, |1\rangle\}$ 以外，たとえば $\{|\pm\rangle = (|0\rangle \pm |1\rangle)/\sqrt{2}\}$ としても，粒子Aを測定して値を得た後の粒子Bの状態は確定する．また，測定の順序を入れ替えて先に粒子Bの状態を測定しても同様な結果が得られる．もつれ合った粒子は図3.7のように波線でつなげて表すことが多い．

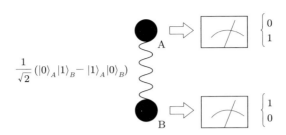

図 3.7 量子もつれ状態．もつれを波線でつなぐことで表す．$|\Psi^{(-)}\rangle$ にある粒子の状態を測定すると，一方の粒子が 0 であればもう一方は必ず 1，1 であれば 0 になる．

■**ベル状態** さて，2 量子ビットの量子もつれ状態は一重項状態の波動関数 (3.52) と三重項状態の波動関数

$$|\Psi^{(+)}\rangle = \frac{1}{\sqrt{2}} \left(|0\rangle_A |1\rangle_B + |1\rangle_A |0\rangle_B \right) \tag{3.55}$$

$$|\Phi^{(+)}\rangle = \frac{1}{\sqrt{2}} \left(|0\rangle_A |0\rangle_B + |1\rangle_A |1\rangle_B \right) \tag{3.56}$$

$$|\Phi^{(-)}\rangle = \frac{1}{\sqrt{2}} \left(|0\rangle_A |0\rangle_B - |1\rangle_A |1\rangle_B \right) \tag{3.57}$$

を基底として表される．$\{|\Psi^{(\pm)}\rangle, |\Phi^{(\pm)}\rangle\}$ は，直接計算してみるとわかるように，正規直交性を満たしている．もちろん，2 量子ビットの状態は式 (3.46) を基底として表せるが，量子もつれ状態の特徴を明示するには式 (3.52)，(3.55)〜(3.57) を使うと便利である．これら 4 個の状態は**ベル (Bell) 状態**または**ベル基底**とよばれ，最大の量子もつれをもつ♦．ベル状態の重ね合わせは一般にもつれの度合いが小さくなる．量子もつれが小さい状態から最大にもつれ合った状態 (maximally entangled state) をつくることは**量子もつれの蒸留** (entanglement distillation) とよばれ，量子情報技術では重要な操作の一つである．

なお，一重項状態 (3.52) では A と B の粒子を交換すると符号が反転する（粒子交換に対して反対称）．一方，三重項状態 (3.55)〜(3.57) は A と B の粒子を交換しても符号が変わらない（粒子交換に対して対称）．そのため，電子のように粒子間に相互作用がある場合，粒子を交換したときのエネルギーに一重項状態と三重項状態では違いが現れる．エネルギーが違う状態は分光学的に区別できるので，一重項状態は三重項状態から区別される．三重項同士はエネルギーが同じであるため区別できない．この粒子交換に対する対称性の違いは 3.2.5 項で見るように，ベル状態の判別に重要な役割を果たす．

♦ 量子もつれの尺度については 4.4.4 項で述べる．

ベル状態は 1 量子ビットゲートによって互いに移り変わることができる．A，B のどちらかに Z ゲートを作用させると

$$|\Phi^{(+)}\rangle \underset{\hat{Z}}{\longleftrightarrow} |\Phi^{(-)}\rangle \tag{3.58a}$$

$$|\Psi^{(+)}\rangle \underset{\hat{Z}}{\longleftrightarrow} |\Psi^{(-)}\rangle \tag{3.58b}$$

X ゲートを作用させると

$$|\Phi^{(+)}\rangle \underset{\hat{X}}{\longleftrightarrow} |\Psi^{(+)}\rangle \tag{3.58c}$$

$$|\Phi^{(-)}\rangle \underset{\hat{X}}{\longleftrightarrow} |\Psi^{(-)}\rangle \tag{3.58d}$$

のように変換される．

演習問題 3.5

上の関係 (3.58a)〜(3.58d) を示せ．

■**ベル不等式** 以下では，量子力学的な状態を測定すると測定値の相関が古典的には実現不可能な値をとりうることを，あるゲームを通して示す．これは量子力学では古典物理学で物理量について暗黙のうちに仮定されていたことが成り立たないことの実験的な検証になっている．ここで，情報技術の慣例に従ってアリスとボブという二人のプレイヤーを考えよう．ありふれていて頭文字が A と B なので彼らが選ばれているらしい．情報技術の研究ではアリスとボブ，あるいは他のプレイヤーも加えたゲームを考えることが多い．

今回のゲームは図 3.8 に示すようなものである．離れた場所にいるアリスとボブはそれぞれ対になった粒子の片方をもっていて，それぞれを測定するのが仕事である．このとき，アリスは 2 種類の測定 P_Q と P_R のうちのどちらかを，ボブも 2 種類の測定 P_S と P_T のどちらかを独立に選ぶものとする．ここで測定は射影演算子で表されるものを考えているので，測定を P と書いている．これらの測定は $+1$ か -1 のどちらかの測定値を与える．アリスが測定 P_Q を選んだとき，測定値として $Q = \pm 1$ が得られる．P_R を選んだとき，測定値として $R = \pm 1$ が得られる．ボブについても同様で，P_S を選んだとき測定値として $S = \pm 1$ が，P_T を選んだとき測定値として $T = \pm 1$ が得られる．アリスとボブは多くの粒子対を測定し，測定が終わった後，各々の粒子対に行った測定の種類と得られた測定値を伝える．そして，アリスとボブの測定の 4 通りの組み合わせ $\{P_Q, P_S\}$, $\{P_Q, P_T\}$, $\{P_R, P_S\}$, $\{P_R, P_T\}$ のそれぞれの場合について得られた測定値の積の平均値 $\langle QS \rangle$, $\langle QT \rangle$, $\langle RS \rangle$, $\langle RT \rangle$ を計算する．アリスとボブ

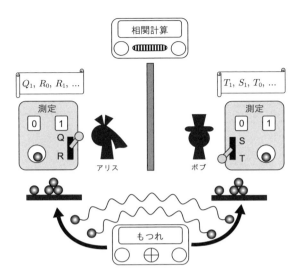

図 3.8 ベル不等式の破れの検証．アリスとボブはそれぞれ独立に測定方法を選んで測定結果を記録し，相関を計算する．古典物理学に従うとベル不等式を破ることはないが，測定に量子もつれ状態にある粒子対を用いると，ベル不等式を破る大きな相関が観測される．

には

$$F = \langle QS \rangle + \langle QT \rangle + \langle RS \rangle - \langle RT \rangle \tag{3.59}$$

の値が大きいほど高い日当を支払うと約束してある．ただし，測定の途中でお互いに連絡をとって都合の良いデータだけ集めるようなことをするのは禁じられている．

アリスとボブのもっている粒子の状態はそれぞれ独立に記述できて互いに影響しないとする（これを**局所性の仮定**という）．また，物理量は測定されてもされなくとも決まった値をもつとする（これを**実在性の仮定**という）．さらに，アリスとボブによる測定の種類を自由に選ぶことができる（全体を見渡せる超越者に操られているわけではない）とする（これを**自由選択の仮定**という）．これらのもっともらしい仮定を認めると F は 2 より大きくなることはない．つまり，雇い主は 2 以下の賃金を用意しておけばよい．

不等式

$$F = \langle QS \rangle + \langle QT \rangle + \langle RS \rangle - \langle RT \rangle \leq 2 \tag{3.60}$$

を定式化した人たちの名前の頭文字をとって **CHSH 型のベル不等式**という．この不等式が成り立つ理由はおおむね次のようなことである．

QS についてみると $Q = S$ のとき $QS = 1$，その他のとき $QS = -1$ となる．$Q = S$ となる確率を $p(Q = S)$ とすると，$Q \neq S$ になる確率は $p(Q \neq S) = 1 - p(Q = S)$

である．そこで QS の平均値は

$$\langle QS \rangle = 1 \times p(Q=S) + (-1) \times p(Q \neq S)$$
$$= 2p(Q=S) - 1 \qquad (3.61)$$

と計算できる．QT, RS についても同様に考える．また，RT については平均値を引くので

$$\langle RT \rangle = 1 \times p(R=T) + (-1) \times p(R \neq T)$$
$$= 1 - 2p(R \neq T)$$

と書いておく．すると，

$$F = \langle QS \rangle + \langle QT \rangle + \langle RS \rangle - \langle RT \rangle$$
$$= 2(p(Q=S)-1) + (2p(Q=T)-1) + (2p(R=S)-1) - (1-2p(R \neq T))$$
$$= 2(p(Q=S) + p(Q=T) + p(R=S) + p(R \neq T)) - 4$$

なので，$Q=S, Q=T, R=S, R \neq T$ が同時に成り立てば，F は最大値 4 をとる．ところが，Q, R, S, T が局所的な確率変数で，アリスの測定結果がボブの測定結果に影響を及ぼさないとすると，$Q=S, Q=T, R=S$ であれば必ず $R=T$ でなければならないから，$F=4$ となるための四つの条件は両立しない．少なくともどれか一つが不成立ということはその確率は 0 なので $p(Q=S)+p(Q=T)+p(R=S)+p(R \neq T)$ は高々 3 であり，$F \leq 2$ である．これはベル不等式が主張していることにほかならない．

ところが，アリスとボブはたまたま量子情報技術の本を読んでいたので，量子もつれを使うとベルの不等式が成り立たないことがあるのを知っていた．そのため彼らは 4 割増しの日当をもらうことができた．量子もつれ状態では測定の前にはアリスとボブのそれぞれの粒子の状態は確定しておらず，またアリスの測定結果によってボブの状態が決まるので，ベル不等式が仮定していた局所性と実在性が破れている．そこで，アリスとボブは次のようなもつれ合った光子対を用意した．

$$|\Phi^{(+)}\rangle = \frac{|0\rangle|0\rangle + |1\rangle|1\rangle}{\sqrt{2}}$$

ここで，光子の偏光状態が水平のとき $|0\rangle$，垂直のとき $|1\rangle$ としている．図 3.9 のようにアリスとボブは光子の偏光を測定する．偏光の向きが θ だけ傾いた状態とそれに垂直な偏光の状態はそれぞれ

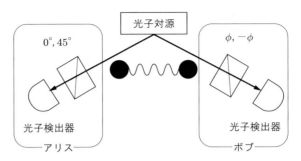

図 3.9 ベル不等式の検証．光子対源から出た光子の偏光をそれぞれ測定する．斜線の入った箱は偏光フィルタを示し，透過させる角度を上に書いてある．測定は繰り返して行い，観測値の平均を求める．

$$|\theta\rangle = \cos\theta |0\rangle + \sin\theta |1\rangle$$
$$|\bar{\theta}\rangle = -\sin\theta |0\rangle + \cos\theta |1\rangle \quad (3.62)$$

と書ける．いま，θ 方向の偏光を観測したとき観測値 1，θ に垂直な方向の偏光を観測したとき観測値 -1 を与えるとする．アリスとボブの選んだ偏光方向をそれぞれ θ_A, θ_B とする．アリスとボブが同じ観測値を得る確率 P_eq は

$$\begin{aligned} P_\mathrm{eq} &= |\langle\theta_B|\langle\theta_A|\Phi^{(+)}\rangle|^2 + |\langle\bar{\theta}_B|\langle\bar{\theta}_A|\Phi^{(+)}\rangle|^2 \\ &= 2|\cos\theta_A\cos\theta_B + \sin\theta_A\sin\theta_B|^2/2 \\ &= \cos^2(\theta_A - \theta_B) \end{aligned} \quad (3.63)$$

となる．

アリスの測定として，P_Q：$0°$ 方向の測定と P_R：$45°$ 方向の測定を選び，ボブの測定として P_S：ϕ 方向の測定と P_T：$-\phi$ 方向の測定を選ぶことにする．$\langle QS\rangle = 2p(Q=S) - 1 = \cos 2\phi$, $\langle QT\rangle = \cos 2\phi$, $\langle RS\rangle = \sin 2\phi$, $\langle RT\rangle = -\sin 2\phi$ なので

$$\begin{aligned} \langle QS\rangle + \langle QT\rangle + \langle RS\rangle - \langle RT\rangle &= 2(\cos 2\phi + \sin 2\phi) \\ &= 2\sqrt{2}\sin(2\phi + \pi/4) \end{aligned} \quad (3.64)$$

である．式 (3.64) の値は図 3.10 に示すように，$0 < \phi < \pi/4 = 45°$ で 2 より大きくなり，$\phi = \pi/8 = 22.5°$ のとき最大の破れ $2\sqrt{2}$ が得られる．

上で観測されたベル不等式の破れは，ベル不等式を導くときに用いた局所性，実在性，自由選択という古典物理学の立場ではもっともらしい仮定のどれか一つ以上が破れていることを示している．逆に，これらの仮定にこだわらず量子力学の予言を信じる側の立場をとれば，ベル不等式が破れている系では古典的には説明できない相関を

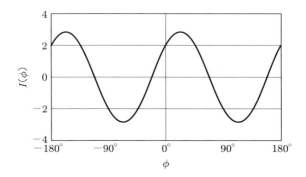

図 3.10 ベル不等式の破れ．アリスの測定方向を $0°$，$45°$ としたとき，ボブの測定方向 ϕ に対する $I(\phi) = \langle QS \rangle + \langle QT \rangle + \langle RS \rangle - \langle RT \rangle$ の値．$0° - 45°$，$90° - 135°$ の間で値が 2 を超え，ベル不等式が成り立たなくなっている．

もつ，量子力学的な特徴が現れているということになる．

　上の例では，量子もつれのある系で最大の破れ $2\sqrt{2}$ が観測されれば系は最大もつれ状態にあるといえる．つまり，破れの大きさを調べることで量子もつれの大きさを評価できる．ただし，一般にベル不等式が破れている系は量子もつれ状態にあるが，もつれ合った系でもベル不等式を破らない場合があるので注意が必要である．

　これまで，様々な系でベル不等式の破れ，つまり量子力学の正しさが検証されてきた．ところが，実験にはたとえば検出器の効率が 1 より小さいといった不完全性があるため，これを抜け道 (loop hole) として，古典物理学的な仮定を生き延びさせようとする議論の余地が残される．いま，検出効率が η の検出器を使ってベル不等式の破れ $2\sqrt{2}$ が観測されたとしよう．これだけ見ればベル不等式が破れているようだが，疑り深い人は検出されなかった分はどうなっているのかと尋ねるかもしれない．自然は意地悪なことをしないという立場では，残りも検出できたとしたら $2\sqrt{2}$ の破れが観測されると考える．これをフェアサンプリング仮定 (fair sampling assumption) という．ところが，実は残りの $1 - \eta$ では古典的に許される最大の相関 -2 が現れているのかもしれない．そうすると

$$(-2)(1 - \eta) + 2\sqrt{2}\eta > 2$$

でなければベル不等式が破れているとはいえなくなる．これは検出効率が約 83% 以上なければならないことに相当する．また，二つの検出器の距離 L が短いと，検出時間の幅 Δt の間に通信が原理的には可能なので，粒子が相談してベル不等式を破る結果を見せている可能性も否定できない．この抜け道を塞ぐには，c を光速として $c\,\Delta t < L$ が必要である．ベル不等式の破れの実験的検証にはこのような問題があるとはいえ，かなりの程度で抜け道は塞がれてきており，ここで述べた二つの抜け道を両方同時に

塞いだ実験でベル不等式の破れが最近報告されている．やはり量子力学は正しいようなので，安心して量子情報技術の研究を進めることにしよう．

3.2.3 多量子ビットゲート

多量子ビットの状態に作用するユニタリ変換を**多量子ビットゲート**という．そのなかでも基本となる制御（量子）ゲートを説明する．制御ゲートは**制御量子ビット** (control qubit) の状態によって，**標的量子ビット** (target qubit) に対する変換をオン－オフするものである．これは古典論理ゲートである AND，OR，NAND などに相当し，量子計算の実現には不可欠なものである．量子ビットに対する変換はユニタリなので**制御ユニタリゲート** (controlled unitary gate) というものを考える．

2量子ビットに対するユニタリゲートは，図 3.11(a) のように二つの入力と二つの出力をもつ．可逆であることから，入力と出力の数が等しくなくてはならない．とくに制御ゲートで制御量子ビットと標的量子ビットを明確に示すために，図 3.11(b) のような表記を用いる．この記法では，制御量子ビットの線に黒丸を書いて線を標的量子ビットのユニタリ変換の箱まで下ろす．この垂直の線が"制御"を表している．量子回路ではこの図のように制御する側が上に書かれることが多いが，もちろん，制御量子ビットを下に，制御する箱を上に書いてもよい．量子ビットであるので重ね合わせ状態が入力されることもあるが，制御ユニタリゲートは線形なため，出力も重ね合わせ状態になる．

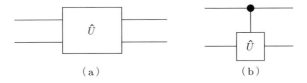

図 3.11 2量子ビットゲート．(a) 一般的な表現．(b) 制御ゲートで制御量子ビットと標的量子ビットを明確にした表現．

具体的に制御ユニタリゲートのはたらきを示そう．制御ユニタリゲートでは制御量子ビットの状態は変化させない．制御量子ビットの状態が $|1\rangle$ のとき，標的量子ビットにユニタリ変換 $\hat{U}$ を行う．制御ゲートのはたらきは次のように書ける．

$$\begin{aligned} |0\rangle_C |t\rangle_T &\mapsto |0\rangle_C |t\rangle_T \\ |1\rangle_C |t\rangle_T &\mapsto |1\rangle_C \hat{U} |t\rangle_T \end{aligned} \quad (3.65)$$

C は制御，T は標的を表す．制御量子ビットが

$$|c\rangle_C = c_0 |0\rangle_C + c_1 |1\rangle_C$$

のとき，

$$|c\rangle_C |t\rangle_T = (c_0 |0\rangle_C + c_1 |1\rangle_C) |t\rangle_T \mapsto c_0 |0\rangle_C |t\rangle_T + c_1 |1\rangle_C \hat{U} |t\rangle_T$$

となる．

■**制御ノットゲート**　量子情報技術でよく使われる制御量子ゲートに**制御ノットゲート（CNOT ゲート）**がある．これは，$\hat{U} = \hat{\sigma}_x$ としたもので，制御量子ビットの状態が $|1\rangle$ のとき標的量子ビットの $|0\rangle$ と $|1\rangle$ が入れ替わる．CNOT ゲートはよく使われるためか，$\hat{\sigma}_x$ を図 3.12(a) のように大きめの白丸で簡略化して表す．CNOT ゲートの動作は

$$CNOT |c\rangle |t\rangle = |c\rangle |c \oplus t\rangle \tag{3.66}$$

と表すこともできる．ただし，$A \oplus B$ は A と B の排他的論理和 (XOR) を表す．

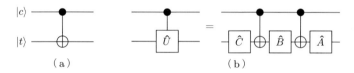

図 3.12　(a) 制御ノット (CNOT) ゲートの表記．(b) 任意の制御ユニタリ変換を CNOT ゲートと 1 量子の回転ゲートで実現した量子回路．

CNOT ゲートがなぜ重要かというと，任意の 2 量子ビットに対する制御ユニタリゲートを CNOT ゲートと 1 量子ビットの回転ゲートの組み合わせでつくれるからである．このことを以下のように示そう．まず，1 量子ビットに対するユニタリ変換の一般形 (3.10) は，回転ゲートの積

$$\hat{U} = \hat{R}_z(\alpha) \hat{R}_y(\theta) \hat{R}_z(\beta) \tag{3.67}$$

に分解できる．ここで，x, y, z のすべての軸に対する回転は不要で，どれか二つができればよい．上の例では y-回転と z-回転を使っている．さらにユニタリ演算子

$$\hat{A} = \hat{R}_z(\alpha) \hat{R}_y\left(\frac{\theta}{2}\right)$$
$$\hat{B} = \hat{R}_y\left(-\frac{\theta}{2}\right) \hat{R}_z\left(-\frac{\alpha+\beta}{2}\right)$$
$$\hat{C} = \hat{R}_z\left(-\frac{\alpha-\beta}{2}\right)$$

を導入すると

$$\hat{A}\hat{B}\hat{C} = \hat{1} \tag{3.68}$$

$$\hat{A}\hat{\sigma}_x\hat{B}\hat{\sigma}_x\hat{C} = \hat{U} \tag{3.69}$$

を示すことができる．そこで，図3.12(b)のような量子回路をつくると制御$\hat{U}$ゲートと同じ動作をする．制御量子ビットが$|0\rangle$状態ではCNOTゲートは何もしない（$=\hat{1}$）ので，式(3.68)から，この量子回路も標的量子ビットをそのまま出力する．制御量子ビットが$|1\rangle$状態のときは，CNOTゲートは標的量子ビットに対して$\hat{\sigma}_x$としてはたらくので式(3.69)から$\hat{U}$を作用させたものが出力に現れる．制御量子ゲートだけでなく，任意の2量子ビットゲートがCNOTゲートと回転ゲートの組み合わせで実現できることが知られており，さらに任意の数の量子ビットに対するユニタリ変換も構成することができる（Solovay–Kitaevの定理）．つまり，CNOTゲートと回転ゲートは量子計算機における**万能ゲート**の役割を果たす．ただし，万能性をもつのはCNOTゲートだけではなく，他の制御量子ゲートからCNOTゲートを構成することもできるので，CNOTに限らずとにかく何か制御量子ゲートをつくることができればよい．必要とする機能によってはCNOT以外の制御量子ゲートを使ったほうが量子回路が簡単になる場合も多く，実験装置の設計をするときには考えどころとなる♦．

■**制御Zゲート**　　$\hat{U} = \hat{\sigma}_z$としたものを制御Zゲート（**CZゲート**）とよぶ．その動作は

$$CZ|0\rangle|0\rangle = |0\rangle|0\rangle \tag{3.70a}$$

$$CZ|0\rangle|1\rangle = |0\rangle|1\rangle \tag{3.70b}$$

$$CZ|1\rangle|0\rangle = |1\rangle|0\rangle \tag{3.70c}$$

$$CZ|1\rangle|1\rangle = -|1\rangle|1\rangle \tag{3.70d}$$

で表される．つまり，$|1\rangle|1\rangle$に作用させると符号を変えるが，他の組み合わせでは入力がそのまま出力される．CZゲートと回転ゲートの組み合わせでも，すべてのユニタリ変換が構成できることが知られている．

CZゲートでは二つの量子ビットを入れ替えても動作は変わらないので，制御ビットと標的ビットという区別はない．このことを示す意味もあって，CZゲートは図3.13(a)

♦ 万能ゲートであることは大事だが，ゲートやメモリだけでは量子コンピュータは実現しない．要素技術の研究に夢中になるとついそういったことは忘れがちで，実際，2000年ころコンピュータ科学系の研究者に「物理の人はCNOTさえできればいいと思っているでしょ」と揶揄されたものである．

のように二つの黒丸で表される．制御ビットと標的ビットを区別しないことから，CZ ゲートは交換可能である．つまり，第1量子ビットと第2量子ビット，第2量子ビットと第3量子ビット間にそれぞれ CZ ゲートをかけるとき，1–2 間の CZ ゲートと 2–3 間の CZ ゲートのどちらを先に行っても結果は同じである（図 3.13(b)）．

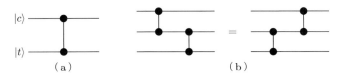

図 3.13 (a) 制御 Z(CZ) ゲートの表記．(b) CZ ゲートの順序は交換可能である．

■**スワップゲートと制御スワップゲート**　　二つの量子ビットを入れ替える操作をスワップ (SWAP) といい，これを行う素子は**スワップゲート**とよばれる．

$$SWAP |m\rangle |n\rangle = |n\rangle |m\rangle \tag{3.71}$$

スワップゲートは図 3.14(a) のように表される．スワップゲートはまた，3個の CNOT ゲートで図 3.14(b) のようにつくることができる．

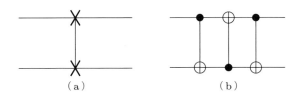

図 3.14 (a) スワップゲートの表記．(b) CNOT ゲートで表したスワップゲート．

ベル状態は粒子の交換に対して対称または反対称なので，スワップゲートの固有状態になっている．固有値 1 の状態が三重項状態，固有値 −1 の状態が一重項状態に対応する．このことを使うと，スワップゲートは次のように表すこともできる．

$$SWAP = |\Phi^{(+)}\rangle \langle\Phi^{(+)}| + |\Phi^{(-)}\rangle \langle\Phi^{(-)}| + |\Psi^{(+)}\rangle \langle\Psi^{(+)}| - |\Psi^{(-)}\rangle \langle\Psi^{(-)}| \tag{3.72}$$

スワップゲートは制御ゲートではないが，制御量子ビットを付けたものを**制御スワップゲート**という（CSWAP と書く）．制御スワップゲートは 3 量子ビットゲートである．古典ビットに対する同様なゲートは**フレドキンゲート**といい，可逆コンピューティングでは重要な役割を果たす．制御量子ビットの状態が $|1\rangle$ のとき，二つの標的量子ビットが入れ替わる．この動作は次のように表せる．

$$CSWAP\,|c\rangle\,|m\rangle\,|n\rangle = |c\rangle\,|m \oplus ((m \oplus n)\cdot c)\rangle\,|n \oplus ((m \oplus n)\cdot c)\rangle \tag{3.73}$$

■**量子回路モデル**　1量子ビットゲート，2量子ビットゲート，それに最終的な結果を得るための測定を組み合わせることによって，実現可能なあらゆる量子情報の処理を表現することができる．同じ情報処理を行う量子ゲートの組み合わせは一通りではないため，効率よく実現可能な量子回路の構成を行わなければならない．量子回路の最適な設計は自明ではなく，どのように量子ビットや量子ゲートを実現するかによっても変わってくるため，今後の量子計算ハードウェアの進展に伴って重要となっていく課題である．

■**制御ゲートによる量子もつれの生成と分離**　制御ゲートの重要なはたらきの一つは，量子ビットをもつれ合わせたり，もつれ合った状態から分離した状態をつくることである．例として，CNOT ゲートに制御量子ビットとして $|+\rangle_C = (|0\rangle_C + |1\rangle_C)/\sqrt{2}$ を入力し，標的量子ビットに $|0\rangle_T$ を入力してみよう．CNOT ゲートによる変換を受けると，量子ビットの状態は

$$\frac{1}{\sqrt{2}}(|0\rangle_C + |1\rangle_C)|0\rangle_T \mapsto \frac{1}{\sqrt{2}}(|0\rangle_C|0\rangle_T + |1\rangle_C|1\rangle_T) = |\Phi^{(+)}\rangle \tag{3.74}$$

となってベル状態の一つが得られる．つまり，最大にもつれ合った状態をつくることができる．$|+\rangle$ はアダマールゲート (3.18) によって $|0\rangle$ からつくることができるので，$|00\rangle$ から $|\Phi^{(+)}\rangle$ を得る量子回路は図 3.15(a) のように書ける．この回路に $|10\rangle$，$|01\rangle$，$|11\rangle$ を入力すると，それぞれ，$|\Phi^{(-)}\rangle$，$|\Psi^{(+)}\rangle$，$|\Psi^{(-)}\rangle$ が得られる．ユニタリ変換は可逆なので式 (3.74) の矢印（操作の方向）を反対向きにすることができる．量子回路を右から左に見ると，図 3.15(b) のように最大もつれ合い状態から分離した状態がつくられる．さらに，これらの状態 $\{|00\rangle, |10\rangle, |01\rangle, |11\rangle\}$ はベル状態に応じて量子ビットが0または1の直交した状態になっているので，この回路を使うと，どのベル状態が入力されたのかを誤りなく判別することができる．

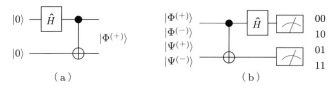

図 3.15　(a) 最大量子もつれをつくる量子回路．(b) ベル状態を判別する量子回路．(b) は (a) を逆向きに書いたものである．

3.2.4 測定による状態操作, 事後選択

　量子力学で状態を測定するとは，測定の演算子を状態に作用させることだった．射影測定をした後の状態は式 (2.73) になる．このように，一般に測定は状態を変化させる．変化しないのは状態が測定の演算子の固有状態にあるときだけである．このことは，測定によって状態を操作することが可能であることを示している．その際，測定したとき，望む状態に対応した測定結果が出たときだけを選び出す必要がある．これを**事後選択**（ポストセレクション）という．事後選択は強力な手法だが，常に成功するわけではない．成功する確率は希望する測定値が得られる確率と等しい．このような状態操作は**確率的** (probabilistic) であるという．

■**キックバック**　　制御ゲートでは，標的量子ビットの状態が制御量子ビットによって変化するが，逆に制御量子ビットの状態が標的量子ビットによって変わることがある．図 3.16(a) のような量子回路を考えよう．たとえば，ユニタリ変換が NOT であるとき，CNOT ゲートの制御量子ビットに $|+\rangle = (|0\rangle + |1\rangle)/\sqrt{2}$ を，標的量子ビットに $|\pm\rangle = (|0\rangle \pm |1\rangle)/\sqrt{2}$ を入力すると出力は

$$
\begin{aligned}
|+\rangle_C |\pm\rangle_T &\mapsto \frac{1}{\sqrt{2}} \left(|0\rangle_C \hat{1} |\pm\rangle_T + |1\rangle_C \hat{\sigma}_x |\pm\rangle_T \right) \\
&= \frac{1}{\sqrt{2}} \left(|0\rangle_C \pm |1\rangle_C \right) |\pm\rangle_T \\
&= |\pm\rangle_C |\pm\rangle_T
\end{aligned}
\tag{3.75}
$$

となり，確かに制御量子ビットの状態が変化し，標的量子ビットが変化しない．これは図 3.16(b) のように，アダマールゲートを使うと CNOT ゲートの制御と標的が入れ替わるためだと考えることもできるが，もっと一般に，制御ユニタリゲートで標的量子ビットがユニタリ変換 $\hat{U}$ の固有状態 $|\lambda_n\rangle$ であるとき，制御ゲートを作用させた結果，制御量子ビットの $|1\rangle_C$ に λ_n という因子がかかることの例として考えるべきである．つまり，

$$
|+\rangle_C |\lambda_n\rangle_T \mapsto \frac{1}{\sqrt{2}} \left(|0\rangle_C \hat{1} |\lambda_n\rangle_T + |1\rangle_C \hat{U} |\lambda_n\rangle_T \right)
$$

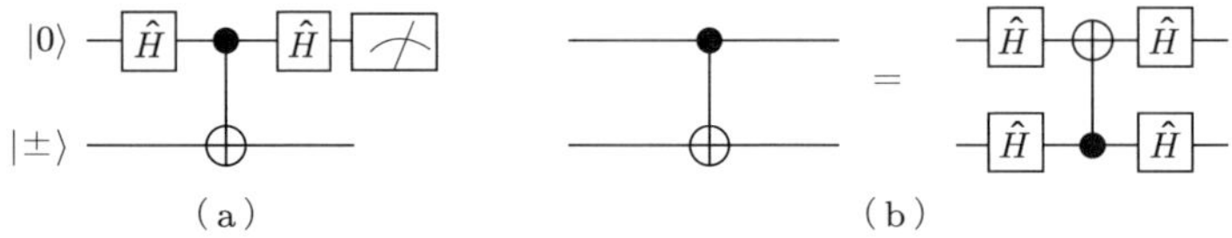

図 **3.16**　(a) キックバック．(b) CNOT ゲートにおける制御量子ビットと標的量子ビットの交換．

$$= \frac{1}{\sqrt{2}} \left(|0\rangle_C + \lambda_n |1\rangle_C \right) |\lambda_n\rangle_T \tag{3.76}$$

であり，制御量子ビットを測定することによって $\hat{U}$ の固有値を知ることができる．これを**キックバック**とよぶ．

■**制御量子ゲートと測定との順序交換** 図 3.16(a) のように，制御量子ゲートをかけた後で制御量子ビットを測定することは量子回路ではよく行われる．測定を計算基底で行うとき，図 3.17 のように制御ゲートと測定の順序を入れ替えることができる．つまり，制御 $\hat{U}$ ゲートをかけた後に制御量子ビットの測定 $\hat{M}$ を行うと

$$
\begin{aligned}
(a|0\rangle_C + b|1\rangle_C)|u\rangle_T &\stackrel{c-\hat{U}}{\longmapsto} \left(a|0\rangle_C|u\rangle_T + b|1\rangle_C \hat{U}|u\rangle_T\right) \\
&\stackrel{\hat{M}}{\longmapsto} \begin{cases} \dfrac{1}{P(0)}|0\rangle_C|u\rangle_T, \\ \dfrac{1}{P(1)}|1\rangle_C \hat{U}|u\rangle_T \end{cases}
\end{aligned}
\tag{3.77}
$$

という状態が得られる．一方，制御量子ビットを測定し，結果が 1 のとき標的量子ビットにユニタリ変換 $\hat{U}$ を行うと，最終的な状態は

$$
\begin{aligned}
(a|0\rangle_C + b|1\rangle_C)|u\rangle_T &\stackrel{\hat{M}}{\longmapsto} \begin{cases} \dfrac{1}{P(0)}|0\rangle_C|u\rangle_T, \\ \dfrac{1}{P(1)}|1\rangle_C|u\rangle_T \end{cases} \\
&\stackrel{\hat{U}}{\longmapsto} \begin{cases} \dfrac{1}{P(0)}|0\rangle_C|u\rangle_T, \\ \dfrac{1}{P(1)}|1\rangle_C \hat{U}|u\rangle_T \end{cases}
\end{aligned}
\tag{3.78}
$$

となり，式 (3.77) と (3.78) は一致するので，二つの操作は等価である．後者は測定結果という古典信号でユニタリ変換をオン–オフしている．多くの場合，制御量子ゲートよりも古典的に制御される量子ゲートのほうがつくるのが容易である．一方，制御量子ゲートの後で制御量子ビットに 1 量子ゲートを作用させる場合には，測定と 1 量

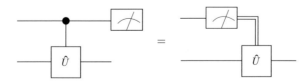

図 3.17 制御量子ゲートと測定との順序交換：上の二つの量子回路は等価である．

子ゲートは交換しないので，このようなことはできない．

■**量子テレポーテーション**　もつれ合った状態の一つの量子ビットを測定すると，それと対になる量子ビットには何もしていないのに状態が変化する．このことを使うと次のようなことができる．

アリスとボブに再び登場してもらおう．彼らの次の仕事は，図 3.18 のようにアリスの手元にある量子状態を壊すことなくボブに運ぶことである．ただし，量子ビットを直接アリスからボブに送ることはできないとする．量子状態 $|\psi_C\rangle$ は一般の量子ビットである（重ね合わせ状態にある）．

$$|\psi_C\rangle = a|0\rangle_C + b|1\rangle_C \tag{3.79}$$

アリスがこの状態を測定すると確率 $|a|^2$ で 0 が，確率 $|b|^2$ で 1 が得られ，測定後の状態は $|0\rangle$ または $|1\rangle$ に射影される．つまり，アリスは測定を行ってもその結果からもとの状態についての完全な情報を得ることはできない．もちろん，同じ状態の量子ビットが無限個あれば測定を繰り返すことでもとの状態を知ることができるが，アリスには一つしか与えられていない．そこで，アリスはボブと共有しているもつれ合った状態 $|\Phi^{(+)}\rangle_{AB}$ にある粒子対を活用することにする．アリスの量子ビットともつれ合った粒子対を合わせた 3 粒子 ABC 全体の状態は

$$|\psi_C\rangle \otimes |\Phi^{(+)}\rangle_{AB} = (a|0\rangle_C + b|1\rangle_C) \otimes \frac{1}{\sqrt{2}}(|0\rangle_A|0\rangle_B + |1\rangle_A|1\rangle_B)$$
$$= \frac{1}{\sqrt{2}}(a|0\rangle_C|0\rangle_A|0\rangle_B + b|1\rangle_C|0\rangle_A|0\rangle_B$$

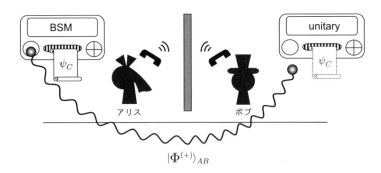

図 3.18　量子テレポーテーションの設定．アリスはボブに手元にある量子状態を送りたいが，二人は壁に隔てられて量子通信ができない．しかし古典通信は可能である．そこで，アリスはあらかじめもっていたもつれ合った粒子対を使ってボブに量子状態を転送しようとする．

$$+ a\left|0\right\rangle_C \left|1\right\rangle_A \left|1\right\rangle_B + b\left|1\right\rangle_C \left|1\right\rangle_A \left|1\right\rangle_B) \tag{3.80}$$

である．アリスは自分の手元の量子ビット C と A の状態を測定する．1 量子ビットに対する測定ではうまくいかないことがわかっているので，2 量子ビットの状態測定を行う．このように 2 個以上の量子ビットを同時に測定することを**量子一括測定** (joint measurement) という．ベル状態は 2 量子ビットの空間の正規直交基底なので，この基底について測定を行う．測定の演算子は以下のようになる．

$$\begin{aligned}
\hat{M}_1 &= \left|\Phi^{(+)}\right\rangle_{CA} \left\langle\Phi^{(+)}\right| \\
\hat{M}_2 &= \left|\Phi^{(-)}\right\rangle_{CA} \left\langle\Phi^{(-)}\right| \\
\hat{M}_3 &= \left|\Psi^{(+)}\right\rangle_{CA} \left\langle\Psi^{(+)}\right| \\
\hat{M}_4 &= \left|\Psi^{(-)}\right\rangle_{CA} \left\langle\Psi^{(-)}\right|
\end{aligned} \tag{3.81}$$

2 量子ビットの状態をベル状態に射影する測定を，**ベル状態測定**（Bell state measurement，略して BSM）という．

測定した後の状態を計算するために式 (3.80) の 2 粒子 CA の状態をベル状態の基底で書き直す．このとき

$$\left.\begin{aligned}\left|0\right\rangle_C \left|0\right\rangle_A \\ \left|1\right\rangle_C \left|1\right\rangle_A\end{aligned}\right\} = \frac{1}{\sqrt{2}} \left(\left|\Phi^{(+)}\right\rangle_{CA} \pm \left|\Phi^{(-)}\right\rangle_{CA}\right) \tag{3.82}$$

$$\left.\begin{aligned}\left|0\right\rangle_C \left|0\right\rangle_A \\ \left|1\right\rangle_C \left|1\right\rangle_A\end{aligned}\right\} = \frac{1}{\sqrt{2}} \left(\left|\Psi^{(+)}\right\rangle_{CA} \pm \left|\Psi^{(-)}\right\rangle_{CA}\right) \tag{3.83}$$

を使う．すると，式 (3.80) は

$$\begin{aligned}\left|\psi_C\right\rangle \otimes \left|\Phi^{(+)}\right\rangle_{AB} = &\left|\Phi^{(+)}\right\rangle_{CA}(a\left|0\right\rangle_B + b\left|1\right\rangle_B) + \left|\Phi^{(-)}\right\rangle_{CA}(a\left|0\right\rangle_B - b\left|1\right\rangle_B) \\ &+ \left|\Psi^{(+)}\right\rangle_{CA}(a\left|1\right\rangle_B + b\left|0\right\rangle_B) + \left|\Psi^{(-)}\right\rangle_{CA}(a\left|1\right\rangle_B - b\left|0\right\rangle_B)\end{aligned} \tag{3.84}$$

となる．CA に対して，ベル状態測定 (3.81) を行うと，測定結果 1～4 に応じてボブの量子ビット B の状態は式 (3.84) の第 1～4 行に書かれたものになる．つまり，アリスのベル状態測定の結果が $\left|\Phi^{(+)}\right\rangle_{CA}$ のときは，ボブの状態はアリスがもともともっていたはずの状態になっている．同様に，$\left|\Phi^{(-)}\right\rangle_{CA}$ のときは $\left|1\right\rangle_B$ の符号が反転したものに，$\left|\Psi^{(+)}\right\rangle_{CA}$ のときは $\left|0\right\rangle_B$ と $\left|1\right\rangle_B$ を入れ替えたものに，$\left|\Psi^{(-)}\right\rangle_{CA}$ のときは $\left|0\right\rangle_B$ と $\left|1\right\rangle_B$ を入れ替えて $\left|1\right\rangle_B$ の符号を反転したものになる．そこで，もとの状態を再現するにはボブの状態に Z ゲート（$\left|1\right\rangle_B$ の符号を反転）または X ゲート（$\left|0\right\rangle_B$ と $\left|1\right\rangle_B$ を入れ替え）を必要に応じて作用させればよい．以上の手順（プロトコル）をまとめ

ると

1. アリスとボブはもつれ合った状態を共有する．
2. アリスは自分のもっている量子ビットともつれ合った粒子対の片割れについてベル状態測定を行い，結果をボブに伝える．
3. ボブはアリスの測定結果に従って自分のもっているもつれ合った粒子対の片割れにユニタリ変換（$\{\hat{1}, \hat{\sigma}_x, \hat{\sigma}_z, \hat{\sigma}_x\hat{\sigma}_z\}$ のいずれか）を行う．

このプロトコルを**量子テレポーテーション**という．量子テレポーテーションではアリスの量子ビットを直接測定する代わりにもつれ合った状態とベル状態測定を行うことによってボブの状態を変化させる．アリスとボブの間で送られる情報はベル状態測定の結果という 2 ビットの古典情報である．アリスの側では，ベル状態測定によってアリスの量子ビット C がもつれ合った状態の片割れだった A ともつれ合うので，量子ビットの情報 a, b はやはり失われることに注意する．また，はじめにもつれ合っていた粒子 A と B はプロトコルが終わるときにはもはやもつれ合っていない．なお，ここではアリスとボブは $|\Phi^{(+)}\rangle$ 状態を共有しているとしたが，これ以外のベル状態でも同様な手順を実行すれば量子テレポーテーションが行える．

量子テレポーテーションを行う量子回路は図 3.19(a) のようになる．ここで 2 重線は古典ビットを表し，測定結果 0, 1 に応じてゲートを作用させることを表している．ベル状態の判別が図 3.15(b) の量子回路で行われることを思い出すと，古典ビットを使わずに図 3.19(b) のように書くこともできる．古典ビットで制御する制御ゲートのほうが量子ビットで制御する制御量子ゲートよりもつくりやすいし，そもそも図 3.19(b) ではアリスからボブに量子ビットが送られているので問題の趣旨に反しているが，量子計算ではこのような考え方が役に立つこともある．

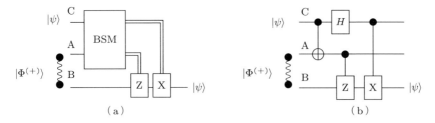

図 3.19 (a) 量子テレポーテーションを行う量子回路．BSM はベル状態測定を表し，$|\Phi^{(+)}\rangle$，$|\Phi^{(-)}\rangle$, $|\Psi^{(+)}\rangle$, $|\Psi^{(-)}\rangle$ の入力状態に対してそれぞれ，00, 01, 10, 11 を出力する．第 1 ビットの値に従って Z ゲートを作用させ，第 2 ビットの値に従って X ゲートを作用させる．(b) 測定を行わず，量子ビットだけで書いた量子テレポーテーションを行う量子回路．

演習問題 3.6

量子テレポーテーションが $|\Phi^{(+)}\rangle$ 以外のベル状態を共有していても実行できることを示せ．その場合，アリスのベル状態測定の結果に基づいてボブが行う変換はどのようになるか．

■**エンタングルメントスワッピング**　図 3.20 のようにアリスとボブはもつれ合った粒子対を共有していないが，共通の友人チャーリーとの間にもつれ合った粒子対 AC_1 と C_2B をもっているとする．もつれ合った粒子対の状態が $|\Phi^{(+)}\rangle_{AC_1}$ と $|\Phi^{(+)}\rangle_{C_2B}$ だとすると，4 粒子の状態は

$$|\Psi\rangle_{AC_1C_2B} = |\Phi^{(+)}\rangle_{AC_1} \otimes |\Phi^{(+)}\rangle_{C_2B} \tag{3.85}$$

となる．チャーリーはアリスとボブがもつれ合った状態になるため，自分のもっている 2 粒子 C_1, C_2 についてベル状態測定を行う．計算を簡単にするために，ベル状態測定の結果が $|\Psi^{(-)}\rangle_{C_1C_2}$ のときを考えよう．ほかの結果が出るときも同じように計算すればよい．$|\Psi^{(-)}\rangle_{C_1C_2} = \left(|0\rangle_{C_1}|1\rangle_{C_2} - |1\rangle_{C_1}|0\rangle_{C_2}\right)/\sqrt{2}$ なので，式 (3.85) を計算基底で書き直したときに現れる四つの項のうち，$|0\rangle_{C_1}|1\rangle_{C_2}$ と $|1\rangle_{C_1}|0\rangle_{C_2}$ を含む項だけ拾い上げればよい（その他の項は 0 になる）．そうすると，式 (3.85) のうち，残った項は

$$\frac{1}{2}\left(|0\rangle_A|0\rangle_{C_1}|1\rangle_{C_2}|1\rangle_B + |1\rangle_A|1\rangle_{C_1}|0\rangle_{C_2}|0\rangle_B\right)$$

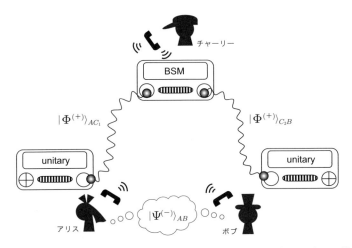

図 **3.20**　エンタングルメントスワッピングの設定．アリスとボブはもつれ合った粒子対を共有したいが，二人の間で直接粒子を送ることができない．そこで，もつれ合った粒子対を共有している共通の友人のチャーリーに頼んでベル状態測定を行ってもらう．

$$= \frac{1}{2} \left(|\Psi^{(+)}\rangle_{C_1 C_2} |\Psi^{(+)}\rangle_{AB} + |\Psi^{(-)}\rangle_{C_1 C_2} |\Psi^{(-)}\rangle_{AB} \right) \tag{3.86}$$

であるので,ベル状態測定の結果が $|\Psi^{(-)}\rangle_{C_1 C_2}$ のとき,アリスとボブの間にもつれ合った状態 $|\Psi^{(-)}\rangle_{AB}$ が共有される.アリスとボブの状態はチャーリーが測定結果を知らせるまでは四つのベル状態のどれになるか確定しない.アリスとボブが特定のベル状態になることが要求されているときは,チャーリーの測定結果に基づいてユニタリ変換を行えばよい.これらのことを行うための量子回路を図 3.21 に示す.

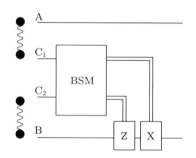

図 3.21 エンタングルメントスワッピングを行う量子回路.

結果として,アリスとボブは最大にもつれ合った状態が共有できるが,チャーリーはアリス,ボブのいずれとも分離した状態になっている.実は量子もつれには**モノガミー**という性質があって,2 者が最大にもつれ合った状態にあるとき,他とは分離した状態になってしまう.チャーリーはアリスとボブの手助けをしたのに,二人の関係からはじき出されてしまう,というある意味気の毒な結果になる.以上のプロトコルを**エンタングルメントスワッピング**といい,量子通信の到達距離を増大するのに役立つものと考えられている.

3.2.5 | 量子もつれ光子対の生成と量子テレポーテーションの実験例

この項では,量子もつれとそれを利用した量子プロトコルが実際にどのようにして行われるか見ることにしよう.例として,偏光量子ビットがもつれ合った,量子もつれ光子対を生成し,それを用いて行われた実験を紹介する.

■自発パラメトリックダウンコンバージョン　　まず,もつれ合った光子対の発生について考えよう.ベル状態の表式 (3.52), (3.55)〜(3.57) によると,量子もつれ状態は積状態の重ね合わせになっている.そこで,たとえば $|\Phi^{(+)}\rangle$ をつくりたいときは古典的相関をもつ光子対 $|0\rangle|0\rangle$ または $|1\rangle|1\rangle$ を発生させ,それらの重ね合わせをつく

る．2.2.2 項で学んだように，重ね合わせ状態はいくつかの可能な過程が識別できないときに現れるので，$|0\rangle|0\rangle$ または $|1\rangle|1\rangle$ のどちらがつくられたか識別できないようにする．このためには光子対の空間モード，エネルギー，到着時刻などをできるだけ厳密に合わせることが必要である．相関のある 2 光子が放出される過程としては**自発パラメトリックダウンコンバージョン** (spontaneous parametric down conversion, SPDC) や 2 光子発光，4 光波混合が知られている．ここでは SPDC について説明する．SPDC では比較的簡単に良質の量子もつれ光子対が得られるので広く用いられている．

SPDC は第 2 次高調波発生 (SHG) の逆過程と考えることができる．2 次の非線形光学係数の高い結晶にポンプ光を入射すると，真空揺らぎを種としたパラメトリック過程で生じる 2 個の光子が相関をもつ．この二つの光子はそれぞれシグナルとアイドラーとよばれる．ポンプ光子がシグナル光子，アイドラー光子に変わるので，エネルギー保存則と運動量保存則が成り立つ．光子の振動数と波数ベクトルをそれぞれ，$\{\omega_p, \omega_s, \omega_i\}$，$\{\vec{k}_p, \vec{k}_s, \vec{k}_i\}$ とする．光子のエネルギーは振動数に $\hbar$ をかけたもの，運動量は波数ベクトルに $\hbar$ をかけたものなので，保存則は振動数と波数の保存則となり，

$$\omega_p = \omega_s + \omega_i \tag{3.87}$$

$$\vec{k}_p = \vec{k}_s + \vec{k}_i \tag{3.88}$$

と表せる．振動数と波数ベクトルの大きさには一定の関係があって，これを分散関係とよんでいる．結晶中の分散関係は c を真空中の光速として

$$|\vec{k}| = n(\omega)\omega/c \tag{3.89}$$

である．ここで，$n(\omega)$ は屈折率であり，多くの物質では振動数が高いと屈折率が大きくなる（正常分散）．このため，波数の保存則 (3.88) を満たさなくなる．波数保存則を満たすようにするため，異方性のある結晶が使われる．異方性結晶では複屈折のために偏光が直交した 2 種類の光線，正常光 (o) と異常光 (e) が存在し，それぞれの感じる屈折率 n_o, n_e が異なっている．そこで，結晶の光学軸に対する光の進行方向をうまく設定すると波数保存則を満たすことができる．このことを波動の言葉で**位相整合**という．位相整合すると三つの光の位相がそろって伝搬するためである．位相が合ってないと異なる場所で発生した光が打ち消し合うため，発生効率が小さくなる．位相整合は，運動量保存則の別の表現であるが，非線形光学では位相整合のほうがよく使われる言葉なので，以後波数保存則を満たすことを位相整合ということにする．

正常光と異常光の屈折率が $n_o > n_e$ であるとき，位相整合するためには，ポンプ光

が異常光でシグナルとアイドラーが共に正常光の場合と，正常光と異常光の組み合わせになる場合が考えられる．

$$e \mapsto o + o$$
$$e \mapsto o + e$$

前者をタイプ I 位相整合，後者をタイプ II 位相整合という．どちらの位相整合を用いるかは，結晶によって決まる．また，位相整合が可能でもその方向の非線形光学係数が小さいため，実際には使えないこともある．タイプ I 位相整合ではシグナル光とアイドラー光の偏光が等しく，ポンプ光の偏光と直交する．タイプ II 位相整合ではシグナル光とアイドラー光の偏光が直交する．このように，SPDC では発生する光子対のエネルギー，進行方向，偏光が相関している．また，二つの光子は同時に発生するため時間相関ももつ．

以下では，偏光の相関を用いた量子もつれ光子対の発生方法を説明する．図 3.22 のようにタイプ II の位相整合を用いた場合，SPDC 光は位相整合条件を満たすように正常光と異常光の二つの同心円からなるコーン状に放出される．ここで光子のエネルギーを指定するとコーンは 2 点で交わるが，交点の方向の光を取り出すと正常光と異常光の重ね合わせになり，両者は区別できない．正常光と異常光の偏光は直交しているから，位相を調整することにより $|\Psi^{(\pm)}\rangle$ 状態が得られる．このようにタイプ II の位相整合を用いると簡単な実験構成でもつれ合った光子対を得ることができる．

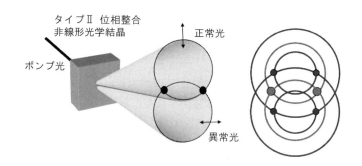

図 3.22　タイプ II 位相整合する非線形光学結晶を用いた光子対発生．

量子情報処理においては，最大量子もつれ状態にできるだけ近い状態が必要になる場合が多い．生成された量子もつれ状態の品質が，量子もつれ光源の性能指標となる．量子もつれ状態の品質を表す指標は様々なものが考えられているが，実験的にはベル不等式の破れの大きさを測るのが簡単であり，広く用いられている．また，量子もつ

れ状態が高い確率で得られることが望ましいので，光子対の発生効率（同時計数率）も重要である．SPDC で 2 光子の発生効率を高めるにはポンプ光の強度を上げればよいが，その場合複数の光子対が発生するようになる．実験では光子の損失があるので，光子対をつくる二つの光子のうち片方が失われることが起きる．異なる光子対に属していた光子が同時に検出される（偶発同時計数）と，これらは 2 光子干渉を起こさないので量子もつれの品質が低下する．つまり，発生効率と 2 光子干渉の明瞭度はトレードオフの関係がある．

■**量子テレポーテーション**　　最初の量子テレポーテーションの実証は，ウィーン大学のツァイリンガー (A. Zeilinger) らによって量子もつれ光子対を利用して行われた．量子テレポーテーションを行うにはテレポートされる単一光子状態と量子もつれ光子対が必要になる．そのため，図 3.23 のような構成をとる．非線形光学結晶にタイプ II 位相整合する BBO 結晶を使い，ポンプ光を鏡で反射させて 2 回結晶を通すことによって光子対を二つつくる．このうち図の右側に放出される光子対を $|\Psi^{(-)}\rangle$ にある量子もつれ光子対として使い，もう左側に放出される光子対を単一光子源とする．このとき，光子対の片方が余るが，これを検出器 D1 で検出する．D1 での光子検出は光子対ができていることを表しているので，もう一方には単一光子があることがわかる．このような仕掛けを**伝令付単一光子源** (heralded single photon source) という．単一光子の状態は 2 分の 1 波長板と 4 分の 1 波長板によって任意の偏光状態に調整できる．また，ベル測定を行って単一光子と光子対の片方をベル状態に射影するが，非

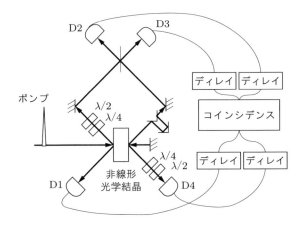

図 3.23　量子テレポーテーション実験の構成図．図では省略したが検出器の前には波長フィルタがあって，特定の波長の光子だけを検出する．

線形光学効果を使わないとすべてのベル状態を判別できない*ので，ここではビームスプリッタを使って両方の経路で光子が検出された事象を取り出す．このとき，ベル状態のうち $|\Psi^{(-)}\rangle$ だけを判別していることになる．そこで，検出器 D1〜D4 で同時に光子が検出されたとき，単一光子（入力）と D4 で検出された光子（出力）の偏光状態を比較する．実験では入力と出力の状態の間に相関が見られ，古典光で得られる最大の相関より大きいことが見出された．これにより，量子テレポーテーションが実証できたとされた．この実験では右側に光子対が二つ生成される確率と左右に光子対が一つずつ生成される確率が等しく，前者の場合でも D1〜D3 に光子が検出される．この場合はもちろんテレポーテーションはできていない．D4 でテレポートされた光子を測定しない限りテレポートが成功したことがわからないため，この実験は不完全なものだが，条件付きの量子テレポーテーション実験として認められている．

　ベル状態測定では光子が検出されたとき，その光子が単一光子状態からきたものか，光子対からきたものか判別できないことが必要になる．この条件を満たすためには，光子の波束の幅（光子の可干渉長）が光子の同時検出時刻の精度より大きくなくてはならない．そうでないと，同時検出と判断されていても二つの光子が重なっていないためベル状態測定にならない．光子の波束の幅は光子対を生成した後に挿入される波長フィルタの帯域幅の逆数になる．ここで紹介した実験では，光子対の波長が 800 nm，波長フィルタの帯域幅は 3 nm であるので，時間幅にして 300 fs に相当する．この実験例における同時の検出時刻の精度は数ナノ秒なので，上の条件は満たされない．そこで，ポンプ光を時間幅 100 fs の超短パルスとすることで，光子の生成時刻をポンプ光の時間幅内に決めてしまう．それによって，実質的に検出時刻の精度についての条件が満たされる．その後，時間分解能の高い超伝導光子検出器を用いることで，より時間幅の長いポンプ光を使っても量子テレポーテーションができるようになっている．

演習問題 3.7

ビームスプリッタの入射ポートにベル状態にある光子対を 1 光子ずつ入射したとき，出力ポートに光子が 1 個ずつ現れるのは $|\Psi^{(-)}\rangle$ だけであることを示せ．偏光を使った光子対で，偏光ビームスプリッタとビームスプリッタを使って判別できるのはどの状態か．ただし，光子検出器は光子の有無を検出するだけであり，光子数はわからないものとする．

　なお，分岐比 50：50 のビームスプリッタの入射ポート 1，2 に入射した水平偏光の光子を $|H\rangle_1$，$|H\rangle_2$ とすると，ビームスプリッタの出射ポート 3，4 から出射した水平偏光の光子 $|H\rangle_3$，$|H\rangle_4$ によって次のように表せる．

$$\begin{pmatrix} |H\rangle_1 \\ |H\rangle_2 \end{pmatrix} = \frac{1}{\sqrt{2}} \begin{pmatrix} 1 & i \\ i & 1 \end{pmatrix} \begin{pmatrix} |H\rangle_3 \\ |H\rangle_4 \end{pmatrix} \tag{3.90}$$

---

* ベル状態の完全判別には図 3.15 のように制御量子ゲートが必要になる．光子に対する制御量子ゲートを構成するには巨大な非線形光学効果が必要である．

垂直偏光の光子も同様に表せるので，これをベル状態ベクトルの表式に代入すれば（$|0\rangle \mapsto |H\rangle$，$|1\rangle \mapsto |V\rangle$ のようにおく）出射した光子対の状態ベクトルが求められる．

■光子以外の量子ビット　　ここでは，光子対について詳しく述べたが，3.1.3項でも述べたように，他の物理系，たとえば原子核のスピンや電磁場に閉じ込められたイオンの電子状態，超伝導量子回路での磁束の向きなどを量子ビットとして，量子もつれや2量子ビットゲートが実現されている．光子はエネルギーが高く，外部の環境からの影響も小さいので室温でも量子的な性質が見られる．このため，実験が比較的容易であり，量子情報技術の原理実証によく用いられる．一方で，光子を狭い場所に長時間閉じ込めるのは難しく，簡単に飛び去ってしまう．つまり，量子メモリをつくるのが難しい．また，外部からの影響が小さいということは外部からの制御も難しいことを意味していて，実際，2量子ビットゲートを光子だけでつくるのは難しい．このため，光子を情報伝送に，核スピンをメモリにといった具合に，適材適所で量子情報処理を行うハイブリッドが模索されている．そのためには量子状態を壊さずに，しかも効率よく受け渡すことが必要となる．

第4章

量子情報理論
Ch.4: Quantum Information Theory

4.1 混合状態

第3章では量子状態は一つのベクトルで指定されているものとした．これは理想的な状況であって，実際には状態ベクトルを完全に決められないことが多い．本章では，より現実に近い状況を記述するための理論的な枠組みを紹介する．

4.1.1 | 密度行列

状態 $|\psi\rangle$ を正規直交系 $\{|\phi_i\rangle\}$ のどれにあるか測定すると，確率 $p(i) = |\langle\psi|\phi_i\rangle|^2$ で測定結果 i が得られ，状態は $|\phi_i\rangle$ に収縮するのだった．

では，測定結果が失われてしまった，あるいは測定結果を知らされていない場合，測定後の状態はどのように記述できるだろうか．この場合も結果がわからないだけであり，測定は行われているので検出を行わないときとは状況が本質的に違う．測定をしないときは状態は重ね合わせにあるが，測定後の状態は $|\phi_i\rangle$ のどれかであり，重ね合わせにはない．これは当たる確率がわかっているくじ引きをする状況と同じである．どのくじを引くかわからないという意味で不確実性があるが，くじを引いたときは開けてみなくても当たりかどうかは決まっている．それに対して，重ね合わせ状態はくじを開けたとき（測定をしたとき）はじめて状態が決まる．測定結果が失われてしまうと聞くと，なぜそんなもったいないことをするのかと思えるが，現実にはよくあることである．そのような状況は，たとえば，量子ビットが環境と相互作用する場合に現れる．量子ビットと環境の相互作用の大きさは量子ビットの状態によって違うのが普通である．そうすると相互作用の大きさで状態が区別できてしまうことになり，これは測定にほかならない．ところが，環境の状態を完全に知ることはできないので，測定結果がわからないのと同じ状況になっている．また，量子暗号などの場合には，正規の送受信者と盗聴者という対立したグループが関係する．対立しているグループが測定結果を教え合うということは考えにくく，このような状態は状態ベクトルでは表

示できない.

状態ベクトルが確率的に混じった状態 $\{p_i, |\phi_i\rangle\}$ を**混合状態**とよぶ.これに対してベクトルで書ける状態は**純粋状態**という.以上の議論からわかるように,環境の状態を完全に知っているとか,正規送受信者と盗聴者の状態を両方知っているとかいった,いわば神様のような視点に立てば,系の状態は状態ベクトルで記述できる純粋状態になる.どちらかの視点が欠けているとき,状態は混合状態でしか記述できない.

混合状態は確率 $p(i)$ で $|\phi_i\rangle$ のどれかにある.このような状態をコンパクトに表現する方法が**密度演算子**である.密度演算子は測定に用いた基底を用いて行列の形

$$\hat{\rho} = \sum_i p_i |\phi_i\rangle\langle\phi_i| \tag{4.1}$$

で表される.これを**密度行列**という.状態が $|0\rangle$ か $|1\rangle$ のどちらかにあることはわかっているが,どちらにあるかまったく情報がないとき,それぞれの状態にある確率は $1/2$ ずつなので密度行列

$$\hat{\rho}_0 = \frac{1}{2}(|0\rangle\langle 0| + |1\rangle\langle 1|) = \begin{pmatrix} \frac{1}{2} & 0 \\ 0 & \frac{1}{2} \end{pmatrix} = \frac{1}{2}\hat{1}$$

で表される.このように,d 次元の系がどの状態をとるかまったく情報がないときの密度行列は単位行列に $1/d$ をかけたものになる.もし,測定前の状態がたとえば $\sqrt{1/3}|0\rangle + \sqrt{2/3}|1\rangle$ だったことがわかったとすると,計算基底 $\{|0\rangle, |1\rangle\}$ で測定して結果がわからなくなったときの密度行列は

$$\hat{\rho}_1 = \frac{1}{3}|0\rangle\langle 0| + \frac{2}{3}|1\rangle\langle 1| \tag{4.2}$$

となる.つまり,もともと状態についての情報をもっていたので $|0\rangle, |1\rangle$ それぞれの状態を得る確率を知っている.そのため,密度行列は $(1/2) \times \hat{1}$ ではなくなる.

一方,純粋状態も密度行列で書くことができる.純粋状態では系は確率 1 で $|\psi\rangle$ にあるので,密度行列は

$$\hat{\rho}_{\text{pure}} = |\psi\rangle\langle\psi| \tag{4.3}$$

となる.このように密度行列は純粋状態と混合状態を表すことができるので,より一般的な記述法であるといえる.実際の計算では純粋状態が確率的に現れると考えて,それぞれの状態ベクトルについて計算して確率によって重みをつけた和をとるほうが楽なことも多いが,後で見るような解釈の不定性があるので,あまりそれに頼りすぎると危険なこともある.

■**密度行列の性質**　式 (4.1) で定義された密度行列は対角行列なので，固有値が非負で，固有値の和（トレース）が 1 であることが簡単に見て取れる．すなわち，

$$\hat{\rho} \geq 0, \quad \mathrm{tr}(\hat{\rho}) = 1 \tag{4.4}$$

である．密度行列の固有値は状態を測定した結果が $|\phi_i\rangle$ となる確率が p_i なので非負（0 以上）となり，確率の和は 1 でなければならないからトレースが 1 になる．また，固有値が実数なので密度行列はエルミートである．

密度行列は別の正規直交基底 $\{|\phi_i'\rangle\}$ でも表すことができる．その場合の密度行列は，$\hat{1} = \sum_j |\phi_j'\rangle \langle \phi_j'| = \sum_k |\phi_k'\rangle \langle \phi_k'|$ で両側から挟むことにより，

$$\begin{aligned}
\hat{\rho} &= \sum_i p_i \left(\sum_j |\phi_j'\rangle \langle \phi_j'| \right) |\phi_i\rangle \langle \phi_i| \left(\sum_k |\phi_k'\rangle \langle \phi_k'| \right) \\
&= \sum_{j,k} |\phi_j'\rangle \left(\sum_i \langle \phi_j'|\phi_i\rangle p_i \langle \phi_i|\phi_k'\rangle \right) \langle \phi_k'|
\end{aligned} \tag{4.5}$$

となる．一般に $\langle \phi_j'|\phi_i\rangle \neq 0$ なので非対角項は 0 でない．また，基底の変換はユニタリ変換である．ユニタリ変換では $|\phi_i\rangle \mapsto \hat{U} |\phi_i\rangle$ のように変換されるため，これを式 (4.1) に代入することにより，密度演算子のユニタリ変換が $\hat{\rho} \mapsto \sum_i \hat{U} |\phi_i\rangle p_i \langle \phi_i| \hat{U}^\dagger = \hat{U} \hat{\rho} \hat{U}^\dagger$ で与えられることがわかる（演習問題 4.1 を参照）．ユニタリ変換によって固有値とトレースは変わらず

$$\mathrm{tr}(\hat{U} \hat{\rho} \hat{U}^\dagger) = \mathrm{tr}(\hat{\rho} \hat{U}^\dagger \hat{U}) = \mathrm{tr}(\hat{\rho})$$

なので，対角行列でない一般の場合でも密度行列の性質 (4.4) が成り立つ．逆に，ある行列が系の状態を記述している（密度行列である）ためには，上の性質 (4.4) を満たしている必要がある．

正規であるが直交しているとは限らない二つの基底 $\{|\phi_i\rangle\}$, $\{|\phi_i'\rangle\}$ が，あるユニタリ行列 $\hat{U} = \{u_{ij}\}$ によって

$$\sqrt{p_i} |\phi_i\rangle = \sum_j u_{ij} \sqrt{q_j} |\phi_j'\rangle \tag{4.6}$$

のように結ばれているとき，これを式 (4.5) に代入すると

$$\hat{\rho} = \sum_{j,k} |\phi_j'\rangle \left(\sum_i \frac{\sqrt{q_j}}{\sqrt{p_i}} u_{ij} p_i \frac{\sqrt{q_k}}{\sqrt{p_i}} u_{ik}^* \right) \langle \phi_k'|$$

$$= \sum_{j,k} |\phi'_j\rangle \left(\sqrt{q_j q_k} \sum_i u^*_{ik} u_{ij} \right) \langle \phi'_k |$$

$$= \sum_{j,k} |\phi'_j\rangle \left(\sqrt{q_j q_k} \sum_i (u^\dagger)_{ki} u_{ij} \right) \langle \phi'_k |$$

$$= \sum_{j,k} |\phi'_j\rangle \left(\sqrt{q_j q_k} \delta_{k,j} \right) \langle \phi'_k |$$

$$= \sum_j q_j |\phi'_j\rangle \langle \phi'_j | \tag{4.7}$$

となる．3 行目から 4 行目を得たとき $\hat{U}$ がユニタリ行列であることを使った．ここで，$(u^\dagger)_{ki}$ は標準的な記法ではないが $\hat{U}^\dagger$ の $\{ki\}$ 成分を表している．式 (4.5) と (4.7) は同じ密度行列を表しているから，密度行列を純粋状態の確率的な混合で表す表示は一つではない．密度行列の物理的な意味を「系の状態が確率 p_i で $|\phi_i\rangle$ である」としたが「系の状態が確率 q_j で $|\phi'_j\rangle$ である」といってもよいことになる．たとえば，式 (4.2) で表される状態は確率 1/3 で $|0\rangle$ 状態に，確率 2/3 で $|1\rangle$ 状態にあるが，

$$\sqrt{\frac{1}{3}} |0\rangle = \frac{1}{2} \left(|\phi_+\rangle + |\phi_-\rangle \right)$$

$$\sqrt{\frac{2}{3}} |1\rangle = \frac{1}{2} \left(|\phi_+\rangle - |\phi_-\rangle \right)$$

によって新しい基底を導入すると，式 (4.2) は

$$\hat{\rho}_1 = \frac{1}{2} |\phi_+\rangle \langle \phi_+| + \frac{1}{2} |\phi_-\rangle \langle \phi_-| \tag{4.8}$$

と書けるので，確率 1/2 で $|\phi_+\rangle$ または $|\phi_-\rangle$ 状態にあるともいえる．混合状態にはこのような不定性があるため，純粋状態の確率的な混合というナイーブな見方では不十分なことがある．この不定性を取り入れることができるので，混合状態の表現法として密度行列のほうが優れている．

■**純粋状態と混合状態の判別**　ある状態が純粋状態か混合状態かを知るには密度行列を 2 乗してトレースをとればよい．

$$\mathrm{tr}(\hat{\rho}^2) = \sum_{ijk} p_i p_j \langle \phi_k | \phi_i \rangle \langle \phi_i | \phi_j \rangle \langle \phi_j | \phi_k \rangle$$

$$= \sum_i p_i^2 \leq \left(\sum_i p_i \right)^2 = 1 \tag{4.9}$$

等号が成り立つのは，ある p_i のみ 1 で残りがすべて 0 のとき，すなわち $\hat{\rho}$ が純粋状態を表しているときであり，混合状態のときは $\mathrm{tr}(\hat{\rho}^2) < 1$ になる．

また，純粋状態の密度行列は式 (4.3) を見ればわかるようにランクが 1（0 でない固有値が一つしかない）なので，密度行列のランクを調べて 1 より大きければ混合状態であることがいえる．

■**測定**　混合状態を測定することを考える．密度行列 $\hat{\rho}$ を演算子 $\hat{M}_i = |\varphi_i\rangle\langle\varphi_i|$ で測定した後の状態は，式 (2.73) より基底ベクトル $|\phi_j\rangle$ が $\hat{M}_i |\phi_j\rangle / \sqrt{P(i)}$ に変換されるので，式 (4.1) の基底ベクトルを変換すると，測定後の状態は

$$\rho \mapsto \sum_i P(i) \sum_j p_j \hat{M}_i |\phi_j\rangle \left(\hat{M}_i |\phi_j\rangle\right)^\dagger / P(i)$$
$$= \sum_i \hat{M}_i \hat{\rho} \hat{M}_i^\dagger \tag{4.10}$$

となる．ただし，式 (2.71) より $P(i) = \sum_j p_j \langle\phi_j| \hat{M}_i^\dagger \hat{M}_i |\phi_j\rangle = \mathrm{tr}(\hat{M}_i^\dagger \hat{M}_i \hat{\rho})$ である．純粋状態 $\hat{\rho}_{\mathrm{pure}} = |\psi\rangle\langle\psi|$ を測定した後の状態は

$$\sum_i \hat{M}_i \hat{\rho}_{\mathrm{pure}} \hat{M}_i^\dagger = \sum_i |\varphi_i\rangle\langle\varphi_i|\psi\rangle\langle\psi|\varphi_i\rangle\langle\varphi_i| = \sum_i |\langle\psi|\varphi_i\rangle|^2 |\varphi_i\rangle\langle\varphi_i| \tag{4.11}$$

なので，確かに測定後の密度行列 (4.1) の形になっている．一般の測定演算子による測定については次の節で調べることにする．

■**密度行列の時間発展**　状態ベクトルの時間発展はユニタリ変換で表される．基底ベクトルもまたユニタリ変換によって時間発展するから，時刻 $t = t_0$ における密度行列を $\hat{\rho}(t_0)$ とすると，時刻 $t = t_1$ における密度行列はユニタリ演算子 $\hat{U}(t_1, t_0)$ を用いて

$$\hat{\rho}(t_1) = \hat{U}(t_1, t_0) \hat{\rho}(t_0) \hat{U}^\dagger(t_1, t_0) \tag{4.12}$$

と書ける．これは，状態ベクトルの時間発展を表す式 (2.80) に対応するものである．時間発展を示すユニタリ演算子は系のハミルトニアンを使ってシュレーディンガー方程式を解くことによって得ることができる．

---**演習問題 4.1**---
式 (4.12) が成り立つことを示せ．

■**期待値**　オブザーバブル $\hat{A}$ の期待値は密度行列を使って

$$\langle \hat{A} \rangle = \mathrm{tr}(\hat{\rho}\hat{A}) \tag{4.13}$$

で与えられる．これはオブザーバブルのスペクトル分解 $\hat{A} = \sum_j a_j |a_j\rangle \langle a_j|$ を使って，

$$\mathrm{tr}(\hat{\rho}\hat{A}) = \sum_k \langle \phi_k | \sum_{ij} p_i |\phi_i\rangle \langle \phi_i| a_j |a_j\rangle \langle a_j|\phi_k\rangle$$

$$= \sum_{ij} p_i a_j \langle \phi_i|a_j\rangle \langle a_j|\phi_i\rangle = \sum_{ij} p_i a_j |\langle a_j|\phi_i\rangle|^2$$

$$= \sum_j a_j \left(\sum_i P(a_j|\phi_i) p_i \right) = \sum_j a_j P(a_j) = \langle \hat{A} \rangle$$

により確かめられる．ここで，$P(a_j|\phi_i) = |\langle a_j|\phi_i\rangle|^2$ は状態が $|\phi_i\rangle$ にあるとき，測定値 a_j が得られる条件付き確率である．同じ密度行列で表される状態がいくつかあるとき，どの状態でも測定値 a_j が得られる確率は $P(a_j)$ であり，状態を区別することができない．このため，密度行列が同じならば同じ状態にあるとするのが妥当であり，系についての知識はこれ以上得られない．

期待値の時間発展は時間に依存する密度行列 (4.12) を期待値の表式 (4.13) に代入することで得ることができる．

$$\langle \hat{A} \rangle (t) = \mathrm{tr}\left(\hat{\rho}(t)\hat{A}\right) \tag{4.14}$$

ところが，トレースの性質から

$$\langle \hat{A} \rangle (t) = \mathrm{tr}\left(\hat{\rho}(t)\hat{A}\right) = \mathrm{tr}\left(\hat{U}(t,t_0)\hat{\rho}(t_0)\hat{U}^\dagger(t,t_0)\hat{A}\right)$$
$$= \mathrm{tr}\left(\hat{\rho}(t_0)\hat{U}^\dagger(t,t_0)\hat{A}\hat{U}(t,t_0)\right) \tag{4.15}$$

なので，状態は変わらないままで，オブザーバブルが $\hat{A}(t,t_0) = \hat{U}^\dagger(t,t_0)\hat{A}\hat{U}(t,t_0)$ のように時間発展したと見ることもできる．このような表現をハイゼンベルク表示といい，式 (4.12) のように状態が時間発展するという表現をシュレーディンガー表示という．

4.1.2 | 密度行列を実験的に決定する

密度行列を測定結果から求めることを考えよう．まず，密度行列のもつ確率的な性格から 1 回の測定では密度行列を決めることはできないことに注意する．密度行列は繰り返し測定を行った結果から統計的に推定される．これを**トモグラフィ**（とくに**状**

態トモグラフィ*, state tomography) という.

1 量子ビットの場合について具体的に見てみることにする. 1 量子ビットの密度行列は 2×2 行列であるので, 4 個の成分をもつ. 実験で得られる量は実数だから, 実験から密度行列を求めるには 8 個の実数を決めなければならないように見える. しかし, 密度行列はエルミートであり, トレースが 1 なので, 対角要素が実数で和が 1, 非対角要素はお互いに複素共役でなければならない. この制約条件から, 独立な量は 3 個しかないことがわかる. このような事情をうまく取り入れるには, 密度行列 $\hat{\rho}$ を式 (3.11) のようにパウリ行列で展開すればよい.

$$\hat{\rho} = \sum_{i=0}^{3} a_i \hat{\sigma}_i$$

ここで, パウリ行列の性質 (3.16) を使う. $\hat{\rho}$ にパウリ行列を作用させてトレースをとる. すると,

$$\mathrm{tr}\,(\hat{\sigma}_j \hat{\rho}) = \mathrm{tr}\left(\hat{\sigma}_j \sum_{i=0}^{3} a_i \hat{\sigma}_i\right) = \sum_{i=0}^{3} a_i \mathrm{tr}\,(\hat{\sigma}_j \hat{\sigma}_i)$$
$$= 2 a_j \tag{4.16}$$

となるので, これにより展開係数が求められる. さらに, パウリ行列がエルミートで物理量を表すことから, $\mathrm{tr}\,(\hat{\sigma}_j \hat{\rho})$ は状態 $\hat{\rho}$ における $\hat{\sigma}_j$ の期待値とみなせるので, 測定によって得られる量であることがわかる.

期待値 $\mathrm{tr}\,(\hat{\sigma}_j \hat{\rho})$ を求めるには, $\hat{\rho}$ を $\hat{\sigma}_j$ の固有状態の基底 $\{|+1\rangle_j, |-1\rangle_j\}$ で測定すればよい. ここで, $|\pm 1\rangle$ は固有値 ± 1 に対応した固有状態を表す. $j \neq 0$ のとき, $\hat{\sigma}_j = |+1\rangle_j \langle +1| - |-1\rangle_j \langle -1|$ と書け, 期待値は

$$\begin{aligned}\mathrm{tr}\,(\hat{\sigma}_j \hat{\rho}) &= {}_j\langle +1| \left(|+1\rangle_j \langle +1| - |-1\rangle_j \langle -1|\right) \hat{\rho} |+1\rangle_j \\&+ {}_j\langle -1| \left(|+1\rangle_j \langle +1| - |-1\rangle_j \langle -1|\right) \hat{\rho} |-1\rangle_j \\&= {}_j\langle +1| \hat{\rho} |+1\rangle_j - {}_j\langle -1| \hat{\rho} |-1\rangle_j\end{aligned} \tag{4.17}$$

となるので, $\hat{\rho}$ を測定して結果 "+1" が得られる確率から結果 "−1" が得られる確率を引いたものになる. 恒等演算子 ($j = 0$) のときは当然 $\mathrm{tr}\,(\hat{\sigma}_0 \hat{\rho}) = \mathrm{tr} \hat{\rho} = 1$ である.

実験においてはサンプル数が多くなれば, 経験確率が真の確率に近づいていくと考えられる. 実際に求められるのは "+1" または "−1" が観測された事象の数なので, 経験確率は, $j \neq 0$ に対して結果 "+1" と "−1" が得られた回数 $N_j^{(+)}, N_j^{(-)}$ を恒等

---

* 状態ではなく, 状態を変化させる過程を推定するプロセストモグラフィ (process tomography) がある.

演算子の基底で測ったときの計数にあたる総計数 $N = N_j^{(+)} + N_j^{(-)}$ で割ったものとして与えられる. そこで,

$$a_j = \frac{N_j^{(+)} - N_j^{(-)}}{N_j^{(+)} + N_j^{(-)}} \tag{4.18}$$

が得られる.

偏光量子ビットの場合, 水平偏光 $|H\rangle$ と垂直偏光 $|V\rangle$ を恒等演算子の基底とすると, $\hat{\sigma}_1$ の固有状態は斜め 45° 偏光と 135° 偏光, $\hat{\sigma}_2$ の固有状態は左回り, 右回りの円偏光, $\hat{\sigma}_3$ の固有状態は水平, 垂直偏光となる. 光子を偏光ビームスプリッタで分けてそれぞれのポートに現れる光子を計数することにすると, N は光子計数の和であり, $N_j^{(+)}, N_j^{(-)}, j = 1, 2, 3$ はそれぞれ,

1. 軸を 22.5° 回転した 1/2 波長板を通した後
2. 軸を 45° 回転した 1/4 波長板を通した後
3. 波長板を通さずに, 偏光ビームスプリッタの出力を計数したもの

になる. 実際には波長板は角度 0° では水平偏光と垂直偏光に位相差を与えるだけで, 水平偏光と垂直偏光それぞれの計数には影響しないので, 図 4.1 のように 1/2 波長板と 1/4 波長板を偏光ビームスプリッタの前に置いた実験系を組んで波長板の角度を変えて計数した結果を使えばよい. この方法は実は古典光学で行われている偏光決定法の一つである. 量子の場合は光の強度ではなく, 光子計数を行うところが異なっている.

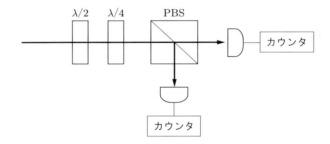

図 4.1 偏光量子ビットに対する量子トモグラフィの実験構成. PBS は偏光ビームスプリッタ.

1 量子ビットの場合はこのように比較的簡単だが, 多量子ビットの状態を決めるには量子ビット数の 2 乗のオーダーで増加する密度行列の成分を決めなければならない. そのため, 必要な測定の数が増加する. さらに, 状態がたまたま純粋状態であると, 密度行列のランクが 1 になる (1 個の対角要素を残して他の要素がすべて 0 になる) ため, 不要なパラメータをも推定してしまう状況になる. これは統計的推定の立場から

すると不適当なモデルで推定していることに相当し，物理的にあり得ない結果，たとえばトレースが負といったものが得られることがある．正しい状態の推定を行うにはこのようにモデルの選択が重要になる．モデル選択は量子状態の推定だけでなく，量子とは関係のない多くの統計的推定でも問題になることであり，統計的推定の研究で得られた知見を量子状態推定にも使うことができる．

4.1.3 | 部分系の状態

A と B，二つの部分系からなる合成系を考える．合成系のヒルベルト空間は部分系のヒルベルト空間 $\mathcal{H}_A$（d_A 次元）と $\mathcal{H}_B$（d_B 次元）によって，$\mathcal{H}_A \otimes \mathcal{H}_B$ と表せる．また，$\mathcal{H}_A$ と $\mathcal{H}_B$ の正規直交基底をそれぞれ，$\{|a_i\rangle_A\}$ と $\{|b_j\rangle_B\}$ とする．ただし，$i = 1, \ldots, d_A$, $j = 1, \ldots, d_B$ である．合成系の基底は $\{|a_i\rangle_A \otimes |b_j\rangle_B\}$ なので合成系の純粋状態は一般に

$$|\Phi\rangle_{AB} = \sum_{i,j} \alpha_{i,j} |a_i\rangle_A \otimes |b_j\rangle_B \tag{4.19}$$

と書ける．また，混合状態は密度行列を使って

$$\begin{aligned}\hat{\rho}_{AB} &= \sum_{i,j;k,l} \rho_{i,j;k,l} \left(|a_i\rangle_A \otimes |b_j\rangle_B\right) \left({}_A\langle a_k| \otimes {}_B\langle b_l|\right) \\ &= \sum_{i,j;k,l} \rho_{i,j;k,l} |a_i\rangle_A \langle a_k| \otimes |b_j\rangle_B \langle b_l|\end{aligned} \tag{4.20}$$

と書ける．とくに

$$\hat{\rho}_{AB} = \left(\sum_{i,k} \alpha_{i,k} |a_i\rangle_A \langle a_k|\right) \otimes \left(\sum_{j,l} \beta_{j,l} |b_j\rangle_B \langle b_l|\right) = \hat{\rho}_A \otimes \hat{\rho}_B \tag{4.21}$$

と表せるとき，合成系は**積状態** (product state) にあるという．また，もう少し一般的に

$$\hat{\rho}_{AB} = \sum_k p(k) \hat{\rho}_A(k) \otimes \hat{\rho}_B(k) \tag{4.22}$$

と書けるとき，合成系は**分離可能** (separable) であるという．式 (4.22) のような形に表せないとき，合成系の状態はもつれ合っている．

純粋状態 (4.19) において B を測定することを考えよう．測定の演算子は $\hat{M}_{B,i} = |b_i\rangle_B \langle b_i|$ である．測定結果が k になる確率は

$$P_{B=k} = \langle\Phi| \hat{M}_{B,k}^\dagger \hat{M}_{B,k} |\Phi\rangle_{AB} = \sum_{i=1}^{d_A} |\alpha_{i,k}|^2 \tag{4.23}$$

測定後の状態は

$$\frac{1}{\sqrt{P_{B=k}}}\hat{M}_{B,k}\ket{\Phi}_{AB} = \frac{1}{\sqrt{P_{B=k}}}\sum_{i=1}^{d_A}\alpha_{i,k}\ket{a_i}_A\otimes\ket{b_k}_B$$
$$= \ket{\phi_k}_A\otimes\ket{b_k}_B \quad (4.24)$$

となる．ただし，

$$\ket{\phi_k}_A = \frac{1}{\sqrt{P_{B=k}}}\sum_{i=1}^{d_A}\alpha_{i,k}\ket{a_i}_A \quad (4.25)$$

である．ところが，A 系には B 系での測定結果が伝わっていないとすると A 系の状態は混合状態になって，確率 $P_{B=k}$ で状態 $\ket{\phi_k}_A$ にある．密度行列で表すと

$$\hat{\rho}_A = \sum_k P_{B=k}\ket{\phi_k}_A\bra{\phi_k} \quad (4.26)$$

と書ける．この密度行列は合成系の密度行列 $\hat{\rho}_{AB} = \ket{\Phi}_{AB}\bra{\Phi}$ で B の状態についてトレースをとったものに等しい．

$$\begin{aligned}\mathrm{tr}_B(\hat{\rho}_{AB}) &= \sum_k {}_B\bra{b_k}\left(\sum_{i,j}\alpha_{i,j}\ket{a_i}_A\otimes\ket{b_j}_B\right)\left(\sum_{i,j}\alpha_{i,j\,A}^*\bra{a_i}\otimes{}_B\bra{b_j}\right)\ket{b_k}_B \\ &= \sum_k\left(\sum_i\alpha_{i,k}\ket{a_i}_A\right)\left(\sum_i\alpha_{i,k\,A}^*\bra{a_i}\right) \\ &= \sum_k P_{B=k}\ket{\phi_k}_A\bra{\phi_k}\end{aligned}$$

このように，合成系をなす部分系の状態についてトレースをとる操作を**部分トレース** (partial trace) という．部分トレースをとる部分系はトレース記号の添え字で表す．部分トレースの物理的な意味は上に述べたとおりである．合成系が純粋状態であっても，部分トレースを行うことによって部分系の情報が失われるため，残った部分系は混合状態になる．

上のようなことは量子もつれがある場合にのみ起きる．合成系が分離可能な場合，密度行列 (4.22) を B について部分トレースをとった結果は

$$\begin{aligned}\mathrm{tr}_B\left(\sum_k p(k)\hat{\rho}_A(k)\otimes\hat{\rho}_B(k)\right) &= \sum_k p(k)\hat{\rho}_A(k)\mathrm{tr}_B(\hat{\rho}_B(k)) \\ &= \sum_k p(k)\hat{\rho}_A(k) \quad (4.27)\end{aligned}$$

となるので，部分系 A の状態は部分トレースの影響を受けない．このように分離可能

な状態では異なる部分系の測定が他の部分系の状態に影響を与えることはない．

量子もつれのある系の部分系を測定した例として，3.2.2 項で調べた，ベル状態の一つ $|\Psi^{(-)}\rangle_{AB} = 1/\sqrt{2}(|0\rangle_A |1\rangle_B - |1\rangle_A |0\rangle_B)$ で B について測定を行ったときのことを思い出そう．計算基底で測定を行うと確率 $1/2$ で測定 0 または 1 が得られ，A 系の状態は B の測定結果が 0 のとき $|1\rangle_A$，1 のとき $|0\rangle_A$ となる．B での測定結果がわからないときの状態は，密度行列

$$\hat{\rho}_A = \frac{1}{2}\left(|0\rangle_A \langle 0| + |1\rangle_A \langle 1|\right) \tag{4.28}$$

となる．これはもとのベル状態の密度行列

$$\begin{aligned}|\Psi^{(-)}\rangle_{AB} \langle \Psi^{(-)}| &= \frac{1}{2}\left(|0\rangle_A |1\rangle_B \,{}_A\langle 0|\,{}_B\langle 1| - |0\rangle_A |1\rangle_B \,{}_A\langle 1|\,{}_B\langle 0|\right.\\ &\quad \left. - |1\rangle_A |0\rangle_B \,{}_A\langle 0|\,{}_B\langle 1| + |1\rangle_A |0\rangle_B \,{}_A\langle 1|\,{}_B\langle 0|\right)\\ &= \frac{1}{2}\left(|0\rangle_A \langle 0| \otimes |1\rangle_B \langle 1| - |0\rangle_A \langle 1| \otimes |1\rangle_B \langle 0|\right.\\ &\quad \left. - |1\rangle_A \langle 0| \otimes |0\rangle_B \langle 1| + |1\rangle_A \langle 1| \otimes |0\rangle_B \langle 0|\right)\end{aligned}$$

の部分トレースを B について行ったものに等しい．部分トレース後の A の状態 (4.28) は $(1/2) \times$ 恒等演算子なので，A に関する情報がまったく失われていることがわかる．このように最大にもつれ合った系では片方の情報を消すともう一方の情報も完全に失われる．

部分トレースをとって，一部の部分系を消去した結果得られる状態を周辺状態 (marginal state) ということがある．古典的な確率分布を扱うときにも興味のない確率変数を積分 (総和) して消すことがよくあり，得られた分布を周辺分布 (marginal distribution) という．周辺 (marginal) という言葉の使い方・考え方は一緒である．部分トレースをとる操作を周辺化ともいう．周辺状態 (marginal state) は縮約状態 (reduced state) ともよばれる．部分トレース後の状態を表す密度行列を縮約密度行列 (reduced density matrix) ということもある．

■**シュミット分解** 合成系 A + B の純粋状態は部分系 A，B の任意の正規直交基底で式 (4.19) のように表されるが，この分解が

$$|\Phi\rangle_{AB} = \sum_{k=1}^{d} \sqrt{p_k} |\varphi_k\rangle_A |\psi_k\rangle_B \tag{4.29}$$

という形になるように基底を選ぶことが常に可能である．ただし，$d \leq \min(d_A, d_B)$ である．これを**シュミット分解** (Schmidt decomposition) といい，$\{|\varphi_k\rangle_A\}$ は部分ト

レースをとった密度行列 $\hat{\rho}_A = \text{tr}_B(|\Phi\rangle_{AB}\langle\Phi|)$ を対角化する．

$$\hat{\rho}_A = \text{tr}_B(|\Phi\rangle_{AB}\langle\Phi|) = \sum_{k=1}^{d} p_k |\varphi_k\rangle_A \langle\varphi_k| \tag{4.30}$$

係数 $\sqrt{p_k}$ は**シュミット係数** (Schmidt coefficient) とよばれ，$\hat{\rho}_A$ の 0 でない固有値の平方根である．シュミット係数の数 d を**シュミットランク** (Schmidt rank) という．シュミットランクは $\hat{\rho}_A$ の 0 でない固有値の数，すなわち $\hat{\rho}_A$ のランクに等しい．もちろん，A と B を入れ替えてもこのことは成り立つ．

$$\hat{\rho}_B = \text{tr}_A(|\Phi\rangle_{AB}\langle\Phi|) = \sum_{k=1}^{d} p_k |\psi_k\rangle_B \langle\psi_k| \tag{4.31}$$

ここで重要なことは部分トレースをとって周辺化した密度行列 $\hat{\rho}_A$ と $\hat{\rho}_B$ の固有値が等しいことである．つまり，A 系と B 系の状態の混合の度合いは等しい．

シュミット分解は 2.1.2 項で述べた特異値分解を使って導くことができる．式 (4.19) に現れる係数を表す行列 $\hat{\alpha} = \{\alpha_{ij}\}$ は，特異値分解によって $\hat{\alpha} = \hat{U}\hat{D}\hat{V}$ と表される．すなわち，

$$|\Phi\rangle_{AB} = \sum_{i,j,k} u_{ik} d_{kk} v_{kj} |a_i\rangle_A \otimes |b_j\rangle_B \tag{4.32}$$

となる．ここで，$|\varphi_k\rangle_A = \sum_i u_{ik} |a_i\rangle_A$，$|\psi_k\rangle_B = \sum_j v_{kj} |b_j\rangle$，$\sqrt{p_k} = d_{kk}$ とおくと，シュミット分解の式 (4.29) が得られる．$\{|\varphi_k\rangle_A\}$ と $\{|\psi_k\rangle_B\}$ が正規直交基底であることは，$\hat{U}$, $\hat{V}$ がユニタリであることと，$\{|a_i\rangle_A\}$ と $\{|b_j\rangle_B\}$ が正規直交基底であることから明らかである．

シュミット分解によって系の状態は d 個の正規直交基底の重ね合わせで表され，重ね合わせの係数は周辺化された密度行列の固有値となる．状態が d 個のシュミット係数で指定できることからヒルベルト空間全体を考える必要はなく，$\{|\varphi_k\rangle_A \otimes |\psi_k\rangle_B\}$ で張られる部分空間を扱えばよい．さらに，固有値が大きいものだけを拾い上げて，より小さな部分空間を考えることも近似としては可能である．シュミット分解はパターン認識などの分野では主成分分析とよばれ広く用いられている．主成分分析によって様々な要因のなかから直交した要因を求め，固有値の大きいものを取り出すことで考える必要のある空間を制限することができるからである．

■**純粋化** 純粋状態にある合成系の部分トレースをとると結果が混合状態になることを見た．その逆に系 A のある状態 $\hat{\rho}_A$（混合状態でもよい）が与えられているとき，別の系 R（熱浴，reservoir を意識している）との合成系を考えると純粋状態がつくれ

ないだろうか．

$$\hat{\rho}_A = \mathrm{tr}_R(|\Psi\rangle_{AR}\langle\Psi|) \tag{4.33}$$

となるような A + R 系の純粋状態 $|\Psi\rangle_{AR}$ をつくる操作は実際に可能で，**純粋化** (purification) とよばれる．

このことを示すためには，まず $\hat{\rho}_A$ をユニタリ行列 $\hat{U}_A$ で対角化する．これは $\hat{\rho}_A$ が密度行列（エルミート）であることから必ず可能である．あるいは $\hat{\rho}_A$ の固有ベクトルを基底にする表示を使うことにすると思ってもよい．密度行列の固有値を λ_k，固有ベクトルを $|\psi_k\rangle$，$(k=1,\ldots,n_A)$ とすると

$$\hat{U}_A^\dagger \hat{\rho}_A \hat{U}_A = \sum_{k=1}^{n_A} \lambda_k |\psi_k\rangle_A \langle\psi_k| \tag{4.34}$$

である．ただし，n_A を A 系のヒルベルト空間の次元，d を $\hat{\rho}_A$ のランクとして，

$$\begin{cases} \lambda_1 \geq \cdots \geq \lambda_d > 0, \\ \lambda_k = 0, \quad k > d \end{cases}$$

とする．次元が d 以上のヒルベルト空間 R の適当な正規直交基底 $\{|\mu_k\rangle_R\}$ をとると，A + R 系の純粋状態をシュミット分解した形

$$|\Psi\rangle_{AR} = \sum_{k=1}^{d} \sqrt{\lambda_k} |\psi_k\rangle_A |\mu_k\rangle_R \tag{4.35}$$

で構成できる．この純粋状態 (4.35) を表す密度行列 $|\Psi\rangle_{AR}\langle\Psi|$ を周辺化すると

$$\begin{aligned}
\mathrm{tr}_R |\Psi\rangle_{AR}\langle\Psi| &= \sum_i {}_R\langle\mu_i| \left(\sum_{j,k} \sqrt{\lambda_j \lambda_k} |\psi_j\rangle_A \langle\psi_k| \otimes |\mu_j\rangle_R \langle\mu_k|\right) |\mu_i\rangle_R \\
&= \sum_i \lambda_i |\psi_i\rangle_A \langle\psi_i|
\end{aligned}$$

となり，式 (4.33) のように A 系の密度行列 $\hat{\rho}_A$ が得られることが確かめられる．

ここで「適当な正規直交基底」という表現に引っかかるかもしれない．しかし，これは本当に適当なものを選んでよい．つまり，純粋化で得られる純粋状態はユニークではなく，周辺化して同じ密度行列を与える純粋状態はいくつもある．R 系の異なる二つの正規直交基底 $\{|\mu_j\rangle_R\}$ と $\{|\nu_j\rangle_R\}$ を用いて純粋化した状態を $|\Psi\rangle_{AR}$ と $|\Psi'\rangle_{AR}$ としてこれらをシュミット分解してみると

$$|\Psi\rangle_{AR} = \sum_i \sqrt{\lambda_i} |\psi_i\rangle_A |\mu_i\rangle_R$$

$$|\Psi'\rangle_{AR} = \sum_i \sqrt{\lambda_i}\,|\psi_i\rangle_A\,|\nu_i\rangle_R$$

と書ける．密度行列 $|\Psi\rangle_{AR}\langle\Psi|$ と $|\Psi'\rangle_{AR}\langle\Psi'|$ を周辺化すると A 系の密度行列が等しくなるのは明らかである．$|\mu_i\rangle_R$ と $|\nu_i\rangle_R$ は共に R 系の正規直交基底だから

$$|\mu\rangle_R = \hat{U}_R\,|\nu\rangle_R \tag{4.36}$$

のようにユニタリ変換で結ばれる．つまり，二つの純粋状態は

$$|\Psi\rangle_{AR} = (\hat{1}_A \otimes \hat{U}_R)\,|\Psi'\rangle_{AR} \tag{4.37}$$

という関係にある．

次に，A 系の二つの規格化された基底 $\{|\psi_i\rangle_A\}$ と $\{|\varphi_i\rangle_A\}$（それぞれ直交基底である必要はない）によって

$$|\Psi\rangle_{AR} = \sum_i \sqrt{p_i}\,|\psi_i\rangle_A\,|\mu_i\rangle_R \tag{4.38}$$

$$|\Phi\rangle_{AR} = \sum_i \sqrt{q_i}\,|\varphi_i\rangle_A\,|\nu_i\rangle_R \tag{4.39}$$

と表された状態が A 系の同じ密度行列を純粋化したものである条件を求めよう．A 系の状態が変わらないことから式 (4.37) と同様の関係 $|\Psi\rangle_{AR} = (\hat{1}_A \otimes \hat{U}_R)\,|\Phi\rangle_{AR}$ が成り立つ．この両辺に左から ${}_R\langle\mu_i|$ をかけると

$$\begin{aligned}
{}_R\langle\mu_i|\Psi\rangle_{AR} &= {}_R\langle\mu_i|(\hat{1}_A \otimes \hat{U}_R)\,|\Phi\rangle_{AR} \\
\sqrt{p_i}\,|\psi_i\rangle_A &= \sum_j \sqrt{q_j}\,|\varphi_j\rangle_A\,\langle\mu_i|\hat{U}_R|\nu_j\rangle_R \\
&= \sum_j u_{ij}\sqrt{q_j}\,|\varphi_j\rangle_A
\end{aligned} \tag{4.40}$$

である．ただし，$u_{ij} = \langle\mu_i|\hat{U}_R|\nu_j\rangle_R$ とした．この条件は式 (4.6) と同じものである．先に式 (4.6) の関係にある 2 種類の純粋状態の確率的混合 $\{p_i, |\psi_i\rangle\}$ と $\{q_j, |\phi_j\rangle\}$ で表される密度行列は同じ状態を表すことを示したが，ここでは逆に 2 種類の純粋状態の確率的混合で表される密度行列が同じ状態を表すとき，それらの関係が式 (4.6) を満たすことを示した．つまり，式 (4.6) は 2 種類の純粋状態の確率的混合が同じ状態を表すための必要十分条件である．

とくに，$\hat{\rho}_A = \hat{1}/d$ のとき，式 (4.6) で $p_i = q_i = 1/d$ となる．このとき，式 (4.36)〜(4.40) を使うと，R 系の基底を $\{|\nu\rangle_R \xrightarrow{\hat{U}} |\mu\rangle_R\}$ のようにユニタリ変換の範囲で変

えると，A 系の基底はそれに従って $\{|\varphi\rangle_A \xrightarrow{\hat{U}^T} |\psi\rangle_A\}$ のように変えられることが示せる．式 (4.38) で $|\mu_i\rangle_R = |\nu_i\rangle_R$ とすると，式 (4.40) の 2 行目は

$$|\psi_i\rangle_A = \sum_j \langle \nu_i| \hat{U}_R |\nu_j\rangle_R |\varphi_j\rangle_A \tag{4.41}$$

と書ける．一方，

$$\langle \nu_j|\mu_i\rangle_R = \langle \nu_j|\hat{U}_R|\nu_i\rangle_R$$

なので，式 (4.36) は

$$|\mu_i\rangle_R = \sum_j \langle \nu_j|\hat{U}_R|\nu_i\rangle_R |\nu_j\rangle_R \tag{4.42}$$

である．すなわち，

$$|\Psi\rangle_{AR} = \frac{1}{\sqrt{d}} \sum_i |\varphi_i\rangle_A (\hat{1}_A \otimes \hat{U}) |\nu_i\rangle_R = \frac{1}{\sqrt{d}} \sum_i (\hat{U}^T \otimes \hat{1}_R) |\varphi_i\rangle_A |\mu_i\rangle_R \tag{4.43}$$

がいえる．ちなみに，このときの純粋化は最大量子もつれ状態にある．「最大」である理由は 4.4 節でも触れるが，完全にわかっている状態（純粋状態）が部分トレースをとることによってまったく情報が得られない，等確率の混合状態（$\hat{\rho}_A = (1/d)\hat{1}$）に変化し，このとき，周辺化によって失われる情報が最も大きくなることによる．

　A 系の密度行列は変わらないので，A 系の測定だけでは R 系でユニタリ変換を行ったことを知ることはできない．このことから，次のようなゲームは成り立たないことがわかる．ボブはアリスに証文の代わりに粒子を渡して，ビット値 0 なら $\{|0\rangle, |1\rangle\}$ 基底で，ビット値 1 なら $\{|+\rangle, |-\rangle\}$ 基底でコーディングしたと宣言する．後日必要となったときにボブは渡した粒子状態のコーディングの基底情報を開示する．アリスは粒子の状態測定によってボブのいったことが正しいか判断する．ところが，ボブはもつれ合った状態の片割れをアリスに送り，残りは自分でとっておくことができる．そうすると，ボブは自分の都合によって，自分がとっておいた粒子にユニタリ変換を行うことで全体の状態を変化させ，アリスのもっている状態のコーディング基底を変えることができる．つまり，ボブにはいかさまが可能だということになる．これは**量子ビットコミットメント**というプロトコルが不可能であることの証明に使われた♦．同じころ，公平な量子コイン投げが不可能であることも示された．量子暗号鍵配付はアリスとボブは味方同士で共同して盗聴者に対抗するのに対して，これらのプロトコルで

♦ ビットコミットメントは古典の情報技術では電子入札や電子投票などの要素になる基本的なプロトコルなのでこれができないというのは当時の量子情報業界にとっては衝撃であった．量子暗号鍵配付が提案され，量子情報技術を使えば暗号をすべて無条件安全にできるのではないかと期待が高まっていたのだが，それは無理であることがわかってしまった．

はアリスとボブはお互いを信用していない．どうやら，対等なもの同士の 1 対 1 のプロトコルはうまくいかないようだということがわかってきている．

4.2 量子チャネル：一般化された状態の変化と測定

　これまで量子状態の変化は状態ベクトルに対するユニタリ変換によって表されるものとして考えてきた．前節で混合状態とその表現を知ったので，もっと一般的な状態の変化を考えよう．というのも，現実世界の状態変化はユニタリ変換だけでは表せないからだ．損失によって粒子が消えてしまうこともあるし，重ね合わせ状態の位相が乱れてしまい，もともと純粋状態だった状態が混合状態になって情報を失ってしまうこと（デコヒーレンス）も起きる．そのため，以下のような表現を使うことによって，現実の装置で起きることを正確に記述できるようにする．すべてが純粋状態とユニタリ変換で表せれば量子情報の世界はきれいで，実現も容易になるのだが，現実はそうはいかない．もっとも，デコヒーレンスが起きないと我々の日常世界でも量子力学的な性質が保たれるので，そこで起こることはいまとはずいぶん違ったものになっているはず，我々のようなものが存在できるかは自明ではない．

4.2.1 クラウス表現，または operator-sum representation

　さて，状態変化の表現を一般化するための考え方は次のようなものである．注目している物理系の他に**アンシラ** (ancilla)♦とよばれる系を付け加え，全体の系の変化がユニタリ変換で記述できるようにする（図 4.2 参照）．アンシラ系をユニタリ変換の後で測定して消してしまえばアンシラ系に流れた情報は消えてしまうので，粒子の消滅やデコヒーレンスといったことが記述できる．そこで，注目する系 A の密度行列の初期状態が $\hat{\rho}_\mathrm{ini}$ で表されるものとする．これにアンシラ E を付け加える（E は環境系-environment を表しているつもり）．アンシラの初期状態を $|0\rangle_E$ とする．これはどのような状態でもよいのだが，とりあえず最も簡単なものを選ぶ．アンシラの密度行列は $|0\rangle_E\langle 0|$ なので，全体系の初期状態は

$$\hat{\rho}_\mathrm{ini} \otimes |0\rangle_E \langle 0| \tag{4.44}$$

である．これにユニタリ変換 $\hat{U}$ を作用させると，状態は

$$\hat{U} (\hat{\rho}_\mathrm{ini} \otimes |0\rangle_E \langle 0|) \hat{U}^\dagger$$

となる．ここでアンシラ系を測定して j という結果を得たとすると，アンシラの状態

♦ ラテン語．もとの意味は侍女．複数を ancillae と書くのは気取りすぎといわれる．

は $|j\rangle_E$ に収縮する．規格化していない全体系の状態は

$$|j\rangle_E \langle j| \hat{U} (\hat{\rho}_{\mathrm{ini}} \otimes |0\rangle_E \langle 0|) \hat{U}^\dagger |j\rangle_E \langle j| = \hat{\rho}_{\mathrm{fin}} \otimes |j\rangle_E \langle j|$$

になるので，アンシラについて部分トレースをとる（$_E\langle j|$ と $|j\rangle_E$ で両側から挟む）ことで求める物理系 A の終状態を得ることができる．

$$\begin{aligned}\hat{\rho}_{\mathrm{fin}} &= {}_E\langle j| \hat{U} (\hat{\rho}_{\mathrm{ini}} \otimes |0\rangle_E \langle 0|) \hat{U}^\dagger |j\rangle_E \\ &= \hat{M}_j \hat{\rho}_{\mathrm{ini}} \hat{M}_j^\dagger\end{aligned} \quad (4.45)$$

ここで，**クラウス演算子** (Kraus operator)

$$\hat{M}_j = {}_E\langle j| \hat{U} |0\rangle_E \quad (4.46)$$

を導入した．状態ベクトルを使って表すと

$$\hat{U} (|\psi\rangle_A \otimes |0\rangle_E) = \sum_j \left(\hat{M}_j |\psi\rangle_A\right) \otimes |j\rangle_E \quad (4.47)$$

のように書け，クラウス演算子は注目している物理系 A にのみ作用する．式 (4.45) のような表現を**クラウス表現**※ (Kraus representation) または operator-sum representation という．規格化は式 (4.45) の右辺をアンシラの測定により結果 j が得られる確率

$$P_j = \mathrm{tr} \left(\hat{M}_j \hat{\rho}_{\mathrm{ini}} \hat{M}_j^\dagger\right) \quad (4.48)$$

で割ることで得られる．トレースは A 系についてとる．クラウス演算子は以下のように完全性関係を満たす．

$$\begin{aligned}\sum_j \hat{M}_j^\dagger \hat{M}_j &= \sum_j {}_E\langle 0| \hat{U}^\dagger |j\rangle_E \langle j| \hat{U} |0\rangle_E = {}_E\langle 0| \hat{U}^\dagger \left(\sum_j |j\rangle_E \langle j|\right) \hat{U} |0\rangle_E \\ &= {}_E\langle 0| \hat{U}^\dagger \hat{U} |0\rangle_E = {}_E\langle 0| \hat{1}_A \otimes \hat{1}_E |0\rangle_E \\ &= \hat{1}_A\end{aligned} \quad (4.49)$$

演習問題 4.2

クラウス演算子の完全性関係は $\hat{U}$ がユニタリであることから導かれたが，逆にクラウス演算子の完全性を仮定すると $\hat{U}$ がユニタリであることを示せ．
ヒント：A 系における二つの状態ベクトル $|\phi\rangle_A$ と $|\psi\rangle_A$ の内積が $\hat{U}$ によって保存されればよい．つまり，

$$\left({}_A\langle \psi| \otimes {}_E\langle 0| \hat{U}^\dagger\right) \left(\hat{U} |\phi\rangle_A \otimes |0\rangle_E\right) = {}_A\langle \psi | \phi\rangle_A \quad (4.50)$$

※ これは，密度演算子に対する操作なので超演算子 (super operator) である．

> を示せばよい．そのとき，左辺を式 (4.47) を使ってクラウス演算子で表し，完全性関係を用いる．

■ **一般化された測定**　アンシラを測定して結果 j が得られる確率 P_j は式 (4.48) で与えられたが，トレースの性質から

$$P_j = \mathrm{tr}\left(\hat{M}_j^\dagger \hat{M}_j \hat{\rho}_{\mathrm{ini}}\right)$$

と書くことができる．ここで，$\hat{E}_j = \hat{M}_j^\dagger \hat{M}_j$ を新しい演算子とみなすとこの演算子は正値である．また，測定によって系の状態は $\hat{M}_j \hat{\rho}_{\mathrm{ini}} \hat{M}_j^\dagger / P_j$ となる．このような測定はこれまで考えてきた直交基底への射影測定だけでなく，非直交な測定も記述することができる．正値の演算子を用いることから，**POVM** (positive operator valued measure) といい，これは最も一般的な測定の表現となっている．系の状態を知るために，系に測定器（プローブ）を当て，プローブの値を読むといった操作に対応している．この場合，プローブはアンシラに相当し，プローブを当てるという操作はアンシラと系を相互作用させることに相当する．また，プローブの値を読むことはアンシラを測定するということである．プローブと測定される系の相互作用は全体系に対するユニタリ変換で記述される．

反対に，完全性関係 $\sum_j \hat{E}_j = \hat{1}$ を満たす正値演算子の組 $\{\hat{E}_j\}$ が与えられると POVM が定まる．POVM が与えられれば，それぞれ結果を得る確率を計算できるのでアンシラのことを露わに考えなくてもよい．たとえば，2 次元ヒルベルト空間の非直交な状態ベクトル $|\phi_1\rangle = |0\rangle$ と $|\phi_2\rangle = \cos\theta |0\rangle + \sin\theta |1\rangle$　$(-\pi/2 < \theta < \pi/2)$ を誤りなしに判別する POVM は次のようなものである．

$$\hat{E}_1 = \frac{1}{1+\cos\theta}\left(\sin\theta |0\rangle - \cos\theta |1\rangle\right)\left(\sin\theta \langle 0| - \cos\theta \langle 1|\right) \tag{4.51a}$$

$$\hat{E}_2 = \frac{1}{1+\cos\theta}|1\rangle\langle 1| \tag{4.51b}$$

$$\hat{E}_3 = \hat{1} - \hat{E}_1 - \hat{E}_2 \tag{4.51c}$$

具体的には，水平偏光 ($|\phi_1\rangle$) と斜め直線偏光 ($|\phi_2\rangle$) を判別することを思い浮かべればよい．$\hat{E}_1$ は $|\phi_2\rangle$ に直交する偏光を検出し，$\hat{E}_2$ は垂直偏光を検出する．$\hat{E}_3$ はどちらも検出できなかったことを表している．演算子 $\hat{E}_1, \hat{E}_2, \hat{E}_3$ の固有値が 0 以上であることは直接計算して確かめることができる．また，$\sum_j \hat{E}_j = \hat{1}$ は明らかなので，$\{\hat{E}_1, \hat{E}_2, \hat{E}_3\}$ は POVM である．測定結果として 1 を得たとき，$\langle \phi_2 | \hat{E}_1 | \phi_2 \rangle = 0$ なので，状態は $|\phi_1\rangle$ でなければならない．同様に測定結果として 2 を得たとき，$\langle \phi_1 | \hat{E}_2 | \phi_1 \rangle = 0$ なの

で，状態は $|\phi_2\rangle$ でなければならない．測定結果として 3 を得たときはどちらの可能性も否定できないので，この場合は判別失敗 (inconclusive result) とする．このように測定に失敗することを認めると，非直交状態でも誤りのない判別 (unambiguous state discrimination, USD) が可能になる．ただし，測定に成功する確率は $1 - \cos\theta$ なので，θ が小さい（二つの状態ベクトルがほぼ平行の）場合にはほとんどの場合測定に失敗することになる．ここで，実際には $\hat{E}_3$ の固有値が 0 以上になるように $\hat{E}_1$ と $\hat{E}_2$ の係数 $1/(1+\cos\theta)$ を決めている．係数が小さければもちろん $\hat{E}_3$ の固有値は大きくなるが，測定に成功する確率が小さくなってしまうので，$\hat{E}_3$ の固有値を 0 にするような値を選ぶ．

■**物理的に実現可能な量子チャネル**　量子状態の操作を，入力した状態を変換して出力する通信路のようなものと考えることもできる．これを**量子チャネル**といい，入力状態から出力状態への写像で与えられる．

$$\hat{\rho}_{\text{out}} = \mathcal{E}(\hat{\rho}_{\text{in}}) \tag{4.52}$$

量子状態の操作であるので，量子チャネルは線形であるべきである．

$$\mathcal{E}(p_1\hat{\rho}_1 + p_2\hat{\rho}_2) = p_1\mathcal{E}(\hat{\rho}_1) + p_2\mathcal{E}(\hat{\rho}_2) \tag{4.53}$$

また，入力の状態は密度行列で表せるが，量子チャネルの出力も量子状態である以上，密度行列でなければならない．つまり，出力状態は正値でトレースが 1 となる．このように正値の入力に対し出力も正値となる写像を**正写像** (positive map) という．

ところが，量子もつれのある系を考えると正写像であるだけでは十分でなく，合成系も含めて正値である必要がある．すなわち，系 A と系 B からなる合成系で A にだけ変換を行った後の状態も密度行列で表されるため，正値である必要がある．たとえば，系 B を環境系として，注目する系 A に操作を行うといった状況が考えられる．このことを正確に表現すると，「合成系の密度行列 $\hat{\rho}_{AB}$ を入力とする写像 $\mathcal{E}_A \otimes \mathcal{I}_B$ の出力も，正値でなければならない」ということである．ここで，$\mathcal{I}_B$ は B 系に対する恒等写像である．この条件を満たす写像を**完全正写像** (completely positive map) という．略して CP マップとよばれることが多い．トレースの保存 (trace preserving) の条件と合わせて，量子チャネルを表す写像は CPTP (completely positive, trace preserving map) である．これが最も一般的な表現であり，CPTP でない写像は物理的に存在しない．完全正写像 (CP) は正写像 (P) よりも強い条件になっていて，実際 P だが CP ではない写像を考えることができる．しかし，このようなものは実現不可能なのである．ある操作の実現可能性が，CP でないというだけで否定されてしまうわけだ．たと

えば，ブロッホ球の上でブロッホベクトルの向きを反転させるような演算（ユニバーサル NOT）は，CP ではないので実際につくることはできない．CPTP マップが最も一般的であることから，次に示す式 (4.54) のような形の写像について何かの性質が証明されれば，あらゆる実現可能な量子チャネルについて証明ができたことになる．

CP マップは，次のように注目する系（ここでは A 系）にのみ作用するクラウス演算子でクラウス表現 (operator–sum representation) として表せる．物理的には環境と相互作用している系で環境を測定するがその測定結果がわからないことを表している．

$$(\mathcal{E}_A \otimes \mathcal{I}_B) \hat{\rho}_{AB} = \sum_j \hat{M}_j \hat{\rho}_{AB} \hat{M}_j^\dagger \tag{4.54}$$

なお，式 (4.54) の表現は一つではなく，違うクラウス演算子が同じ入出力の状態を結ぶことがある．

$$\hat{\rho}_{\text{out}} = \sum_j \hat{M}_j \hat{\rho}_{\text{in}} \hat{M}_j^\dagger = \sum_k \hat{N}_k \hat{\rho}_{\text{in}} \hat{N}_k^\dagger \tag{4.55}$$

このとき，クラウス演算子同士はユニタリ行列で結ばれる．

$$\hat{N}_k = \sum_j v_{kj} \hat{M}_j \tag{4.56}$$

この CPTP マップの任意性は次のように理解できる．図 4.2 に示すように，合成系 A + E に対するユニタリ変換の後で別のユニタリ変換 $\hat{1}_A \otimes \hat{V}_E$ を作用させても注目する系 A の状態は変わらない．このとき，

$$\hat{N}_k = {}_E\langle k|(\hat{1}_A \otimes \hat{V}_E)\hat{U}|0\rangle_E$$

$$= \hat{1}_A \otimes {}_E\langle k| \hat{V}_E \left(\sum_j |j\rangle_E \langle j|\right) \hat{U} |0\rangle_E$$

$$= \sum_j \left(\hat{1}_A \otimes {}_E\langle k| \hat{V}_E |j\rangle_E\right) {}_E\langle j|\hat{U}|0\rangle_E$$

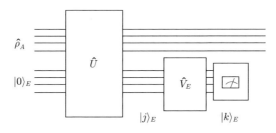

図 **4.2** クラウス演算子の任意性

$$= \sum_j v_{kj} \hat{M}_j \tag{4.57}$$

が成り立つ.ただし,$v_{kj} = {}_E\langle k|\hat{V}_E|j\rangle_E$ である.

演習問題 4.3

ユニバーサル NOT が正写像だが完全正写像でないことを示せ.ただし,ユニバーサル NOT を表す線形写像 $\mathcal{U}_{\mathrm{NOT}}$ は

$$\mathcal{U}_{\mathrm{NOT}}(\hat{1}) = \hat{1},$$
$$\mathcal{U}_{\mathrm{NOT}}(\hat{\sigma}_i) = -\hat{\sigma}_i \quad (i=1,2,3)$$

あるいは

$$\mathcal{U}_{\mathrm{NOT}}(|0\rangle\langle 0|) = |1\rangle\langle 1|,$$
$$\mathcal{U}_{\mathrm{NOT}}(|1\rangle\langle 1|) = |0\rangle\langle 0|,$$
$$\mathcal{U}_{\mathrm{NOT}}(|i\rangle\langle j|) = -|i\rangle\langle j| \quad (i \neq j)$$

と書ける.完全正写像でないことを示すには,出力状態の固有値が負になる入力状態があることを示せばよい.もつれ合った状態,たとえば,$\hat{\rho}_{AB} = |\Phi^{(+)}\rangle\langle\Phi^{(+)}|$ を入力してみるとよい.

■**アンシラの大きさ** ここまでは,アンシラ系の大きさについては考えてこなかった.CPTP マップを記述するためにはアンシラ系の空間の次元はどれだけ必要だろうか.あまり大きくてはとても扱いきれないが,幸い,考えている系の次元の 2 乗だけあれば十分である.このことを示すために,$\hat{\rho}_{\mathrm{in}}$ の純粋化 $|\Psi\rangle_{AR}$ を考える.純粋化でやったことを思い出すと,R 系の次元は $\hat{\rho}_{\mathrm{in}}$ のランク以上であればよい.密度行列のランクは高々その系の空間の次元である.そのため,A 系のヒルベルト空間の次元を n とすると,R 系のヒルベルト空間の次元は高々 n あればよい.合成系 A + R の次元はテンソル積なので高々 n^2 となる.さらに,環境系も含めて全体を合成した系 A + R + E を考える.全体系は純粋状態にあると考えてよいから,A + R 系の正規直交基底 $\{|j\rangle_{AR}\}$ を使ってシュミット分解することができる.

$$|\Phi\rangle_{ARE} = \sum_{j=1}^d \sqrt{\lambda_j} |j\rangle_{AR} |j\rangle_E \tag{4.58}$$

ここで,d はシュミットランクであったから,A + R の次元を超えない.つまり,高々 $d = n^2$ である.よって,アンシラ系の空間の次元は n^2 あれば十分である.たとえば,量子ビットに対しては 4 次元のアンシラ空間を用意すればよい.

■ **量子力学の公準 (postulates) ふたたび**　　以上のように，量子状態の表し方，変換と測定が一般化された形で与えられたため，2.2節で述べた量子力学の公準は強すぎる，いわば「注文の多い」量子力学であったことがわかった．そこで，新たな公準として以下のことを要請する．

1. 量子力学的状態はヒルベルト空間における密度行列で表される．
2. 物理量（オブザーバブル）はエルミート演算子で表される（これは変わらない）．
3. 量子状態の測定は完全性関係 $\sum_j \hat{E}_j = \hat{1}$ を満たす正値演算子の組 $\{\hat{E}_1,\ldots,\hat{E}_n\}$ で表される．なお，このような演算子は $\hat{E}_j = \hat{M}_j^\dagger \hat{M}_j$ の形で書ける．状態 $\hat{\rho}$ を測定すると，確率 $\mathrm{tr}(\hat{E}_i\hat{\rho})$ で結果 i が得られ，測定後の状態は $\hat{M}_i\hat{\rho}\hat{M}_i^\dagger/\mathrm{tr}(\hat{E}_i\hat{\rho})$ となる．
4. 量子状態の変化は CPTP マップで表せる．

前の公準のほうがなじみのある言葉で書かれていたが，より一般的な表現を与えるためには多少数学的にならざるを得ない．しかし，慣れていけば，より現実的な世界を記述できる表現のすごさがわかってくるはずである．

4.2.2 ｜ 1量子ビットに対する量子チャネル

以下に，1量子ビットの状態の変化を表す量子チャネルの表現 (operator-sum representation) を具体的に与えよう．これらはノイズや減衰が与える影響を表しているので，現実の問題としても有用である．先に述べたように一般的な証明には CPTP マップを仮定して，アンシラ系を含めた純粋状態のユニタリ変換を考えるが，物理系によっては特定のノイズや減衰が起きやすい状況があるので，特別な場合を調べることにも意味がある．また，このように具体的で解析が簡単な場合を調べて見当をつけることもよくやられることである．

さて，以下の量子チャネルのそれぞれのはたらきはブロッホ球上の点の変換を考えると明確になる．量子チャネルを作用させた後の状態は混合状態なので，もはや半径1の球面上になく，つぶれた形になる．

■ **デポーラライジングチャネル (depolarizing channel)**　　確率 p で完全な混合状態 $\hat{1}/2$ になる．つまり，状態ベクトルの向きに関する情報を失う．

$$\mathcal{E}_{DP}(\hat{\rho}) = p\frac{\hat{1}}{2} + (1-p)\hat{\rho} \tag{4.59}$$

この式の形は意味をつかみやすいが，式 (4.45) の形になっていない．別の表式として

$$\hat{1} = \frac{\hat{\rho} + \hat{\sigma}_x \hat{\rho} \hat{\sigma}_x + \hat{\sigma}_y \hat{\rho} \hat{\sigma}_y + \hat{\sigma}_z \hat{\rho} \hat{\sigma}_z}{2} \tag{4.60}$$

が任意の $\hat{\rho}$ について成り立つことから

$$\mathcal{E}_{DP}(\hat{\rho}) = (1-q)\hat{\rho} + \frac{q}{3}\left(\hat{\sigma}_x \hat{\rho} \hat{\sigma}_x + \hat{\sigma}_y \hat{\rho} \hat{\sigma}_y + \hat{\sigma}_z \hat{\rho} \hat{\sigma}_z\right) \tag{4.61}$$

がよく使われる．ただし，$q = 3p/4$ である．パウリ演算子はエルミート $\hat{\sigma}_i^\dagger = \hat{\sigma}_i$ なので operator-sum representation の形になっている．$\{\sqrt{1-q}\hat{1}, \sqrt{q/3}\hat{\sigma}_x, \sqrt{q/3}\hat{\sigma}_y, \sqrt{q/3}\hat{\sigma}_z\}$ の四つのクラウス演算子で表されていることがわかる．

ブロッホ球上の点は，デポーラライジングチャネルでは一様につぶれた，半径の小さな球上の点になる．

■**ビット反転 (bit flip) と位相反転 (phase flip)**　ビット反転チャネルでは確率 p でビット値が反転する（$|0\rangle \leftrightarrow |1\rangle$）．ビットを反転させる演算子は $\hat{\sigma}_x$ であるので，量子チャネルの表現は

$$\mathcal{E}_{BF}(\hat{\rho}) = (1-p)\hat{\rho} + p\hat{\sigma}_x \hat{\rho} \hat{\sigma}_x \tag{4.62}$$

となる．ブロッホ球上の点は $\hat{\sigma}_x$ の固有状態である x 軸方向については変わらないが，yz 方向はつぶれてしまう．

また，位相反転チャネルでは確率 p で位相が反転する（$|0\rangle \to |0\rangle; |1\rangle \to -|1\rangle$）．位相反転を与える演算子は $\hat{\sigma}_z$ であるので，量子チャネルの表現は

$$\mathcal{E}_{PF}(\hat{\rho}) = (1-p)\hat{\rho} + p\hat{\sigma}_z \hat{\rho} \hat{\sigma}_z \tag{4.63}$$

となる．ブロッホ球上の点は $\hat{\sigma}_z$ の固有状態である z 軸方向については変わらないが，xy 方向はつぶれてしまう．

■**振幅ダンピング (amplitude dumping)**　物理系がエネルギーを失う場合を考える．光子の場合，図 4.3 のような**ビームスプリッタモデル**がよく使われる．光子の振幅の一部が透過し，他は反射して最終的には環境に放射されて系から失われる．

0 光子の状態を $|0\rangle$，1 光子の状態を $|1\rangle$ とすると，状態の変化を表すユニタリ変換は次のように表せる．

$$|0\rangle_A |0\rangle_E \mapsto |0\rangle_A |0\rangle_E \tag{4.64a}$$

$$|1\rangle_A |0\rangle_E \mapsto t|1\rangle_A |0\rangle_E + r|0\rangle_A |1\rangle_E \tag{4.64b}$$

$$|0\rangle_A |1\rangle_E \mapsto -r^*|1\rangle_A |0\rangle_E + t^*|0\rangle_A |1\rangle_E \tag{4.64c}$$

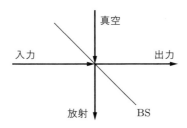

図 4.3 ビームスプリッタモデル．入力した振幅は透過率 t で透過し，反射率 r で反射する．反射した光子は環境に放射されて最終的には消える．ビームスプリッタのもう一つの入力は環境系で，初期状態は通常真空 $|0\rangle_E$ にとる．

ただし $|t|^2 + |r|^2 = 1$ が満たされているものとする．最初の式は，光子がどこにもなければ，いくら変換しても光子は現れないということを表している．2番目の式は，物理系の光子が透過または反射する事象を確率振幅で表している．3番目の式は，この逆過程で環境系の光子が透過または反射する事象を確率振幅で表している．変換がユニタリであるためにはこのように逆過程を同時に考慮しなければならない．ここでは，光子数が0または1の状態だけを考えているので，ヒルベルト空間は $\{|0\rangle_A |0\rangle_E, |1\rangle_A |0\rangle_E, |0\rangle_A |1\rangle_E\}$ で張られている．これら三つのベクトルが互いに直交するのは明らかなので，正規直交基底をなす．さて，$|\phi\rangle \mapsto |\psi\rangle$ を演算子で表すには $|\psi\rangle\langle\phi|$ とすればよいから，この変換は演算子 $\hat{U}$ によって

$$\hat{U} = |0\rangle_A \langle 0| \otimes |0\rangle_E \langle 0| + (t|1\rangle_A |0\rangle_E + r|0\rangle_A |1\rangle_E)\,{}_A\langle 1|\,{}_E\langle 0|$$
$$+ (-r^*|1\rangle_A |0\rangle_E + t^*|0\rangle_A |1\rangle_E)\,{}_A\langle 0|\,{}_E\langle 1| \tag{4.65}$$

と書ける．これが本当にユニタリであることは，$\hat{U}^\dagger \hat{U}$ を直接計算すれば簡単に確かめることができる．環境系の初期状態は $|0\rangle_E$ なので，クラウス演算子は

$$\hat{M}_0 = {}_E\langle 0|\hat{U}|0\rangle_E = |0\rangle_A \langle 0| + t|1\rangle_A \langle 1| \tag{4.66a}$$
$$\hat{M}_1 = {}_E\langle 1|\hat{U}|0\rangle_E = r|0\rangle_A \langle 1| \tag{4.66b}$$

になり，量子チャネルは

$$\begin{aligned}\mathcal{E}_{AD}(\hat{\rho}) &= (|0\rangle_A \langle 0| + t|1\rangle_A \langle 1|)\hat{\rho}(|0\rangle_A \langle 0| + t^*|1\rangle_A \langle 1|) + |r|^2 |0\rangle_A \langle 1|\hat{\rho}|1\rangle_A \langle 0| \\ &= \hat{\rho}_{00} |0\rangle_A \langle 0| + \hat{\rho}_{10} t|1\rangle_A \langle 0| + \hat{\rho}_{01} t^* |0\rangle_A \langle 1| \\ &\quad + \hat{\rho}_{11}(|r|^2 |0\rangle_A \langle 0| + |t|^2 |1\rangle_A \langle 1|)\end{aligned} \tag{4.67}$$

と表せる．ここで，

$$\hat{\rho}_{ij} = {}_A\langle i|\hat{\rho}|j\rangle_A, \quad i, j = 0, 1 \tag{4.68}$$

である．もし，A 系がさらに B 系と合成系をなしているときは，$\hat{\rho}_{ij}$ は B 系についての密度行列になるため，演算子として表記している．

■**位相ダンピング (phase damping)**　注目している物理系の粒子が環境系の粒子と弾性散乱する場合，エネルギーは変わらないが位相の記憶を失う．振幅ダンピングのときと同様に，粒子が 0 個の状態を $|0\rangle$，粒子 1 個の状態を $|1\rangle$ とする．相互作用ハミルトニアンの形は次のようにして決められる．

散乱が起きるのは物理系に粒子があるときに限られる．また，散乱によって粒子がなくなることはないので，$|1\rangle_A \langle 1|$ の因子がなければならない．さらに散乱によって環境系で粒子 1 個が励起される過程 $|1\rangle_E \langle 0|$ が考えられるが，ハミルトニアンはエルミートなので，エルミート共役な項 $|0\rangle_E \langle 1|$ もハミルトニアンに含める必要がある．この項は物理的には逆過程にあたり，環境系から粒子が一つ失われる過程を表す．以上の条件を満たす最も簡単な形のハミルトニアンは

$$\hat{H} = \hbar \chi |1\rangle_A \langle 1| \otimes (|1\rangle_E \langle 0| + |0\rangle_E \langle 1|) \tag{4.69}$$

である．定数 χ は時間の逆数の次元をもち，相互作用の強さを表している．このハミルトニアンが時間 t だけ作用したときの状態の変化は，ユニタリ変換

$$\hat{U} = \exp\left[i\hat{H}t/\hbar\right] = \exp\left[i\chi t |1\rangle_A \langle 1| \otimes (|1\rangle_E \langle 0| + |0\rangle_E \langle 1|)\right] \tag{4.70}$$

で表せる．さらに計算を進めるためには演算子の指数関数が必要になる．演算子の関数はテイラー展開すれば求められるということを知っているので，

$$\exp[i\hat{X}] = \hat{1} + i\hat{X} - \frac{1}{2}\hat{X}^2 + \cdots$$

を使う．演算子の n 乗が必要になるが，A 系の演算子と E 系の演算子は交換するから，個別に求めて掛け算すればよい．$(|1\rangle_A \langle 1|)^n = |1\rangle_A \langle 1|$ は容易にわかる．また，

$$(|1\rangle_E \langle 0| + |0\rangle_E \langle 1|)^2 = |0\rangle_E \langle 0| + |1\rangle_E \langle 1|$$
$$(|1\rangle_E \langle 0| + |0\rangle_E \langle 1|)^3 = |1\rangle_E \langle 0| + |0\rangle_E \langle 1|$$

なので，一般に

$$(|1\rangle_E \langle 0| + |0\rangle_E \langle 1|)^n = \begin{cases} |1\rangle_E \langle 0| + |0\rangle_E \langle 1| & n : 奇数 \\ |0\rangle_E \langle 0| + |1\rangle_E \langle 1| & n : 偶数 \end{cases} \tag{4.71}$$

となり，結局

$$\hat{U} = |0\rangle_A \langle 0| \otimes (|0\rangle_E \langle 0| + |1\rangle_E \langle 1|) + \cos(\chi t)|1\rangle_A \langle 1| \otimes (|0\rangle_E \langle 0| + |1\rangle_E \langle 1|)$$
$$+ i\sin(\chi t)|1\rangle_A \langle 1| \otimes (|1\rangle_E \langle 0| + |0\rangle_E \langle 1|) \tag{4.72}$$

が得られる．環境系の初期状態は $|0\rangle_E$ なので量子チャネルを表すクラウス演算子は

$$\hat{M}_0 = {}_E\langle 0|\hat{U}|0\rangle_E = |0\rangle_A \langle 0| + \sqrt{1-\gamma^2}|1\rangle_A \langle 1| \tag{4.73a}$$

$$\hat{M}_1 = {}_E\langle 1|\hat{U}|0\rangle_E = i\gamma |1\rangle_A \langle 1| \tag{4.73b}$$

になる．ここで，$\gamma = \sin(\chi t)$ である．量子チャネルは

$$\mathcal{E}_{PD}(\hat{\rho}) = \left(|0\rangle_A \langle 0| + \sqrt{1-\gamma^2}|1\rangle_A \langle 1|\right) \hat{\rho} \left(|0\rangle_A \langle 0| + \sqrt{1-\gamma^2}|1\rangle_A \langle 1|\right)$$
$$+ \gamma^2 |1\rangle_A \langle 1| \hat{\rho} |1\rangle_A \langle 1| \tag{4.74}$$

と表せる．

演習問題 4.4

位相反転チャネルのクラウス演算子は式 (4.63) から，$\sqrt{1-p}\hat{1}$ と $\sqrt{p}\hat{\sigma}_z$ である．$p=1/2$ のとき，これらを計算基底でビット値を測定する射影演算子 $\hat{P}_0 = |0\rangle\langle 0|$ と $\hat{P}_1 = |1\rangle\langle 1|$ の線形結合で表したとき，係数がつくる行列がユニタリであることを示せ．

この結果を使うと，CPTP チャネルがもつユニタリ変換分の任意性によって位相反転チャネル (4.63) は

$$\mathcal{E}_{PF}(\hat{\rho}) = \hat{P}_0 \hat{\rho} \hat{P}_0 + \hat{P}_1 \hat{\rho} \hat{P}_1 \tag{4.75}$$

と表せる．

同様にビット反転チャネルも相対位相の値 $\{0, \pi\}$ を測定する射影演算子 $\hat{P}_+ = |+\rangle\langle +|$ と $\hat{P}_- = |-\rangle\langle -|$ を使うと

$$\mathcal{E}_{BF}(\hat{\rho}) = \hat{P}_+ \hat{\rho} \hat{P}_+ + \hat{P}_- \hat{\rho} \hat{P}_- \tag{4.76}$$

と表せることを示せ．ただし，$|\pm\rangle = \sqrt{1/2}(|0\rangle \pm |1\rangle)$ である．これらのことは，ビット（位相）測定を行うと位相（ビット値）が擾乱を受けるという，量子力学特有の相補性の現れである．

4.3 量子状態はどれだけ似ているか

二つの量子状態がどれだけ似ているか，あるいはどの程度判別可能かという問題は量子情報にとって非常に重要である．感度・精度の高い測定を目指している場合はもちろん，量子暗号においても量子状態の判別可能性が本質的な役割を果たす．

4.3.1 内積

ここではまず，二つの純粋状態 $|\psi\rangle$ と $|\phi\rangle$ を考えよう．状態ベクトルが平行であれ

ば判別は不可能（同じ状態ベクトルなので当然そうなる）であり，直交していれば誤りなく判別可能である．そこで，判別可能性を扱うとき，内積を考えるのが自然である．内積の絶対値の 2 乗は二つのベクトルの間の角度を θ だとすると $|\langle \phi | \psi \rangle|^2 = |\cos \theta|^2$ であるから，確かに最大となるのはベクトルが平行のときで値 1 を，最小となるのはベクトルが直交するときで値 0 をとる．また，この値は状態 $|\phi\rangle$ を測定演算子 $|\psi\rangle \langle \psi|$ で射影測定したとき結果が肯定的になる確率，つまり状態 $|\phi\rangle$ を $|\psi\rangle$ と見誤る確率となっている．以下では，判別可能性を内積によって定量的に表現する．

■**ヘルストロム限界** 二つの純粋状態 $|\psi\rangle$ と $|\phi\rangle$ を最小誤り確率で判別することを考える．とりあえず，二つの状態をとる先験的な確率は等しく，他の状態をとることはないとする．つまり，$P(|\psi\rangle) = P(|\phi\rangle) = 1/2$ とする．ある装置で状態を測定することを考える．この測定は直交している二つの状態 $\{|m_0\rangle, |m_1\rangle\}$ を用いた射影演算子で表せる．

$$\hat{M}_0 = |m_0\rangle \langle m_0| \tag{4.77a}$$

$$\hat{M}_1 = |m_1\rangle \langle m_1| \tag{4.77b}$$

ただし，上の式で測定が表されるための条件

$$\hat{M}_0 + \hat{M}_1 = \hat{1} \tag{4.78}$$

が満たされているものとする．直交する状態を測定に用いるのは測定器の出力を確定するために必要なことである．

測定結果が 0 のとき状態は $|\psi\rangle$，1 のとき $|\phi\rangle$ と判別する．測定結果が誤りであるのは，状態がその逆，つまり 0 のとき $|\phi\rangle$，あるいは 1 のとき $|\psi\rangle$ であったときなので，誤り確率は

$$\begin{aligned} p_F &= P(|\psi\rangle) \langle \psi | \hat{M}_1 | \psi \rangle + P(|\phi\rangle) \langle \phi | \hat{M}_0 | \phi \rangle \\ &= \frac{1}{2} \left(\langle \psi | \hat{M}_1 | \psi \rangle + \langle \phi | \hat{M}_0 | \phi \rangle \right) \end{aligned} \tag{4.79}$$

で表せる．そこで，これを最小化する．条件 (4.78) を使うと

$$\begin{aligned} p_F &= \frac{1}{2} \left(1 - \langle \psi | \hat{M}_0 | \psi \rangle + \langle \phi | \hat{M}_0 | \phi \rangle \right) \\ &= \frac{1}{2} \left(1 - \langle m_0 | (|\psi\rangle \langle \psi| - |\phi\rangle \langle \phi|) | m_0 \rangle \right) \end{aligned} \tag{4.80}$$

である．ここで，$\hat{\Xi} = |\psi\rangle \langle \psi| - |\phi\rangle \langle \phi|$ は線形演算子であり，$\hat{\Xi}$ はエルミートなので実

数の固有値をもつ．そのため，$|m_0\rangle$ を $\hat{\Xi}$ の正の最大固有値 ϵ_0 に属する固有ベクトルにとったとき，誤り確率は最小値 $(1/2)(1-\epsilon_0)$ をとる．具体的に計算を行うために，$\hat{\Xi}$ を正規直交基底で書き直す．正規直交基底として

$$|u_0\rangle = |\psi\rangle \tag{4.81a}$$

$$|u_1\rangle = \frac{|\phi\rangle - \langle\psi|\phi\rangle\,|\psi\rangle}{\sqrt{1-|\langle\psi|\phi\rangle|^2}} \tag{4.81b}$$

をとる．実はこれはグラム–シュミットの直交化を 2 次元ベクトルについて行ったものである．これらが大きさ 1 で互いに直交しているのは簡単に確かめられる．さて，式 (4.81) を使えば，$\hat{\Xi}$ を

$$\begin{aligned}\hat{\Xi} = {} & (1-|\langle\psi|\phi\rangle|^2)\,|u_0\rangle\langle u_0| - \sqrt{1-|\langle\psi|\phi\rangle|^2}\,\langle\psi|\phi\rangle\,|u_0\rangle\langle u_1| \\ & -\sqrt{1-|\langle\psi|\phi\rangle|^2}\,\langle\phi|\psi\rangle\,|u_1\rangle\langle u_0| - (1-|\langle\psi|\phi\rangle|^2)\,|u_1\rangle\langle u_1|\end{aligned} \tag{4.82}$$

と 2×2 行列で表すことができ，線形代数で習った方法で固有値と固有ベクトルが求められる．その結果得られた最小の誤り確率は

$$p_F^{\min} = \frac{1}{2}\left(1-\sqrt{1-|\langle\psi|\phi\rangle|^2}\right) \tag{4.83}$$

であり，内積の絶対値の 2 乗によって表される．内積が 0 でない場合には誤り確率が 0 にはならないことがわかる．ここで得られた最小誤り確率をヘルストロム (Helstrom) 限界といい，これは 2 状態の判別可能性の限界を示すものである．固有ベクトルからヘルストロム限界を与える最適な測定演算子が求められるが，これが実際につくれるかは別の問題である．

4.3.2 フィデリティ

次に内積を一般化して混合状態の判別可能性を考えよう．そのため**フィデリティ** (fidelity) という量を定義する．これは日本語では忠実度とよばれる．まず，純粋状態間のフィデリティを内積の絶対値に等しいものと定義する．

$$F(|\phi\rangle,|\psi\rangle) = |\langle\phi|\psi\rangle| \tag{4.84}$$

混合状態 $\hat{\rho}=\sum_k p_k |\xi_k\rangle\langle\xi_k|$ と $\hat{\sigma}=\sum_k q_k |\zeta_k\rangle\langle\zeta_k|$ のフィデリティを定義するために，$|\phi\rangle$ と $|\psi\rangle$ をそれらの純粋化と考える．つまり，

$$\hat{\rho} = \mathrm{tr}_R\,|\phi\rangle\langle\phi| \tag{4.85a}$$

$$\hat{\sigma} = \mathrm{tr}_R \ket{\psi}\bra{\psi} \tag{4.85b}$$

とする．ところが，周辺化すると同じ密度行列を与える純粋化が複数存在する．フィデリティの値を一つに決めるために，最大値をとるものと約束する．

$$F(\hat{\rho}, \hat{\sigma}) = \max_{\phi,\psi} |\braket{\phi|\psi}| \tag{4.86}$$

しかし，最大化は実際の計算には不向きなので別の表式を求めよう．純粋化された状態は次のような形で表すことができる．

$$\ket{\phi} = \left(\sqrt{\hat{\rho}} \otimes \hat{1}_R\right) \sum_k \ket{k}_A \ket{k}_R \tag{4.87a}$$

$$\ket{\psi} = \left(\sqrt{\hat{\sigma}} \otimes \hat{1}_R\right) \sum_k \ket{k}_A \ket{k}_R \tag{4.87b}$$

ここで，$\{\ket{k}_A\}$ と $\{\ket{k}_R\}$ はそれぞれ，A系とR系の正規直交基底である．これらを周辺化すると密度行列 $\hat{\rho}$, $\hat{\sigma}$ が得られることは簡単に示すことができる．たとえば，$\hat{\rho}$ の固有値 $\{\lambda_i\}$ と固有ベクトル $\ket{\varphi_i}$ を使うと $\sqrt{\hat{\rho}} = \sum_i \sqrt{\lambda_i} \ket{\varphi_i}\bra{\varphi_i}$ なので

$$\begin{aligned}
\mathrm{tr}_R(\ket{\phi}\bra{\phi}) &= \sum_{i,j,k,l,m=1}^{d} {}_R\bra{i} \left(\sqrt{\lambda_j} \ket{\varphi_j}_A \braket{\varphi_j|k}_A \ket{k}_R \bra{l}_A \bra{l} \sqrt{\lambda_m} \ket{\varphi_m}_A \bra{\varphi_m}\right) \ket{i}_R \\
&= \sum_{j,k=1}^{d} \sqrt{\lambda_j} \ket{\varphi_j}_A \bra{\varphi_j} \left(\sum_{i=1}^{d} \ket{i}_A \bra{i}\right) \sqrt{\lambda_k} \ket{\varphi_k}_A \bra{\varphi_k} \\
&= \sum_{j=1} \lambda_j \ket{\varphi_j}_A \bra{\varphi_j}
\end{aligned}$$

が得られる．式 (4.37) で見たように，異なる純粋化は密度行列を対角化する基底をユニタリ行列で変換することで表される．

$$\begin{aligned}
\ket{\tilde{\phi}} &= \left(\hat{1}_A \otimes \hat{U}_R\right) \left(\sqrt{\hat{\rho}} \otimes \hat{1}_R\right) \sum_k \ket{k}_A \ket{k}_R \\
&= \left(\sqrt{\hat{\rho}} \otimes \hat{1}_R\right) \sum_k \left(\hat{1}_A \otimes \hat{U}_R\right) \ket{k}_A \ket{k}_R \\
&= \sum_k \sqrt{\hat{\rho}} \hat{U}_A \ket{k}_A \ket{k}_R
\end{aligned} \tag{4.88}$$

ただし，式 (4.43) を使って $\hat{U}_A = \hat{U}_R^T$ としている．同様に

$$\ket{\tilde{\psi}} = \sum_k \sqrt{\hat{\sigma}} \hat{V}_A \ket{k}_A \ket{k}_R \tag{4.89}$$

と書ける．そのため，フィデリティは

$$\begin{aligned} F(\hat{\rho},\hat{\sigma}) &= \max_{\hat{U}_A,\hat{V}_A} \left| \sum_{k,l} {}_A\langle k|{}_R\langle k|\hat{U}_A^\dagger \sqrt{\hat{\rho}}\sqrt{\hat{\sigma}}\hat{V}_A |l\rangle_A |l\rangle_R \right| \\ &= \max_{\hat{U}_A,\hat{V}_A} \left| \sum_k {}_A\langle k|\hat{U}_A^\dagger \sqrt{\hat{\rho}}\sqrt{\hat{\sigma}}\hat{V}_A|k\rangle_A \right| = \max_{\hat{U}_A,\hat{V}_A} \left| \mathrm{tr}\left(\hat{U}_A^\dagger \sqrt{\hat{\rho}}\sqrt{\hat{\sigma}}\hat{V}_A\right) \right| \\ &= \max_{\hat{W}} \left| \mathrm{tr}\left(\sqrt{\hat{\rho}}\sqrt{\hat{\sigma}}\hat{W}\right) \right| \end{aligned} \tag{4.90}$$

と表すことができる．ただし，最後の式では $\hat{W} = \hat{V}_A \hat{U}_A^\dagger$ としている．最大値はあらゆる可能な $\hat{U}_A, \hat{V}_A$ の組についてとるが，これは $\hat{W}$ について最大化するのと同じことである．最大化したときの値は式 (2.58) より，

$$F(\hat{\rho},\hat{\sigma}) = \|\sqrt{\hat{\rho}}\sqrt{\hat{\sigma}}\| \tag{4.91}$$

となって，密度行列の平方根の積のトレースノルムで表せる．これを**ウルマン (Uhlmann) の定理**という．

量子状態間のフィデリティは，古典的な確率密度分布 $P(\mathbf{x})$ と $Q(\mathbf{x})$ のフィデリティ

$$F(P,Q) = \sum_{\mathbf{x}} \sqrt{P(\mathbf{x})}\sqrt{Q(\mathbf{x})} \tag{4.92}$$

に対応した形をしている．また，式 (4.91) はトレースノルムの定義 (2.56) により

$$\begin{aligned} F(\hat{\rho},\hat{\sigma}) &= \mathrm{tr}\sqrt{\sqrt{\hat{\sigma}}\sqrt{\hat{\rho}}\sqrt{\hat{\rho}}\sqrt{\hat{\sigma}}} \\ &= \mathrm{tr}\sqrt{\sqrt{\hat{\sigma}}\hat{\rho}\sqrt{\hat{\sigma}}} \end{aligned} \tag{4.93}$$

と書ける．ここで，$\hat{\rho}$ と $\hat{\sigma}$ がエルミートであることから $\sqrt{\hat{\rho}}^\dagger = \sqrt{\hat{\rho}}$, $\sqrt{\hat{\sigma}}^\dagger = \sqrt{\hat{\sigma}}$ となることを使った．フィデリティの表式としてはこちらのほうが広く用いられている[♦]．

密度行列 $\hat{\rho}$ で表された混合状態と純粋状態 $|\psi\rangle$ の間のフィデリティは上の式 (4.93) に $\hat{\sigma} = |\psi\rangle\langle\psi|$ を代入することにより，

$$F(\hat{\rho},|\psi\rangle) = \sqrt{\langle\psi|\hat{\rho}|\psi\rangle} \tag{4.94}$$

が得られる．ここで，$(|\psi\rangle\langle\psi|)^2 = |\psi\rangle\langle\psi|$ なので $\sqrt{\hat{\sigma}} = |\psi\rangle\langle\psi|$ であることを使う．

前に述べたように，内積の絶対値の 2 乗は状態 $|\phi\rangle$ を $|\psi\rangle$ と見誤る確率と解釈でき

[♦] ここでいう F^2 をフィデリティとすることもある（たとえば小芦・小柴『量子暗号理論の展開』(2008)）．本書ではより広く使われていると思われるニールセン・チャン『量子コンピュータと量子通信』(2000) の流儀に従うことにした．

る．また，混合状態と純粋状態のフィデリティの 2 乗は，混合状態を純粋状態と見誤る確率の期待値とみることができる．残念ながら混合状態同士のフィデリティでこのような解釈をすることはできないようである．しかし，$1-F$ あるいは $1-F^2$ は，状態の判別可能性の定量的な指標として量子情報理論では重要な役割を果たす．

以下にフィデリティの性質をまとめておく．

1. 交換について対称：
$$F(\hat{\rho},\hat{\sigma}) = F(\hat{\sigma},\hat{\rho}) \tag{4.95a}$$

2. 同じ状態に対するフィデリティは 1：
$$F(\hat{\rho},\hat{\sigma}) = 1 \Leftrightarrow \hat{\rho} = \hat{\sigma} \tag{4.95b}$$

3. 直交している状態のフィデリティは 0：
$$F(\hat{\rho},\hat{\sigma}) = 0 \Leftrightarrow \hat{\rho}\hat{\sigma} = 0 \tag{4.95c}$$

2，3 より，フィデリティのとりうる値は $0 \leq F(\hat{\rho},\hat{\sigma}) \leq 1$ である．

4. 直積状態のフィデリティは積になる：
$$F(\hat{\rho}_1 \otimes \hat{\rho}_2, \hat{\sigma}_1 \otimes \hat{\sigma}_2) = F(\hat{\rho}_1,\hat{\sigma}_1)F(\hat{\rho}_2,\hat{\sigma}_2) \tag{4.95d}$$

5. あらゆる物理過程でフィデリティは減少しない：
$$F(\hat{\rho},\hat{\sigma}) \leq F(\mathcal{E}(\hat{\rho}),\mathcal{E}(\hat{\sigma})) \tag{4.95e}$$

6. フィデリティの強凹性 (strong concavity)：
$$F(\sum_i p_i \hat{\rho}_i, \sum_i q_i \hat{\sigma}_i) \geq \sum_i \sqrt{p_i q_i} F(\hat{\rho}_i,\hat{\sigma}_i) \tag{4.95f}$$

トレースノルムの定義を使えば 1～4 を示すことは難しくないだろう．5 番目のフィデリティの単調性は，二つの状態が与えられたとき，量子力学的な操作によって判別可能性を向上させることは不可能であることを主張している．重要な性質なので証明しておこう．

◆証明◆ 状態ベクトル $|\phi\rangle$ と $|\psi\rangle$ をそれぞれ，フィデリティを与える $\hat{\rho}$ と $\hat{\sigma}$ の純粋化とする．すなわち，$F(\hat{\rho},\hat{\sigma}) = |\langle\psi|\phi\rangle|$ を満たすように純粋化を行ったとする．アンシラの初期状態を $|0\rangle_E$ と書くと，量子チャネルは $|\phi\rangle \otimes |0\rangle_E$ または $|\psi\rangle \otimes |0\rangle_E$ にユニタリ変換 $\hat{U}$ を行ったもので表せる．つまり，$\hat{U}|\phi\rangle \otimes |0\rangle_E$ は $\mathcal{E}(\hat{\rho})$ の純粋化となっている．フィデリティは純粋化した状態の内積の最大値であったので

$$F(\mathcal{E}(\hat{\rho}),\mathcal{E}(\hat{\sigma})) \geq \left|\langle\phi|\langle 0|\hat{U}^\dagger\hat{U}|\psi\rangle|0\rangle\right|$$

$$= |\langle \phi | \psi \rangle| = F(\hat{\rho}, \hat{\sigma}) \qquad (4.96) \square$$

この証明では，物理的な実現可能な操作は CPTP マップで表されること，さらに CPTP マップは適当なアンシラを付け加えてユニタリ変換を行った後でトレースをとってアンシラを消去することと等価であることを利用している．トレースをとる前の状態はトレース後の状態の純粋化であり，トレース後の状態についてのフィデリティは純粋化された状態間のフィデリティ（内積）の最大値であるということがうまく使われている．このように，純粋状態とユニタリ変換という扱いやすいものを考えてみるというのは量子情報理論における定石である．なお，この証明の途中の部分から，ユニタリ変換でフィデリティが変わらないことがわかる．ユニタリ変換はヒルベルト空間内の回転に相当するので，判別可能性が変わることはないのは当然の結果である．

フィデリティの単調性を使うと次のような性質が証明できる．二つの状態 $\hat{\rho}_A$ と $\hat{\sigma}_A$ が与えられているとする．また，$\hat{\sigma}_A$ を AR 系に拡張した状態 $\hat{\sigma}_{AR}$ が与えられ，$\mathrm{tr}_R \hat{\sigma}_{AR} = \hat{\sigma}_A$ が満たされているものとする．このとき，拡張された状態間のフィデリティがもとの状態間のフィデリティに等しくなるような $\hat{\rho}_A$ の拡張 $\hat{\rho}_{AR}$ が存在する．つまり，

$$F(\hat{\rho}_{AR}, \hat{\sigma}_{AR}) = F(\hat{\rho}_A, \hat{\sigma}_A) \qquad (4.97)$$

が満たされる．

◆ **証明** ◆ フィデリティの単調性から，トレースをとる操作を行ってもフィデリティは減少しない．つまり，常に $F(\hat{\rho}_{AR}, \hat{\sigma}_{AR}) \leq F(\hat{\rho}_A, \hat{\sigma}_A)$ である．等号を成立させるには，ある $\hat{\rho}_{AR}$ が $F(\hat{\rho}_{AR}, \hat{\sigma}_{AR}) \geq F(\hat{\rho}_A, \hat{\sigma}_A)$ となることを示せばよい．そこで，別のアンシラ系 E をもってきてつくった $\hat{\sigma}_{AR}$ の純粋化を $|\phi_\sigma\rangle$ とする．フィデリティの定義から $F(\hat{\rho}_A, \hat{\sigma}_A) = |\langle \phi_\rho | \phi_\sigma \rangle|^2$ となるような純粋状態 $|\phi_\rho\rangle$ が存在する．そこで，$\hat{\rho}_{AR} = \mathrm{tr}_E |\phi_\rho\rangle\langle\phi_\rho|$ とすると，さきほどと同じようにフィデリティの単調性によって $|\langle \phi_\rho | \phi_\sigma \rangle|^2 \leq F(\hat{\rho}_{AR}, \hat{\sigma}_{AR})$ がいえる．したがって，$F(\hat{\rho}_{AR}, \hat{\sigma}_{AR}) \geq F(\hat{\rho}_A, \hat{\sigma}_A)$ であり，証明が完成する． $\square$

演習問題 **4.5**

フィデリティの強凹性 $F(\sum_i p_i \hat{\rho}_i, \sum_i q_i \hat{\sigma}_i) \geq \sum_i \sqrt{p_i q_i} F(\hat{\rho}_i, \hat{\sigma}_i)$ を証明せよ．$\sum_i p_i \hat{\rho}_i$ と $\sum_i q_i \hat{\sigma}_i$ の純粋化 $|\phi\rangle$ と $|\psi\rangle$ を使うとよい．

4.3.3 トレース距離

状態間の違いを定量的に表すものの一つに**トレース距離**（trace distance，あるいは trace norm distance）がある．トレースノルムを用いて二つの密度行列 $\hat{\rho}, \hat{\sigma}$ の間の

トレース距離を

$$D(\hat{\rho}, \hat{\sigma}) = \frac{1}{2}\|\hat{\rho} - \hat{\sigma}\| \tag{4.98}$$

と定義する．これは，古典的な確率密度分布 $P(\mathbf{x})$ と $Q(\mathbf{x})$ の間の距離

$$D(P, Q) = \frac{1}{2}\sum_{\mathbf{x}} |P(\mathbf{x}) - Q(\mathbf{x})| \tag{4.99}$$

を量子情報に拡張したものと考えることができる．

トレース距離は次のような性質をもつ．

1. 交換について対称：

$$D(\hat{\rho}, \hat{\sigma}) = D(\hat{\sigma}, \hat{\rho}) \tag{4.100a}$$

2. 同じ状態に対するトレース距離は 0：

$$D(\hat{\rho}, \hat{\sigma}) = 0 \Leftrightarrow \hat{\rho} = \hat{\sigma} \tag{4.100b}$$

3. 直交している状態のトレース距離は 1：

$$D(\hat{\rho}, \hat{\sigma}) = 1 \Leftrightarrow \hat{\rho}\hat{\sigma} = 0 \tag{4.100c}$$

2, 3 より，トレース距離のとりうる値は $0 \leq D(\hat{\rho}, \hat{\sigma}) \leq 1$ である．

4. トレース距離は三角不等式を満たす：

$$D(\hat{\rho}, \hat{\sigma}) \leq D(\hat{\rho}, \hat{\tau}) + D(\hat{\tau}, \hat{\sigma}) \tag{4.100d}$$

以上の性質から，トレース距離が確かに距離としての条件を満たしていることがわかる．

5. あらゆる物理過程でトレース距離は増加しない：

$$D(\hat{\rho}, \hat{\sigma}) \geq D(\mathcal{E}(\hat{\rho}), \mathcal{E}(\hat{\sigma})) \tag{4.100e}$$

とくに，ユニタリ変換はトレース距離を変えない．

トレースノルムの定義から証明は容易である．ここでは性質 (4.100e) を証明する．

◆証明◆　密度行列 $\hat{\tau}_B$ で表されるアンシラ系との合成系の状態を考える．

$$\hat{\rho}_{AB} = \hat{\rho} \otimes \hat{\tau}_B$$
$$\hat{\sigma}_{AB} = \hat{\sigma} \otimes \hat{\tau}_B$$

このとき，合成系のトレース距離はもとと変わらない．

$$D(\hat{\rho}_{AB},\hat{\sigma}_{AB}) = \frac{1}{2}\|\hat{\rho}_{AB}-\hat{\sigma}_{AB}\| = \frac{1}{2}\|(\hat{\rho}-\hat{\sigma})\otimes\tau_B\|$$
$$= \frac{1}{2}\|\hat{\rho}-\hat{\sigma}\|\|\tau_B\| = \frac{1}{2}\|\hat{\rho}-\hat{\sigma}\| = D(\hat{\rho},\hat{\sigma})$$

合成系に対して $\mathcal{E}(\hat{X}) = \text{tr}_B \hat{U}\hat{X}_{AB}\hat{U}^\dagger$ となるようなユニタリ変換 $\hat{U}$ を行う.ただし,$\hat{X}_{AB}$ は $\hat{\rho}_{AB}$ または $\hat{\sigma}_{AB}$ である.ユニタリ変換でトレース距離が変わらないから,次式が成り立つ.

$$\|\hat{\rho}_{AB}-\hat{\sigma}_{AB}\| = \|\hat{U}(\hat{\rho}_{AB}-\hat{\sigma}_{AB})\hat{U}^\dagger\| = \max_{\hat{V}}\left|\text{tr}\left[\hat{U}(\hat{\rho}_{AB}-\hat{\sigma}_{AB})\hat{U}^\dagger\hat{V}\right]\right|$$
$$\geq \max_{\hat{V}_A}\left|\text{tr}\left[\hat{U}(\hat{\rho}_{AB}-\hat{\sigma}_{AB})\hat{U}^\dagger\left(\hat{V}_A\otimes\hat{1}_B\right)\right]\right|$$
$$= \max_{\hat{V}_A}\left|\text{tr}\left[\left(\text{tr}_B\hat{U}\hat{\rho}_{AB}\hat{U}^\dagger - \text{tr}_B\hat{U}\hat{\sigma}_{AB}\hat{U}^\dagger\right)\hat{V}_A\right]\right|$$
$$= \|\mathcal{E}(\hat{\rho})-\mathcal{E}(\hat{\sigma})\| \qquad \square$$

■**最小誤り確率測定** 二つの純粋状態の判別可能性の限界であるヘルストロム限界を,二つの混合状態 $\hat{\rho}$ と $\hat{\sigma}$ を最小誤り確率で判別する問題に拡張しよう.状態 $\hat{\rho}$ に何らかの測定 $\hat{M}_k = |\phi_k\rangle\langle\phi_k|$ を行って,結果 k を得る確率が p_k であったとする.同様に $\hat{\sigma}$ に測定 $\hat{M}_k$ を行って,結果 k を得る確率が q_k であったとする.これはもとの状態に物理的な操作を行って,混合状態 $\hat{\rho}' = \sum p_k |\phi_k\rangle\langle\phi_k|$ と $\hat{\sigma}' = \sum q_k |\phi_k\rangle\langle\phi_k|$ を得たことになるから,トレース距離の性質によって

$$D(\hat{\rho},\hat{\sigma}) \geq D(\hat{\rho}',\hat{\sigma}') \geq \frac{1}{2}\sum_k |p_k - q_k| \tag{4.101}$$

である.等号が成立するのは以下の場合である.密度行列はエルミートであるので,その差もエルミートである.そのため,正規直交基底 $\{|i\rangle\}$ によって次のようにスペクトル分解が可能である.

$$\hat{\rho} - \hat{\sigma} = \sum_i \lambda_i |i\rangle\langle i| \tag{4.102}$$

密度行列の固有値は正だったが,差をとっているため,λ_i は正負の値をとりうる.エルミート演算子 $\hat{\rho}-\hat{\sigma}$ のトレースノルムは

$$\|\hat{\rho}-\hat{\sigma}\| = \sum_i |\lambda_i| \tag{4.103}$$

である.つまり,測定演算子が $\hat{\rho}-\hat{\sigma}$ の正規直交化された固有ベクトルに対する射影演算子 $\{|i\rangle\langle i|\}$ であるとき,$(1/2)\sum_k |p_k - q_k|$ は最大値 $(1/2)\sum_i |\lambda_i|$ をとる.

状態 $\hat{\rho}$ と $\hat{\sigma}$ を判別する測定演算子を,$\hat{P}_0$ と $\hat{P}_1$ とする.状態を $\hat{\rho}$ と判定するのは測

定結果が 0 のとき，$\hat{\sigma}$ と判定するのは測定結果が 1 のときとする．状態が $\hat{\rho}$ のとき，正しく判定される確率を p_0，誤って $\hat{\sigma}$ と判別する確率を p_1 とする．また，状態が $\hat{\sigma}$ のとき，正しく判別される確率を q_1，誤って判別される確率を q_0 とする．状態 $\hat{\rho}$ と $\hat{\sigma}$ の出現確率が 1/2 であるとすると，判別誤り確率は $p_F = (p_1 + q_0)/2$ である．これは

$$\frac{1}{2}(|p_0 - q_0| + |p_1 - q_1|) = 1 - 2p_F \tag{4.104}$$

を満たす．判別誤り確率が最小になるのは上式 (4.104) が最大になるときで，式 (4.101) より，式 (4.104) の最大値は $\hat{\rho}$ と $\hat{\sigma}$ のトレース距離になる．実際，$\hat{\rho} - \hat{\sigma}$ の正規直交化された固有ベクトルを使って，$\hat{P}_0$ と $\hat{P}_1$ を

$$\begin{cases} \hat{P}_0 = \sum_{i;\lambda_i \geq 0} |i\rangle \langle i| \\ \hat{P}_1 = \sum_{i;\lambda_i < 0} |i\rangle \langle i| \end{cases} \tag{4.105}$$

のように構成すると，式 (4.104) の左辺は

$$\frac{1}{2}(|p_0 - q_0| + |p_1 - q_1|) = \frac{1}{2}\left(\left|\sum_{i;\lambda_i \geq 0} \lambda_i\right| + \left|\sum_{i;\lambda_i < 0} \lambda_i\right|\right) = \frac{1}{2}\sum_i |\lambda_i|$$

$$= \frac{1}{2}\|\hat{\rho} - \hat{\sigma}\| = D(\hat{\rho}, \hat{\sigma}) \tag{4.106}$$

となるので，このときが最大であることがわかる．このようにトレース距離は二つの状態の**最小判別誤り確率**を

$$D(\hat{\rho}, \hat{\sigma}) = 1 - 2p_F^{\min} \tag{4.107}$$

として与えるという操作的な意味をもっている．

■**フィデリティとトレース距離の関係**　　フィデリティとトレース距離の間の関係を調べよう．密度行列 $\hat{\rho}$ と $\hat{\sigma}$ で表される二つに状態に対して，フィデリティとトレース距離の間には次の不等式で表される関係がある．

$$1 - F(\hat{\rho}, \hat{\sigma}) \leq D(\hat{\rho}, \hat{\sigma}) \leq \sqrt{1 - F(\hat{\rho}, \hat{\sigma})^2} \tag{4.108}$$

この不等式を証明しよう．

◆**証明**◆　　まず，左側の不等式を証明する．状態をフィデリティを保存するような POVM$\{\hat{E}_i\}$ で測定する．つまり，状態 $\hat{\rho}$ を測定した結果 i が得られる確率が $\{p_i\}$，状態 $\hat{\sigma}$ を測定した結果 i が得られる確率が $\{q_i\}$ として，

$$F(\hat{\rho}, \hat{\sigma}) = \sum_i \sqrt{p_i}\sqrt{q_i}$$

となるようなPOVM$\{\hat{E}_i\}$を選ぶ．このとき，式(4.101)により，

$$D(\hat{\rho}, \hat{\sigma}) \geq \frac{1}{2}\sum_i |p_i - q_i|$$

が成り立つ．$|p_i - q_i| = |\sqrt{p_i} - \sqrt{q_i}||\sqrt{p_i} + \sqrt{q_i}|$であり，さらに，$0 \leq |\sqrt{p_i} - \sqrt{q_i}| \leq |\sqrt{p_i} + \sqrt{q_i}|$であることを考えると，次が示せる．

$$\begin{aligned}
D(\hat{\rho}, \hat{\sigma}) &\geq \frac{1}{2}\sum_i |p_i - q_i| \\
&\geq \frac{1}{2}\sum_i (\sqrt{p_i} - \sqrt{q_i})^2 \\
&= \frac{1}{2}\left(\sum_i p_i + \sum_i q_i - 2\sum_i \sqrt{p_i}\sqrt{q_i}\right) \\
&= 1 - F(\hat{\rho}, \hat{\sigma})
\end{aligned} \quad (4.109)$$

次に右側の不等式を証明する．フィデリティを与えるような状態の純粋化 $\hat{\rho} \to |\phi_\rho\rangle$，$\hat{\sigma} \to |\phi_\sigma\rangle$ を考える．つまり，

$$F(\hat{\rho}, \hat{\sigma}) = |\langle\phi_\rho|\phi_\sigma\rangle|$$

である．また，トレース距離が物理過程（この場合は部分トレースをとる操作）で増大しないことから，純粋化された状態 $|\phi_\rho\rangle\langle\phi_\rho|$ と $|\phi_\sigma\rangle\langle\phi_\sigma|$ の間のトレース距離は

$$\frac{1}{2}\||\phi_\rho\rangle\langle\phi_\rho| - |\phi_\sigma\rangle\langle\phi_\sigma|\| \geq D(\hat{\rho}, \hat{\sigma}) \quad (4.110)$$

を満たす．ここで，二つの純粋状態の間のトレースノルムは状態を式(4.81)のように正規直交基底で書き直すと式(4.82)の固有値の絶対値の和として求められ，$2\sqrt{1 - |\langle\phi_\rho|\phi_\sigma\rangle|^2}$ になる．つまり，$D(\hat{\rho}, \hat{\sigma}) \leq \sqrt{1 - F(\hat{\rho}, \hat{\sigma})^2}$ が証明された． □

4.3.4 │ 状態の近さを測る

状態がどの程度似ているかを表す尺度として，内積，フィデリティ，トレース距離を見てきた．それでは，正体不明の状態を二つ与えられて，それらが同じかを問われたときは，どのように測定すればよいだろうか．一番確かな方法は4.1.2項に述べたトモグラフィによって密度行列を決め，定義に従ってフィデリティなりトレース距離なりを計算することである．しかし，トモグラフィは手間のかかる方法なので，できればもっと簡単に測定する手段があってほしい．そのために，図4.4(a)に示すような量子回路を使う．使うものはアダマールゲートとCSWAPゲートである．

まず，入力として二つの純粋状態 $|\varphi\rangle_1$ と $|\psi\rangle_2$ を考える．制御量子ビットは最初の

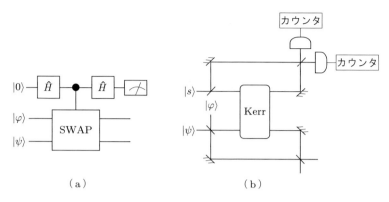

図 4.4 CSWAP テスト．(a) 量子回路，(b) 光学的な実現．上の干渉計への入力は 1 光子状態である．Kerr はカー媒質を表しており，二つの入力光の電場の積に比例して屈折率が変化する．この場合は 1 光子ずつ入力すると位相が π ずれるようにしている．

アダマールゲートで $|0\rangle_C$ と $|1\rangle_C$ の重ね合わせに変換される．CSWAP ゲートの前後で状態は

$$\frac{1}{\sqrt{2}}(|0\rangle_C + |1\rangle_C)|\varphi\rangle_1|\psi\rangle_2 \mapsto \frac{1}{\sqrt{2}}(|0\rangle_C|\varphi\rangle_1|\psi\rangle_2 + |1\rangle_C|\psi\rangle_1|\varphi\rangle_2)$$

のように変化する．さらに，制御ビットにアダマールゲートをかけて整理すると

$$\frac{1}{2}|0\rangle_C(|\varphi\rangle_1|\psi\rangle_2 + |\psi\rangle_1|\varphi\rangle_2) + \frac{1}{2}|1\rangle_C(|\varphi\rangle_1|\psi\rangle_2 - |\psi\rangle_1|\varphi\rangle_2) \quad (4.111)$$

という状態が得られるが，ここで制御ビットを測定して 0 と 1 が得られる確率をそれぞれ $P(0)$ と $P(1)$ とすると

$$P(0) = \frac{1}{2}\left(1 + |\langle\varphi|\phi\rangle|^2\right) \quad (4.112a)$$

$$P(1) = \frac{1}{2}\left(1 - |\langle\varphi|\phi\rangle|^2\right) \quad (4.112b)$$

となり，入力状態ベクトルの内積の 2 乗が

$$|\langle\varphi|\phi\rangle|^2 = P(0) - P(1) \quad (4.113)$$

として求められる．とくに，$|\phi\rangle$ と $|\varphi\rangle$ が同じ状態を表すとき $P(1) = 0$ なので入力が同じ状態であることは結果が 1 にならないことで示せる．この方法は CSWAP テストとよばれることもある．

図 4.4(a) の量子回路は光学的には図 4.4(b) に示すような干渉計で実現できる．この回路における CSWAP ゲートは制御入力が真空のとき入力光がカー媒質をそのまま透過し，1 光子のとき位相が π ずれるため，出力が現れるポートが入れ替わって，SWAP

を作用させたことになる[*]．図 4.4 から，CSWAP テストは制御ゲートによって起きる制御量子ビットの位相シフト（3.2.4 項のキックバック）を検出していることが明らかになる．

入力が密度行列 $\hat{\rho}_1, \hat{\sigma}_2$ で表される混合状態であるとする．図 4.4(a) に示された量子回路は，制御量子ビットにアダマールゲートが作用すると，$\hat{H}|0\rangle_C = |+\rangle_C$, $\hat{H}|1\rangle_C = |-\rangle_C$ となることから，次のようなユニタリ変換に対応する．

$$\hat{H}\,CSWAP\,\hat{H} = |+\rangle_C\langle+| \otimes \hat{1} + |-\rangle_C\langle-| \otimes \hat{U}_S \tag{4.114}$$

ただし，$\hat{U}_S$ は SWAP ゲートを表している．これを使うと，SWAP ゲートについて，$\hat{U}_S^\dagger = \hat{U}_S$ であるから，初期状態 $\hat{\rho}_{\text{ini}} = |0\rangle_C\langle0| \otimes \hat{\rho}_1 \otimes \hat{\sigma}_2$ は次のように変換される．

$$\hat{\rho}_{\text{fin}} = \left(|+\rangle_C\langle+| \otimes \hat{1} + |-\rangle_C\langle-| \otimes \hat{U}_S\right) \hat{\rho}_{\text{ini}} \left(|+\rangle_C\langle+| \otimes \hat{1} + |-\rangle_C\langle-| \otimes \hat{U}_S\right)$$
$$= \frac{1}{2}\left(|+\rangle_C\langle+| \otimes \hat{\rho}_1 \otimes \hat{\sigma}_2 + |-\rangle_C\langle-| \otimes \hat{U}_S\hat{\rho}_1 \otimes \hat{\sigma}_2\hat{U}_S\right) \tag{4.115}$$

制御量子ビットを測定して結果が $m = 0, 1$ となる確率は，$\hat{M}_m = |m\rangle_C\langle m|$ を用いて，$P(m) = \text{tr}\left(\hat{M}_m\hat{\rho}_{\text{fin}}\hat{M}_m^\dagger\right)$ で与えられる．制御量子ビットに関するトレースは簡単に行えるので，測定結果が 0 になる確率は

$$P(0) = \frac{1}{4}\text{tr}(\hat{\rho}_1 \otimes \hat{\sigma}_2 + \hat{U}_S\hat{\rho}_1 \otimes \hat{\sigma}_2 + \hat{\rho}_1 \otimes \hat{\sigma}_2\hat{U}_S + \hat{U}_S\hat{\rho}_1 \otimes \hat{\sigma}_2\hat{U}_S)$$
$$= \frac{1}{2}\left(1 + \text{tr}(\hat{U}_S\hat{\rho}_1 \otimes \hat{\sigma}_2)\right) \tag{4.116}$$

となる．上の結果を得るには，トレースの線形性を使い，項別にトレースをとる．密度演算子のトレースは 1 であり，ユニタリ変換で不変なので $\text{tr}(\hat{\rho}_1 \otimes \hat{\sigma}_2) = \text{tr}(\hat{U}_S\hat{\rho}_1 \otimes \hat{\sigma}_2\hat{U}_S) = 1$ である．残りの項にトレースの巡回性を使う．同様に，測定結果が 1 になる確率は

$$P(1) = \frac{1}{2}\left(1 - \text{tr}(\hat{U}_S\hat{\rho}_1 \otimes \hat{\sigma}_2)\right) \tag{4.117}$$

である．密度行列 $\hat{\rho}_1, \hat{\sigma}_2$ が正規直交基底を用いて

$$\hat{\rho}_1 = \sum_i p_i |\phi_i\rangle_1\langle\phi_i| \tag{4.118}$$

$$\hat{\sigma}_2 = \sum_j q_j |\varphi_j\rangle_2\langle\varphi_j| \tag{4.119}$$

のように表されているとすると，SWAP ゲートをケットベクトルに作用させて

---

[*] ここでは 1 光子レベルの入力で位相が π 変わるようなカー媒質を仮定しているが，現実に得られる位相変化は何桁も小さいのでこのままでは実現できない．

$$\hat{U}_S \hat{\rho}_1 \otimes \hat{\sigma}_2 = \hat{U}_S \sum_{i,j} p_i q_j \ket{\phi_i}_1 \ket{\varphi_j}_2 \bra{\varphi_j}_1 \bra{\phi_i}$$
$$= \sum_{i,j} p_i q_j \ket{\varphi_j}_1 \ket{\phi_i}_2 \bra{\varphi_j}_1 \bra{\phi_i} \quad (4.120)$$

が得られ，これを用いてトレースを変形する．

$$\mathrm{tr}(\hat{U}_S \hat{\rho}_1 \otimes \hat{\sigma}_2) = \sum_{k,l} {}_1\bra{\phi_k}{}_2\bra{\varphi_l} \left(\sum_{i,j} p_i q_j \ket{\varphi_j}_1 \ket{\phi_i}_2 \bra{\varphi_j}_1 \bra{\phi_i} \right) \ket{\varphi_l}_2 \ket{\phi_k}_1$$
$$= \sum_{k,l} p_k q_l \braket{\phi_k | \varphi_l} \braket{\varphi_l | \phi_k}$$
$$= \sum_k \bra{\phi_k} \left(\sum_m \ket{\phi_m} p_m \bra{\phi_m} \right) \left(\sum_l \ket{\varphi_l} q_l \bra{\varphi_l} \right) \ket{\phi_k}$$
$$= \mathrm{tr}(\hat{\rho} \hat{\sigma}) \quad (4.121)$$

はじめの状態 $\hat{\rho}_1$，$\hat{\sigma}_2$ は別の空間にいたため，テンソル積で表されていたが，SWAPゲートの後でトレースをとると，c–数である内積を仲立ちにして同じ空間の密度行列の積に変わる．上の2番目の式以降で空間を表す添え字が消えているのはそのためである．そもそも二つの密度行列を比較をするつもりだったのだから，これらは同じ空間にあると考えても問題はない．量子回路（図 4.4(a)）の状況を表すために，入力1の空間と入力2の空間のテンソル積を用いたということである．

これを用いて，
$$\mathrm{tr}(\hat{\rho}\hat{\sigma}) = \frac{P(0) - P(1)}{P(0) + P(1)} \quad (4.122)$$

が得られる．これはフィデリティそのものではないが，次のような関係 (Miszczak, Puchala, Hodecki, Uhlman, Życzkowski) によりフィデリティの上下限が求められる．

$$\mathrm{tr}(\hat{\rho}\hat{\sigma}) \leq F^2(\hat{\rho}, \hat{\sigma}) \leq \mathrm{tr}(\hat{\rho}\hat{\sigma}) + \sqrt{1 - \mathrm{tr}(\rho^2)}\sqrt{1 - \mathrm{tr}(\sigma^2)} \quad (4.123)$$

下限のほうは比較的簡単なので証明しておく．

◆ 証明 ◆ まず，$\sqrt{\sqrt{\hat{\rho}}\hat{\sigma}\sqrt{\hat{\rho}}}$ は正値演算子であるから，固有値は非負である．
$$\sqrt{\sqrt{\hat{\rho}}\hat{\sigma}\sqrt{\hat{\rho}}} = \sum_i \lambda_i \ket{i}\bra{i}$$

と書けるので，
$$F(\hat{\rho}, \hat{\sigma})^2 = \left(\mathrm{tr}\sqrt{\sqrt{\hat{\rho}}\hat{\sigma}\sqrt{\hat{\rho}}} \right)^2 = \sum_i \lambda_i^2 + 2\sum_{i<j} \lambda_i \lambda_j$$

$$= \operatorname{tr}(\hat{\rho}\hat{\sigma}) + 2\sum_{i<j}\lambda_i\lambda_j \geq \operatorname{tr}(\hat{\rho}\hat{\sigma})$$

ただし，$\sqrt{\hat{\rho}}\hat{\sigma}\sqrt{\hat{\rho}} = \sum \lambda_i^2 |i\rangle\langle i|$ であり，$\operatorname{tr}(\sqrt{\hat{\rho}}\hat{\sigma}\sqrt{\hat{\rho}}) = \operatorname{tr}(\hat{\rho}\hat{\sigma})$ であることを使った．□

この方法は他にも使い道がある．$\hat{\sigma} = \hat{\rho}$ とすると，式 (4.122) は $\operatorname{tr}\hat{\rho}^2$ を与える．状態が純粋状態であれば $\operatorname{tr}\hat{\rho}^2 = 1$ であるから，この回路は状態の純粋性の判定に用いることができる．さらに，k 個の入力について，入れ替え

$$SWAP^{(k)} |\psi\rangle_1 \cdots |\psi\rangle_k = |\psi\rangle_k |\psi\rangle_1 \cdots |\psi\rangle_{k-1} \tag{4.124}$$

を考えると，上と同様にして

$$\operatorname{tr}\left(SWAP^{(k)}\hat{\rho}_1 \otimes \cdots \otimes \hat{\rho}_k\right) = \operatorname{tr}\left(\hat{\rho}_1 \cdots \hat{\rho}_k\right) \tag{4.125}$$

が得られるから，$\operatorname{tr}\hat{\rho}^k$ を求めることができ，テイラー展開を思い出せば，任意の関数 $f(x)$ について（テイラー展開が可能という条件を付けて）$\operatorname{tr}f(\hat{\rho})$ をこの回路を使って求めることができる．また，密度演算子のスペクトル分解を思い出すと，d 次元空間の密度演算子の固有値 $\lambda_1, \ldots, \lambda_d$ によって

$$\operatorname{tr}\hat{\rho}^k = \sum_{i=1}^{d}\lambda_i^k$$

と表せるから，これらを連立させることによって $\hat{\rho}$ の固有値を求めることができる．

ここでは，フォーマルに密度演算子の変換を扱ったが，混合状態が純粋状態の確率的混合であると考えると，もっと簡単に式 (4.121) に到達できる．つまり，式 (4.112) を純粋状態 $|\phi_i\rangle$ と $|\varphi_j\rangle$ に対する条件付き確率だとして，すべての可能な純粋状態についての和をとると，

$$P(0) = \sum_{i,j} p_i q_j P(0| |\phi_i\rangle, |\varphi_j\rangle) = \frac{1}{2}\sum_{i,j} p_i q_j (1 + |\langle\varphi_j|\phi_i\rangle|^2)$$
$$= \frac{1}{2} + \frac{1}{2}\sum_{i,j} p_i q_j \langle\phi_i|\varphi_j\rangle\langle\varphi_j|\phi_i\rangle$$

のように，第 2 項は式 (4.121) の 2 番目の式となる．

4.4 エントロピーと情報量

さて，いよいよ量子系が伝える情報について考えていこう．ここからが情報理論らしくなっていく．情報理論とは，情報を定量的に扱うものである．ここで情報とは，

いままで知らなかったことを新たに教えるもの，つまり不確実性を減らす知識であると定義する．量子状態は状態ベクトルによって完全に決められるので不確実性はない．つまり，純粋状態だけを考えている限り，情報理論はあまり出番はない．それに対し混合状態は，純粋状態 $|\psi\rangle_1, \ldots, |\psi\rangle_n$ と状態がそのどれかにある確率 $p_1, \ldots, p_n$ の組 $\{p_k, |\psi\rangle_k\}$, $k = 1, \ldots, n$ で表される．これは情報理論で扱う，n 個の生起確率と事象の組 $\{p_k, A_k\}$, $k = 1, \ldots, n$ と対応づけて考えることができる．つまり，情報理論で使われる確率分布 $\{P(A_k)\}$, $k = 1, \ldots, n$ と量子情報理論における密度行列 $\rho = \sum p_k |\psi\rangle_k \langle\psi|$ が対応づけられる．ただし，密度行列は基底の変換が可能なので確率分布とは違った性質が現れる．量子情報理論には，量子的な重ね合わせに起因する確率と，ある純粋状態をとる確率という，二つの意味の違う確率があることに注意してほしい．情報理論とのアナロジーが可能なのは後者である．

4.4.1 | 古典的なエントロピー

エントロピーは，情報を定量的に表すための量として，情報理論では重要な役割を果たす．量子系のエントロピーを考える前に情報理論におけるエントロピーを復習しよう．

■シャノンエントロピー　ある事象の生起確率が p であるとき，その事象が起きたことを知ったことで得る情報の量を

$$-\log p \tag{4.126}$$

とする．このように定義すると，情報の量は生起確率にのみ依存する非負で p について微分可能（なめらか）な関数になる．直感的には情報のインパクトは受け手によって違ってくるが，情報理論では生起確率だけを問題にする．たとえば，実際の生活の場面では，宝くじに友人が当たるのと自分が当たるのとでは大きな差があるが，関係のない第三者にとっては何万分の一かの確率で当たった人がいたということでしかない．情報理論ではこの第三者の立場をとって，当たる確率が同じなら情報の量には差がないと考える．また，ある確率のときにいきなり情報が増減したり増え方が急に変わったりというのは不自然なので，情報の量はなめらかであるべきである．情報を忘れて情報の量がゼロになることはありうるが，それより減ることも考えづらい．つまり，情報の量は非負であるべきである．このように，式 (4.126) は情報量の定義として望ましい性質をもっている．

さらに，この定義は情報の加法性も満たすことができる．つまり，独立な事象 A, B の生起確率をそれぞれ p_A, p_B とすると，A と B が同時に起きたことを知ったときの

情報は，同時確率が $p_A p_B$ であることから，それぞれが起きたことを知ったときの情報の和になる．
$$-\log(p_A p_B) = -\log p_A - \log p_B$$
これも情報量の性質として自然である．対数の底は情報量の単位を与え，底を 2 としたときはビット (bit) で測っていることになる．以下ではとくに明記していないとき $\log$ の底は 2 であるとする．自然対数を必要とするときは $\ln$ と表記する．

n 個の事象 $A_1, \ldots, A_n$ があるとし，それぞれの生起確率が $p_1, \ldots, p_n$ であるとしよう．ただし，確率であるので
$$\sum_{i=1}^{n} p_i = 1$$
を満たしている．ここで，ある事象が起きたことを知ったときの平均情報量は，不確実な状況（どの事象が起きたかわからない状況）を確定させたときに得られる情報量 $\log p$ の期待値で与えられるから
$$-\sum_{i=1}^{n} p_i \log p_i$$
になる．これは，逆にいうとある状況における不確実さの度合いを表しているともいえて，この量を**エントロピー**（正しくは**シャノンエントロピー**）とよぶ．
$$H(p_1, \ldots, p_n) = -\sum_{i=1}^{n} p_i \log p_i \tag{4.127}$$
測定などによって生起確率が $p'_1, \ldots, p'_n$ に変化したときに得られる情報量は
$$I = H(p_1, \ldots, p_n) - H(p'_1, \ldots, p'_n) \tag{4.128}$$
となる．エントロピーには次の性質がある．

1. エントロピーは非負である：$H \geq 0$.
   等号成立はある事象のみが必ず生起するとき：$p_i = 1$, $p_j = 0$ $(j \neq i)$

    ◆証明◆ $0 \leq p_i \leq 1$ であるから，すべての i について $-p_i \log p_i \geq 0$. すなわち，$H \geq 0$ が成り立つ．また，$H = 0$ は，すべての i について $-p_i \log p_i = 0$ と同値である．これは p_i が 0 または 1 であることを示している．ところが，確率の和 $\sum p_i = 1$ なので，どれか一つの p_i が 1 で残りのすべては 0 でなければならない． □

2. エントロピーはすべての事象が等確率で生起するとき $(p_i = 1/n)$ 最大値 $H(n) = \log n$ をとる．

◆証明◆ エントロピー $H = -\sum_i p_i \log p_i$ を $\sum_i p_i = 1$ なる条件のもとで最大化する．これにはラグランジュ（Lagrange）の未定乗数法を使う．つまり，ある未定の乗数 λ を用いて，$f(p_1, \ldots, p_n, \lambda) = H - \lambda \sum_i p_i$ の最大値を求める．そのために，f を p_i で微分してその値を 0 とおく．

$$\frac{\partial}{\partial p_i} \left(-\sum p_i \log p_i - \lambda \sum p_i \right) = -\log p_i - \log e - \lambda = 0$$

より

$$p_i = \frac{2^{-\lambda}}{e}$$

となり，p_i は i によらない定数になる．確率をすべての i について和をとると 1 になることから，$p_i = 1/n$ でなくてはならない．また，このとき次式が成り立つ．

$$H = n \times \frac{1}{n} \left(-\log \frac{1}{n} \right) = \log n \qquad \square$$

3. エントロピーは凹関数[◆] (concave) である．

◆証明◆ $f(t) = -t \log t$ とおく．$f(t)$ は凹関数である．

$$H\left(xp + (1-x)q\right) = \sum_{i=1}^n f\left(xp_i + (1-x)q_i\right) \geq \sum_{i=1}^n \left(x f(p_i) + (1-x) f(q_i)\right)$$

$$= x \sum_{i=1}^n f(p_i) + (1-x) \sum_{i=1}^n f(q_i) = x H(p) + (1-x) H(q) \qquad \square$$

演習問題 4.6

起こりうる事象が二つ $\{A_1, A_2\}$ しかないとき，A_1 が起きる確率を p としてエントロピーの表式を求め，図示せよ．また，上で述べた性質が成り立っていることを確かめよ．

■ **複合事象のエントロピー：条件付きエントロピーと相互情報量** 二つの事象の組 $A = \{A_1, \ldots, A_n\}$ と $B = \{B_1, \ldots, B_m\}$ が同時に起きるとき，この複合事象の生起確率を $p(A_i, B_j)$ とする．複合事象のエントロピーは

$$H(A, B) = -\sum_{i=1}^n \sum_{j=1}^m p(A_i, B_j) \log p(A_i, B_j) \qquad (4.129)$$

である．複合事象のエントロピーを **結合** (joint) **エントロピー** ということにする．結合エントロピーについて

$$H(A), H(B) \leq H(A, B) \leq H(A) + H(B) \qquad (4.130)$$

[◆] 高校数学風に上に凸といったほうが実感に合うかもしれない．

が成り立つ．右の等号成立は A と B が独立事象のときである．A と B が独立でなければ，A のある事象 A_i が起きると B の事象が起きる確率が変化して，B のある事象 B_j が起きやすくなる．そのため，個々のエントロピーの和より結合エントロピーが小さくなる．

A と B が独立でないとき，ある事象が起きたことを知った後の不確実性を定量的に表そう．そのために条件付き確率を導入する．事象 A_i が起きたとき，事象 B_j が起きる確率を $p(B_j|A_i)$ とする．また，その反対に事象 B_j が起きたとき，事象 A_i が起きる確率を $p(A_i|B_j)$ とする．これらの確率には**ベイズ** (Bayes) **の定理**として知られる次のような関係がある．

$$p(B_j|A_i) = \frac{p(A_i, B_j)}{p(A_i)} \tag{4.131a}$$

$$p(A_i|B_j) = \frac{p(A_i, B_j)}{p(B_j)} \tag{4.131b}$$

$$= \frac{p(B_j|A_i)p(A_i)}{p(B_j)} \tag{4.131c}$$

ただし，

$$p(A_i) = \sum_j p(A_i, B_j) \tag{4.131d}$$

$$p(B_j) = \sum_i p(A_i, B_j) \tag{4.131e}$$

である．事象 A_i が起きたとき，事象 B についての不確実性は条件付き確率 (4.131a) によってエントロピー

$$H(B|A_i) = -\sum_j p(B_j|A_i) \log p(B_j|A_i) \tag{4.132}$$

で与えられる．**条件付き** (conditional) **エントロピー**は，事象 A について期待値をとったものとして次のように定義される．

$$H(B|A) = -\sum_i \sum_j p(A_i) p(B_j|A_i) \log p(B_j|A_i) \tag{4.133}$$

結合エントロピーと条件付きエントロピーには次の性質がある．

1. 結合エントロピーは事象 A のエントロピーと事象 A を知った後の条件付きエントロピーの和である：

$$H(A, B) = H(A) + H(B|A)$$

$$= H(B) + H(A|B) \tag{4.134}$$

◆ 証明 ◆

$$\begin{aligned}
H(A,B) &= -\sum_{i,j} p(A_i, B_j) \log p(A_i, B_j) \\
&= -\sum_{i,j} p(A_i, B_j) \log \left(p(A_i) p(B_j|A_i) \right) \\
&= -\sum_{i,j} p(A_i, B_j) \log p(A_i) - \sum_{i,j} p(A_i, B_j) \log p(B_j|A_i) \\
&= -\sum_{i} p(A_i) \log p(A_i) - \sum_{i,j} p(A_i) p(B_j|A_i) \log p(B_j|A_i) \\
&= H(A) + H(B|A) \qquad \square
\end{aligned}$$

2. 条件付きエントロピーは非負である：

$$H(B|A) \geq 0 \tag{4.135}$$

◆ 証明 ◆ 条件付きエントロピーはエントロピー $H(B|A_i)$ の A_i についての期待値である．エントロピーは非負なのでその期待値も負にならない． $\square$

等号成立は事象 A が決まると事象 B が完全に決まるとき．つまり，すべての A_i に対して $H(B|A_i) = 0$．

3. 結合エントロピーは各事象のエントロピーの和より大きくならない：

$$H(A) + H(B) \geq H(A,B)$$

等号成立は A と B が独立事象のとき．

4. 条件付きエントロピーは条件がないときのエントロピーより大きくならない：

$$H(A) \geq H(A|B), \quad H(B) \geq H(B|A) \tag{4.136}$$

等号成立は A と B が独立事象のとき．

5. 結合エントロピーは各事象のエントロピーより小さくならない：

$$H(A,B) \geq H(A), H(B)$$

等号成立は $H(B|A) = 0$ または $H(A|B) = 0$ のとき．

このうち，性質3と5は式 (4.130) で紹介済みである．これらの性質は，エントロピーを不確実性と読み替えれば日常生活での感覚にも合っている．

> **演習問題 4.7**
> 上に述べた条件付きエントロピーの性質 3～5 を証明せよ．
> ヒント：性質 3 を証明するには，二つの確率分布 $\{p_i\}$ と $\{q_i\}$ があるとき，$x>0$ であれば $-\log x \geq (1-x)/\ln 2$ が成り立つ（等号成立は $x=1$ のとき）ことより
> $$\sum_i p_i (\log p_i - \log q_i) = -\sum_i p_i \log(q_i/p_i) \geq \sum_i p_i (1 - q_i/p_i)/\ln 2 = 0 \tag{4.137}$$
> であることを用いる．性質 4 と 5 は 1～3 から導ける．

条件付きエントロピーを使うと，事象 A であることを知ることによる事象 B についての情報の変化を定義することができる．つまり，A を知らないときの不確実性はエントロピー $H(B)$ であり，事象 A を知った後の事象 B の不確実性は条件付きエントロピー $H(B|A)$ であるから，その差が情報の変化ということになる．これを**相互情報量**といい，

$$I(A:B) = H(B) - H(B|A) \tag{4.138}$$

と表す．相互情報量を具体的に確率で書くと

$$\begin{aligned}
I(A:B) &= -\sum_i p(B_i) \log p(B_i) + \sum_{i,j} p(A_j) p(B_i|A_j) \log p(B_i|A_i) \\
&= -\sum_{i,j} p(A_j, B_i) \log p(B_i) + \sum_{i,j} p(A_j) \frac{p(A_j, B_i)}{p(A_j)} \log \frac{p(A_j, B_i)}{p(A_j)} \\
&= \sum_{i,j} p(A_j, B_i) \log \frac{p(A_j, B_i)}{p(A_j) p(B_i)}
\end{aligned} \tag{4.139}$$

である．相互情報量には次の性質がある．

1. A を知ることによって得られる B についての情報量変化と，B を知ることによって得られる A の情報量の変化は等しい：

$$I(A:B) = I(B:A) \tag{4.140}$$

   これは，式 (4.139) で A と B を入れ替えても変わらないことから示される．
2. 相互情報量は非負である：

$$I(A:B) \geq 0 \tag{4.141}$$

   等号成立は A と B が独立事象のとき．何かの情報を得たとき，他のことに関する情報は変わらないことはあっても減ることはない．知らないほうがよいことでも，情報としては増えている．
3. もともとの不確実性以上の情報を得ることはできない：

$$I(A:B) \leq H(A), \quad I(A:B) \leq H(B) \tag{4.142}$$

等号が成立するのは事象 A, B が完全に相関しているとき．2 と 3 は相互情報量の定義 (4.138) と条件付きエントロピーの性質から示すことができる．

4. 相互情報量はそれぞれの事象の不確実性の和と複合事象の不確実性の差として表される：

$$I(A:B) = H(A) + H(B) - H(A,B) \tag{4.143}$$

式 (4.139) を書き直すと式 (4.143) が得られる．

各事象のエントロピー，結合エントロピー，条件付きエントロピーと相互情報量の関係を図 4.5 に示す．結合エントロピーは $H(A)$ と $H(B)$ を合わせたメガネ状の図形で表され，重なっている部分が相関している情報を表している．

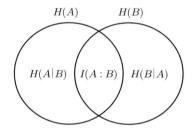

図 **4.5** 各事象のエントロピー，条件付きエントロピー，相互情報量の関係

■**相対エントロピー**　二つの確率分布 P, Q があるときそれらがどのくらい違うかを示す指標として**相対エントロピー**を定義する．

$$H(P\|Q) = \sum_i P(x_i) \left(\log P(x_i) - \log Q(x_i)\right) = \sum_i P(x_i) \log \frac{P(x_i)}{Q(x_i)} \tag{4.144}$$

これは，真の確率分布 P を Q で近似したときの情報量の違いを真の確率分布で平均したものという意味をもつ．式 (4.137) が示すとおり，$\sum_i p_i \log p_i - \sum_i p_i \log q_i \geq 0$ であるから，相対エントロピーは非負であり，$P = Q$ のときにのみ 0 になる．しかし，$H(P\|Q) \neq H(Q\|P)$ であり，三角不等式も成り立たないため相対エントロピーは距離とはいえない．とはいえ，相対エントロピーは**カルバック – ライブラー** (Kullback-Leibler) **距離**あるいはカルバック – ライブラー・ダイバージェンスともよばれ，分布の間の距離のように考えられることも多い．

同時確率分布 $p(x, y)$ と周辺確率分布 $p(x)$, $p(y)$ をもつ確率変数 X, Y があるとき，式 (4.139) の最後の式より X と Y の相互情報量は $p(x, y)$ と分布の積 $p(x)p(y)$ の相

対エントロピーであることがわかる．X と Y が独立のとき $p(x,y) = p(x)p(y)$ であるので，相互情報量は X, Y を独立だとみなすことの妥当性を定量的に表すものと考えることもできる．

4.4.2 | 大数の法則，あるいは典型系列

確率論での**大数の法則**は，サンプル数が大きくなると期待値から外れた値が観測される確率が小さくなるというものであるが，情報理論においても対応する法則がある．系列 $x_1, \ldots, x_n$ がアルファベット集合 $A = \{a_1, \ldots, a_{|A|}\}$ から選ばれた n 個のシンボルの並びであるとしよう．ここで，$|A|$ はアルファベット集合の大きさを表す．大数の法則は，サンプルの数が大きくなると，観測される系列の大多数が決まった種類のものになることをいう．言い換えると，シンボルの出現確率が与えられると，その期待値に従ってシンボルが現れる系列（**典型系列**）以外が観測されることが極めてまれになるということである．この事実は量子暗号鍵配付の安全性を理論的に保証する上で重要である．というのは，量子暗号鍵配付では測定して得たデータ列（サンプル）を使って送受信者と盗聴者の状態を推定するため，推定が外れる確率を小さな値に制限することが必要なためである．

系列 $\mathbf{x} = (x_1, \ldots, x_n)$ において，シンボル $a \in A$ が出現する数を $N(a|\mathbf{x})$ として，

$$P_\mathbf{x}(a) = \frac{N(a|\mathbf{x})}{n} \tag{4.145}$$

で定義されるシンボル a の出現割合（経験確率）$P_\mathbf{x}(a)$ を考える．出現割合の組，つまり経験確率分布[*1]$\{P_\mathbf{x}(a_1), \ldots, P_\mathbf{x}(a_{|A|})\}$ を要素とする集合を $\mathcal{P}_n$ とする．系列に含まれるシンボルの数は n だから，一つのシンボルが出現する割合のとりうる値の数は

$$P_\mathbf{x}(a) = \left\{\frac{0}{n}, \frac{1}{n}, \ldots, \frac{n}{n}\right\}$$

の高々 $n+1$ 個である．また，シンボルの種類は $|A|$ なので，可能なすべての系列に対して，集合 $\mathcal{P}_n$ の大きさは高々 $(n+1)^{|A|}$ である[*2]．

$$|\mathcal{P}_n| \leq (n+1)^{|A|} \tag{4.146}$$

このように，とりうる経験確率分布の数は n の多項式で増加する一方，可能な系列の数は $|A|^n$ のように指数的に増加する．系列の数に比べて経験確率分布の数が圧倒的に

[*1] 情報理論ではタイプとよばれている．ここでは経験確率分布といったほうが意味をつかみやすいと思われたのであえてタイプという言葉を使わなかった．タイプの理論は情報理論のやや進んだ教科書に詳しく述べられているが，量子暗号の安全性を議論するにはここで述べる内容で十分であると思われる．

[*2] 正確には $\sum_i P_\mathbf{x}(a_i) = 1$ という，確率であるための制約条件があるので $(n+1)^{|A|-1}$ 以下になる．

足りなくなるので，n が大きいとき，ある一つの経験確率分布に従う系列の数は指数関数的に増大する．つまり，大半の系列のシンボルの出現割合がある経験確率分布に従うということであり，これだけでも大数の法則らしいが，もう少し数学的に定理を証明していく．

定理 ｜ 系列 $(X_1, \ldots, X_n)$ は同一確率分布 $Q(x)$ に従って独立に取り出した確率変数からなるものとする．このとき，$(X_1, \ldots, X_n) = \mathbf{x} = (x_1, \ldots, x_n)$ となる確率は

$$Pr[(X_1, \ldots, X_n) = \mathbf{x}] = Q^n(\mathbf{x}) = \prod_{i=1}^{n} Q(x_i)$$

で与えられる．系列 $\mathbf{x} = (x_1, \ldots, x_n)$ が現れる確率はその経験確率分布 $P_{\mathbf{x}}(a) = \{P_{\mathbf{x}}(a_1), \ldots, P_{\mathbf{x}}(a_{|A|})\}$ で決まり，

$$Q^n(\mathbf{x}) = 2^{-n(H(P_{\mathbf{x}}) + H(P_{\mathbf{x}} \| Q))} \tag{4.147}$$

で与えられる．

◆**証明**◆

$$\begin{aligned}
Q^n(\mathbf{x}) &= \prod_{i=1}^{n} Q(x_i) = \prod_{a \in A} Q(a)^{N(a|\mathbf{x})} \\
&= \prod_{a \in A} Q(a)^{nP_{\mathbf{x}}(a)} = \prod_{a \in A} 2^{\log Q(a) \cdot nP_{\mathbf{x}}(a)} \\
&= 2^{n \sum_{a \in A} [P_{\mathbf{x}}(a) \log P_{\mathbf{x}}(a) + P_{\mathbf{x}}(a)(-\log P_{\mathbf{x}}(a) + \log Q(a))]} \\
&= 2^{-n(H(P_{\mathbf{x}}) + H(P_{\mathbf{x}} \| Q))}
\end{aligned}$$

□

とくに，式 (4.147) で $P_{\mathbf{x}} = Q$ とすると，経験確率分布が確率分布に一致する 1 個の系列が得られる確率は

$$Q^n(\mathbf{x}) = 2^{-nH(Q)} \tag{4.148}$$

であることが結論される．

定理 ｜ $P_{\mathbf{x}} \in \mathcal{P}_n$ のとき，同じ経験確率分布 P をもつ系列の集合を $T(P)$ とする．このとき，集合 $T(P)$ の要素となる系列の数 $|T(P)|$ に対して

$$\frac{1}{(n+1)^{|A|}} 2^{nH(P)} \leq |T(P)| \leq 2^{nH(P)} \tag{4.149}$$

が成立する．

下界に現れる因子は n の多項式だから $2^{nH(P)}$ に比べて無視することができる．つまり，

$$|T(P)| \simeq 2^{nH(P)} \tag{4.150}$$

である.

◆ 証明 ◆　$|T(P)|$ は n 個のシンボルの並べ方である．ただし，各シンボル $a_i(i=1,\ldots,|A|)$ が $nP(a_i)$ 個ずつ含まれるため，

$$|T(P)| = \frac{n!}{\prod_{i=1}^{|A|}(nP(a_i))!} \tag{4.151}$$

である．しかし，この形では取り扱いがやや面倒なので，迂回した方法で証明を与える．

はじめに上界を示す．n 個のシンボルからなる系列全体のなかから確率分布 P に従う系列を見出す確率はもちろん 1 以下である．また，定理 (4.148) によって個々の系列が現れる確率はすべて等しく，$2^{-nH(P)}$ であることが示されている．これより，

$$1 \geq \sum_{\mathbf{x} \in T(P)} 2^{-nH(P)} = |T(P)|2^{-nH(P)}$$

が成り立つので，

$$|T(P)| \leq 2^{nH(P)}$$

が示された．

次に下界を証明するが，その前に，確率分布 P が与えられたとき，n 個のシンボルからなる系列全体のなかから経験確率分布が P に従う系列を見出す確率が最も大きい（他のあらゆる確率分布 P' に従う系列を見出す確率より小さくない）こと

$$P^n(T(P)) \geq P^n(T(P')) \quad (\text{すべての } P' \in \mathcal{P}_n \text{ に対して}) \tag{4.152}$$

を示す．まず，すべての $Q \in \mathcal{P}_n$ について

$$P^n(T(Q)) = \sum_{\mathbf{x} \in T(Q)} P^n(\mathbf{x}) = |T(Q)| \prod_{i=1}^{n} P(x_i) = |T(Q)| \prod_{a \in A} P(a)^{nQ(a)}$$

であることに注意する．先に示した定理 (4.147) により，同じ経験確率分布の系列を見出す確率はすべて等しいので 1 番目の式から 2 番目の式が得られる．さらに，定理 (4.147) の証明の途中に現れた式を使うと 3 番目の式が得られる．これにより確率の比を計算すると式 (4.152) が示される．

$$\frac{P^n(T(P))}{P^n(T(P'))} = \frac{|T(P)|\prod_{a \in A} P(a)^{nP(a)}}{|T(P')|\prod_{a \in A} P(a)^{nP'(a)}} = \prod_{a \in A} \frac{(nP'(a))!}{(nP(a))!} P(a)^{n(P(a)-P'(a))}$$

$$\geq \prod_{a \in A} (nP(a))^{n(P'(a)-P(a))} P(a)^{n(P(a)-P'(a))} = \prod_{a \in A} n^{n(P'(a)-P(a))}$$

$$= n^{\sum_{a \in A} n(P'(a)-P(a))} = n^{n(1-1)} = 1$$

2 番目の式は $|T(P)|$ に式 (4.151) を代入して得られる．2 番目の式から 3 番目に移ると

き，不等式
$$\frac{m!}{n!} \geq n^{m-n}$$
を使った．これだけ準備をすれば次のようにして下界が証明できる．系列のどれかが見出される確率はもちろん 1 なので
$$\sum_{Q \in \mathcal{P}_n} P^n(T(Q)) = 1$$
ところが式 (4.152) のように $P^n(T(P)) \geq P^n(T(Q))$ だから
$$1 \leq \sum_{Q \in \mathcal{P}_n} P^n(T(P)) \leq (n+1)^{|A|} P^n(T(P))$$
$$= (n+1)^{|A|} \sum_{\mathbf{x} \in T(P)} P^n(\mathbf{x}) = (n+1)^{|A|} |T(P)| 2^{-nH(P)}$$
となる．1 番目から 2 番目の式へは，和を $Q \in \mathcal{P}_n$ を満たす Q に限るよりも $\mathcal{P}$ 全体でとったほうが大きいことと，式 (4.146) を使う．これより，
$$\frac{1}{(n+1)^{|A|}} 2^{nH(P)} \leq |T(P)|$$
である． □

任意の確率分布 Q が与えられたとき，ある経験確率分布 $P \in \mathcal{P}$ に従う系列のどれかが見出される確率 $Q^n(T(P))$ を考えると，確率が P と Q の相対エントロピーで評価されることを示そう．

定理 |
$$\frac{1}{(n+1)^{|A|}} 2^{-nH(P\|Q)} \leq Q^n(T(P)) \leq 2^{-nH(P\|Q)} \tag{4.153}$$

♦ 証明 ♦ 定理 (4.147) より
$$Q^n(T(P)) = \sum_{\mathbf{x} \in T(P)} Q^n(\mathbf{x}) = \sum_{\mathbf{x} \in T(P)} 2^{-n(H(P)+H(P\|Q))}$$
$$= |T(P)| 2^{-n(H(P)+H(P\|Q))}$$

$|T(P)|$ は定理 (4.149) で与えられている．これを使うと式 (4.153) を得る． □

確率分布 Q が与えられたとき，n 個のシンボルからなる典型系列 $\mathbf{x}$ の集合は
$$T_Q^\epsilon = \{\mathbf{x} | H(P_\mathbf{x} \| Q) \leq \epsilon\} \tag{4.154}$$
と定義される．ここで，ϵ は任意に選んだ正数である．つまり，典型系列では，相対エントロピーで測った，系列の経験確率分布と与えられた確率分布の違いが小さい．適当に系列を選んだとき典型系列でない確率は，定理 (4.153) を使うと

$$1 - Q^n(T_Q^\epsilon) = \sum_{H(P\|Q)>\epsilon} Q^n(T(P)) \leq \sum_{H(P\|Q)>\epsilon} 2^{-nH(P\|Q)}$$
$$\leq \sum_{H(P\|Q)>\epsilon} 2^{-n\epsilon} \leq (n+1)^{|A|} 2^{-n\epsilon}$$
$$= 2^{-n(\epsilon - |A|\log(n+1)/n)} \tag{4.155}$$

となり，$n \to \infty$ で $\log(n+1)/n \to 0$ なので，n が大きいとき 0 に近づく．このため，n が大きいとき，ほぼ確率 1 で典型系列が現れることになる．

また，$\mathbf{x}$ を同一確率分布 $Q(\mathbf{x})$ に従って独立に取り出した確率変数からなる系列とすると，不等式 (4.155) により

$$Pr[H(P_\mathbf{x}\|P) > \epsilon] \leq 2^{-n(\epsilon - |A|\log(n+1)/n)} \tag{4.156}$$

である．そのため，n が大きいとき，確率 1 で $H(P_\mathbf{x}\|P) \to 0$ でなくてはならない．これは，経験確率分布 $P_\mathbf{x}$ は確率分布 P に収束するということである．

■**無雑音通信路の容量** 1シンボルあたりのエントロピーが H の信号系列 $\{B_1, \ldots, B_m\}$ を考える．確率 p_i で出現する信号 B_i を伝送するのに必要な時間が t_i であるとすると，情報が送られる速さ（信号伝送速度）R は H を平均伝送時間 $T = \sum_i p_i t_i$ で割ることで得られる．

$$R = \frac{H}{T} \tag{4.157}$$

信号の出現確率が前のシンボルによらないとき，1シンボルあたりのエントロピーは式 (4.127) で与えられる．R を p_i について最大化したものを**通信路容量**といい，C で表す．

$$C = \max_{p_i} R \tag{4.158}$$

最大化における制約条件は $\sum_i p_i = 1$ だから，ラグランジュの未定乗数法を用いて

$$f(p_1, \ldots, p_m) = R - \lambda \left(\sum_i p_i\right) = \frac{H}{T} - \lambda \left(\sum_i p_i\right)$$

を最大化する．そのために，f を p_i で微分して 0 とおく．結果は出現確率が

$$p_i = 2^{-Ct_i} \tag{4.159}$$

のとき最大となり，通信路容量は

$$\sum_i p_i = \sum_i 2^{-Ct_i} = 1 \tag{4.160}$$

の解として与えられる．この結果は伝送に時間がかかるシンボルの出現頻度を小さくすれば信号伝送速度が上がることを示しており，直感的にももっともらしい．

1 シンボルあたりのエントロピーが H の系列があり，通信路容量 C が与えられたとき，単位時間に伝送できるシンボル数の上限は C/H になる．シャノンの無雑音通信路での符号化定理は，任意の正の数 ϵ に対して単位時間に $C/H - \epsilon$ シンボルを伝送する符号が存在することを示している．この定理は別の見方をすると，シンボル系列は典型系列の数まで，つまり NH ビットにまで圧縮できることを表している．

これは，典型系列の考えを使えば簡単に示すことができる．大きい数 N 個のシンボルからなる典型系列の数は式 (4.150) より 2^{NH} である．時間 τ の間に送れるビット数は $C\tau$ で，これは $2^{C\tau}$ 種の信号系列があることになる．典型系列に信号系列を一つずつ割り当てると

$$2^{NH} = 2^{C\tau}$$

の時間をかければすべての典型系列を送ることができる．これはつまり，単位時間に送れるシンボル数が $N/\tau = C/H$ となり，シャノンの符号化定理による上限に一致している．

ここまでは典型系列に属さないシンボル系列のことを考えてこなかった．典型系列に属さないシンボル系列の出現確率は，式 (4.155) より，$\delta \leq 2^{-N\epsilon}$ のように指数的に減少する．典型系列に属さないシンボル系列を送るのに必要な時間はシンボル数 N に比例するから，伝送に必要な平均時間 τ_0 は N が大きいとき，ほぼ τ に等しい．正確には K を定数として

$$\tau_0 \leq (1-\delta)\tau + \delta KN$$

になるから，単位時間に送られるシンボル数が

$$\begin{aligned}\frac{N}{\tau_0} &\geq \frac{N}{(1-\delta)\tau + \delta KN} \\ &\simeq \frac{N}{\tau} - \delta N \left(\frac{KN}{\tau} - 1\right) \\ &= \frac{C}{H} - \epsilon\end{aligned}$$

を満たすように ϵ を選べばよい．N を大きくすれば $\delta N(KN/\tau - 1)$ は 0 に近づくので，ϵ も 0 に近づけることができる．

4.4.3 | 量子系のエントロピー

■**フォンノイマンエントロピー**　状態ベクトルで記述された状態には不確実性はない．つまり，純粋状態のエントロピーは 0 である．では，混合状態の不確実性を定量化しよう．確率 p_i で状態 $|\phi_i\rangle$ をとる混合状態 $\{p_i, |\phi_i\rangle\}$ があったとき，状態が $|\phi_k\rangle$ であるとわかったときに得られる情報の量は

$$-\log p_k$$

であると考えるのが自然であろう．そうすると，シャノンエントロピーと同様に混合状態の不確実性の期待値は

$$H(\{p_i, |\phi_i\rangle\}) = -\sum_i p_i \log p_i \tag{4.161}$$

で与えられる．混合状態 $\{p_i, |\phi_i\rangle\}$ の密度行列は $\hat{\rho} = \sum_i p_i |\phi_i\rangle\langle\phi_i|$ と書ける．

$$\log \hat{\rho} = \sum_i |\phi_i\rangle \log p_i \langle\phi_i|$$

であるので，エントロピー (4.161) は $-\log \hat{\rho}$ の期待値として

$$S(\hat{\rho}) = -\mathrm{tr}\hat{\rho}\log\hat{\rho} \tag{4.162}$$

と書くことができる．この表式を一般の密度行列で表された混合状態のエントロピーの定義として用いることにすると，シャノンエントロピーの拡張として混合状態の不確実性が表されたことになる．これは統計力学で使われる**フォンノイマンエントロピー** (von Neumann entropy) と対数の底の違い（つまり定数倍の違い）を除いて同じ式になっている．慣用に従ってフォンノイマンエントロピーは $S(\hat{\rho})$ で表す．また，量子情報理論では底が 2 のものを主にフォンノイマンエントロピーとよぶ．

ちなみに，ボルツマンは同じ巨視的状態を与える微視的状態の数 W によってエントロピーの表式を与えた．

$$S = \ln W \tag{4.163}$$

この表式は，すべての微視的状態が等確率 $p = 1/W$ で現れるものと仮定すると上で述べたフォンノイマンエントロピーに（定数因子を除いて）等しくなり，巨視的な状態が与えられたときの微視的状態の不確実性を表している．

シャノンエントロピーと同様にフォンノイマンエントロピーも以下の性質をもつ．

1. エントロピーは非負：$S(\hat{\rho}) \geq 0$
   等号成立は系が純粋状態にあるとき．このときは系の状態が一つのベクトル $|i\rangle$ で

表せるため，$p_i = 1$ となっている．繰り返すが，純粋状態のエントロピーが 0 であることは覚えておくべき重要な事実である．

2. 系の次元が d のとき，エントロピーは密度行列が $\hat{\rho} = \hat{1}/d$ のとき最大で，$S(\hat{\rho}) = \log d$．
3. エントロピーは凹関数 (concave)：$S\left(\sum_i p_i \hat{\rho}_i\right) \geq \sum_i p_i S(\hat{\rho}_i)$

性質 1 は密度行列の固有値がすべて 0 と 1 の間にあることから示すことができる．性質 2 は，密度行列を正規直交基底で対角化する表示を使うと，シャノンエントロピーのときと同様に示すことができる．性質 3 も同じように対角化した表示を使い，対数関数の凹性から示すことができるが，異なる密度行列が同じ表示で対角化できる場合とできない場合を分けて考える必要がある（のでちょっと面倒くさい[♦]）．

----- 演習問題 **4.8** -----
上に述べたフォンノイマンエントロピーの性質 1 と 2 を証明せよ．

■**合成系のエントロピー**　量子系においても条件付きエントロピーと相互情報量を考えることができる．量子系 A, B があり，それらを特徴づける密度行列を $\hat{\rho}_A$, $\hat{\rho}_B$ としよう．また，合成系 A + B の密度行列を $\hat{\rho}_{AB}$ とする．合成系のエントロピーは古典情報理論での複合事象のエントロピーに対応して，結合エントロピー

$$S(A,B) = S(\hat{\rho}_{AB}) = -\mathrm{tr}\hat{\rho}_{AB}\log\hat{\rho}_{AB} \tag{4.164}$$

で表される．量子系での条件付き確率を定義していないので，条件付きエントロピーの性質 (4.134) を使って，量子系でも同様のことが成り立つように条件付きエントロピーを次式で定義する．

$$S(B|A) = S(A,B) - S(A) = S(\hat{\rho}_{AB}) - S(\hat{\rho}_A) \tag{4.165}$$

ここで，$S(A) = S(\hat{\rho}_A)$ と略記した．相互情報量は

$$I(A:B) = S(A) + S(B) - S(A,B) \tag{4.166}$$

で定義できる．

結合エントロピーは古典の場合と同じように部分系のエントロピーの和より大きくならない．

$$S(A,B) \leq S(A) + S(B) \tag{4.167}$$

[♦] これ以降，いくつかの定理は証明を示さないで提示する．不都合はないと思うが気になる人はニールセン-チャン『量子コンピュータと量子通信』(2004) 等を参照してほしい．

この性質をフォンノイマンエントロピーの劣加法性 (subadditivity) という．A と B に相関がないとき，つまり，$\hat{\rho}_{AB} = \hat{\rho}_A \otimes \hat{\rho}_B$ と表せるときに等号が成立する．また，結合エントロピーが各事象のエントロピーより小さくならないことに対応して次の三角不等式が成り立つ．

$$S(A,B) \geq |S(A) - S(B)| \tag{4.168}$$

三つの系 A, B, C が関係している場合，強劣加法性 (strong subadditivity) として知られている性質がある．

$$S(A) + S(B) \leq S(A,C) + S(B,C) \tag{4.169a}$$

$$S(A,B,C) + S(B) \leq S(A,B) + S(B,C) \tag{4.169b}$$

強劣加法性から次のようなことが導かれる．

定理 1. 条件付けによってエントロピーは減少する：$S(A|B,C) \leq S(A|B)$
2. 系の一部を捨てても相互情報量は増大しない：$I(A:B) \leq I(A:B,C)$
3. 量子操作によって相互情報量は増大しない：B 系への CPTP マップを $\mathcal{E}$ とし，操作前の状態を A, B，操作後の状態を A', B' とすると次式が成り立つ．

$$I(A':B') \leq I(A:B)$$

◆**証明**◆ 1. 条件付きエントロピーの定義 (4.165) を使うと，

$$S(A|B,C) \leq S(A|B) \Leftrightarrow S(A,B,C) - S(B,C) \leq S(A,B) - S(B)$$
$$\Leftrightarrow S(A,B,C) + S(B) \leq S(A,B) + S(B,C)$$

強劣加法性から最後の不等式が成立する． □

2. 相互情報量の定義 (4.166) を使って

$$I(A:B) \leq I(A:B,C) \Leftrightarrow S(A) + S(B) - S(A,B) \leq S(A) + S(B,C) - S(A,B,C)$$
$$\Leftrightarrow S(B) + S(A,B,C) \leq S(A,B) + S(B,C)$$

強劣加法性から最後の不等式が成立する． □

3. CPTP マップはアンシラ系 C を考えて，合成系 B + C にユニタリ変換を施した後 C 系を捨てることと同じである．もともと，A + B 系と C 系は分離していたから $I(A:B,C) = I(A:B)$ である．また，ユニタリ変換では相互情報量は変わらない（ユニタリ変換は状態間の距離を変えないからユニタリ変換による情報量の増減はない）から，$I(A:B,C) = I(A':B',C')$ は明らか．2. の結果を使うと $I(A:B) = I(A:B,C) \geq I(A':B')$. □

■**相対エントロピー**　古典的な相対エントロピーは二つの確率密度分布の近さを測る．量子系でも二つの密度行列の近さを示す量として相対エントロピーを考えることができる．密度行列 $\hat{\rho}$ と $\hat{\sigma}$ の間の相対エントロピーは

$$S(\hat{\rho}\|\hat{\sigma}) = \mathrm{tr}(\hat{\rho}\log\hat{\rho}) - \mathrm{tr}(\hat{\rho}\log\hat{\sigma}) \tag{4.170}$$

と定義される．密度行列が $\hat{\rho} = \sum_i p_i |\psi_i\rangle\langle\psi_i|$ と $\hat{\sigma} = \sum_j q_j |\phi_j\rangle\langle\phi_j|$ のように適当な正規直交基底で対角化されているとき

$$\begin{aligned} S(\hat{\rho}\|\hat{\sigma}) &= \sum_i p_i \log p_i - \sum_i \langle\psi_i|\hat{\rho}\log\hat{\sigma}|\psi_i\rangle \\ &= \sum_i p_i \log p_i - \sum_i p_i \langle\psi_i|\left(\sum_j \log q_j |\phi_j\rangle\langle\phi_j|\right)|\psi_i\rangle \\ &= \sum_i p_i \left(\log p_i - \sum_j \log q_j |\langle\psi_i|\phi_j\rangle|^2\right) \\ &= \sum_i p_i \left(\log p_i - \sum_j P_{ij}\log q_j\right) \end{aligned} \tag{4.171}$$

と書くことができる．$P_{ij} = |\langle\psi_i|\phi_j\rangle|^2$ は二つの正規直交基底の内積の絶対値の 2 乗なので $P_{ij} \geq 0$．また，$\sum_i P_{ij} = \sum_j P_{ij} = 1$ が成り立つ（$\sum_i |\psi_i\rangle\langle\psi_i| = \sum_j |\phi_j\rangle\langle\phi_j| = \hat{1}$ を思い出すこと）．対数関数の凹性から $\sum_j P_{ij}\log q_j \leq \log\left(\sum_j P_{ij}q_j\right)$ がいえるので

$$S(\hat{\rho}\|\hat{\sigma}) \geq \sum_i p_i (\log p_i - \log r_i) \tag{4.172}$$

が成立する．ただし，$r_i = \sum_j P_{ij}q_j$ である．等号成立は $P_{ij} = 1$ となるような j が存在するときで，それはつまり二つの正規直交基底が置換で結ばれているときである．式 (4.172) の右辺は古典的な相対エントロピーの表式に一致する．古典的な相対エントロピーが非負であることから，量子的な相対エントロピーも非負である．

　量子相対エントロピーは状態の近さを表す量であり，忠実度やトレース距離と同様に CPTP マップ $\mathcal{E}(\hat{\rho})$ によって小さくなることはない．つまり，単調性

$$S(\hat{\rho}\|\hat{\sigma}) \leq S(\mathcal{E}(\hat{\rho})\|\mathcal{E}(\hat{\sigma})) \tag{4.173}$$

が成り立つ．ただし，古典的な相対エントロピーと同じく $S(\hat{\rho}\|\hat{\sigma}) \neq S(\hat{\sigma}\|\hat{\rho})$ なので量子相対エントロピーは距離ではない．

■**ホレボー限界**　ここでは，古典情報を量子状態に符号化したとき取り出せる情報量の限界を考えよう．いま，アリスが古典的な情報源をもっているとする．この古典情報を量子状態を使ってボブに送る．問題はボブが量子状態から取り出せる古典情報はどのくらいか，ということである．

定理 ｜ アリスの情報源はシンボル $\{X_i\}$, $i = 0, \ldots, n$ を確率 p_i で出力する．このシンボル系列 X に従って $\hat{\rho}_X$ で表される量子状態 Q をつくり，ボブに送る．ボブは送られてきた状態に対して POVM$\{\hat{E}_Y\} = \{\hat{E}_0, \ldots, \hat{E}_m\}$ を行って古典的な情報 Y を得る．このとき，X と Y の間の相互情報量 $I(X:Y)$ の上限は次のように与えられる．

$$I(X:Y) \leq S(\hat{\rho}) - \sum_i p_i S(\hat{\rho}_i) \tag{4.174}$$

ただし，

$$\hat{\rho} = \sum_i p_i \hat{\rho}_i$$

である．この上限を**ホレボー限界**という．

◆ **証明** ◆　ホレボー限界を証明するために，情報源と測定器も量子状態で表す．情報源 A は古典情報を出力するから適当な正規直交基底で $X_i \mapsto |i\rangle_A \langle i|$ と表せる．測定器の初期状態を $|0\rangle_B \langle 0|$ とすると全系の状態は

$$\hat{\rho}_{\mathrm{tot}} = \sum_i p_i |i\rangle_A \langle i| \otimes \hat{\rho}_i \otimes |0\rangle_B \langle 0| \tag{4.175}$$

と書ける．測定は次のような CP マップで表せる．

$$\mathcal{E}(\hat{\rho}_{\mathrm{tot}}) = \sum_i |i\rangle_A \langle i| \otimes \left(\sum_y \hat{M}_y \hat{\rho}_i \hat{M}_y^\dagger \otimes |y\rangle_B \langle y| \right) \tag{4.176}$$

初期状態における A と量子状態 Q の相互情報量は $I(A:Q)$ と書ける．初期状態では B 系は分離しているから $I(A:Q) = I(A:Q,B)$ である．強劣加法性から，測定後の状態 A′, Q′, B′ に関する相互情報量について $I(A:Q,B) \geq I(A':Q',B')$ である（測定も一つの物理的な過程 = CP マップであるので相互情報量が増えることはない）．さらに，測定後の量子系 Q′ の状態は見ないので $I(A':B') \leq I(A':Q',B')$ である．これらをまとめると

$$I(A':B') \leq I(A:Q) \tag{4.177}$$

となる．A 系と B 系は実は古典系であったので，左辺の相互情報量は古典的に表せ，$I(A':B') = I(X:Y)$ である．また，右辺の相互情報量は $I(A:Q) = S(A) + S(Q) - S(A,Q)$ であるが，$S(A) = H(A)$ であり，$S(Q) = S(\hat{\rho})$ である．ここで $\hat{\rho}_i$ が正規直交基底 $|e_{ij}\rangle$ で次のように対角化されているとする．

$$\hat{\rho}_i = \sum_j q_{ij} |e_{ij}\rangle \langle e_{ij}| \tag{4.178}$$

ただし，$\sum_j q_{ij} = 1$ である．そこで，結合エントロピーが

$$\begin{aligned} S(A,Q) &= -\mathrm{tr}(\hat{\rho}_{\mathrm{tot}} \log \hat{\rho}_{\mathrm{tot}}) = -\sum_{ij} p_i q_{ij} \log (p_i q_{ij}) \\ &= -\sum_i p_i \log p_i - \sum_i p_i \sum_j q_{ij} \log q_{ij} \\ &= H(A) + \sum_i p_i S(\hat{\rho}_i) \end{aligned} \tag{4.179}$$

と求められ，相互情報量は

$$I(A:Q) = S(A) + S(Q) - S(A,Q) = S(\hat{\rho}) - \sum_i p_i S(\hat{\rho}_i) \tag{4.180}$$

になるので定理は証明された． □

ここで，

$$\chi = S(\hat{\rho}) - \sum_i p_i S(\hat{\rho}_i) \tag{4.181}$$

をホレボー情報量という．英語では Holevo quantity とよばれている．ホレボー限界の式 (4.174) で相互情報量が負にならないことからエントロピーの凹性

$$S(\hat{\rho}) \geq \sum_i p_i S(\hat{\rho}_i)$$

がいえるが，証明としてホレボー限界を持ち出すのは少し大げさな気がする．

ホレボー情報量 (4.181) は量子相対エントロピーによって

$$\chi = \sum_i p_i S(\hat{\rho}_i \| \hat{\rho}) \tag{4.182}$$

と表すこともできる．これは

$$\begin{aligned} \sum_i p_i S(\hat{\rho}_i \| \hat{\rho}) &= \sum_i p_i \mathrm{tr}\left(\hat{\rho}_i \log \hat{\rho}_i - \hat{\rho}_i \log \hat{\rho}\right) \\ &= \sum_i p_i \mathrm{tr}\left(\hat{\rho}_i \log \hat{\rho}_i\right) - \sum_i p_i \mathrm{tr}\left(\hat{\rho}_i \log \hat{\rho}\right) \\ &= -\sum_i p_i S(\hat{\rho}_i) - \mathrm{tr}\left(\sum_i p_i \hat{\rho}_i \log \hat{\rho}\right) \\ &= S(\hat{\rho}) - \sum_i p_i S(\hat{\rho}_i) \end{aligned} \tag{4.183}$$

のように変形できるからである．上の式で2番目と3番目の等号はトレースの線形性から得られる．さて，ホレボー限界は古典情報を量子状態で表して送ったときに得られる情報量の上限を示している．ここで，次の不等式

$$S(\hat{\rho}) \leq H(p_i) + \sum_i p_i S(\hat{\rho}_i) \tag{4.184}$$

とホレボー限界を考え合わせると

$$I(X:Y) \leq H(X) \tag{4.185}$$

が成り立つ．これはつまり情報量は情報源のエントロピーより大きくはならないことを示していて，それはそうだろうという気もするが，量子状態を使っても伝送できる情報量は増えないことが示されたことになる．標語的にいえば，**1 量子ビットで送れる情報は 1 ビット**である．

不等式 (4.184) は，混合状態 $\hat{\rho}_i$ を確率 p_i で選ぶときの不確実さは高々，混合状態自体の不確実さの平均と混合状態を選ぶときの不確実さの和であることをいっている．証明は以下のとおりである．

◆ **証明** ◆ 密度行列 $\hat{\rho}_i$ を対角化する正規直交な純粋状態を $|e_j^i\rangle$ とする．$\hat{\rho}_i$ を確率 p_i で選んだときの状態は

$$\hat{\rho} = \sum_i p_i \hat{\rho}_i = \sum_{i,j} p_i q_j^i |e_j^i\rangle \langle e_j^i| \tag{4.186}$$

である．ここで，同じ i についての状態は互いに直交する $\langle e_j^i | e_k^i \rangle = \delta_{j,k}$ が，異なる i についての状態は直交するとは限らない．$\hat{\rho}$ で表される系を A として，新たな系 R を結合して純粋化する．結合した A + R 系の状態は R 系の正規直交基底 $|u\rangle$ を使ってシュミット分解した形で

$$|AR\rangle = \sum_{ij} \sqrt{p_i} \sqrt{q_j^i} |e_j^i\rangle |u_j^i\rangle \tag{4.187}$$

と表せる．ただし，$|u\rangle$ は i, j に対応して順番づけられているとする．このとき，$\langle u_j^i | u_l^k \rangle = \delta_{i,k} \delta_{j,l}$ が成り立っている．A + R 系は純粋状態なので $S(AR) = 0$ である．また，周辺化した系の状態のエントロピーは等しいので $S(\hat{\rho}) = S(\hat{\rho}^R)$ である．ここで，R 系を基底 $|u\rangle$ で射影測定すると，結果として R 系は

$$\hat{\rho}^{R'} = \sum_{ij} p_i q_j^i |u_j^i\rangle \langle u_j^i| $$

という状態になるはずである．この場合の R 系のエントロピーは密度行列が正規直交基底で対角化されているので

$$S(\hat{\rho}^{R'}) = -\sum_{ij} p_i q_j^i \log(p_i q_j^i)$$
$$= -\sum_i p_i \log p_i - \sum_i p_i \sum_j q_j^i \log q_j^i$$
$$= H(p_i) + \sum_i p_i S(\hat{\rho}_i) \tag{4.188}$$

である．ここで，$\sum_j q_j^i = 1$ を使っている．測定によってエントロピーが減少することはないので，$S(\hat{\rho}^{R'}) \geq S(R)$ である．これらをまとめると

$$H(p_i) + \sum_i p_i S(\hat{\rho}_i) = S(\hat{\rho}^{R'}) \geq S(R) = S(\hat{\rho})$$

が得られる．等号成立は $\hat{\rho}^R = \hat{\rho}^{R'}$ のときで，これは異なる i についての $|e_j^i\rangle$ が直交するときである．つまり，$\hat{\rho}_i$ がお互い直交する部分空間にいるときになる． □

■**量子データ圧縮** N ビットの古典情報を量子状態に符号化し，測定によって復号することを考える．このとき，誤りなく復号するためには量子状態には量子ビットがどれだけ必要だろうか．この問題の答えは古典の無雑音通信路の容量を考えたときとほぼ同じようにして得ることができる．

古典情報源でのシンボル X_i の出現確率を $p_i, (i = 1, \ldots, N)$ とする．情報源のエントロピーは $H(X) = H(p_1, \ldots, p_N)$ である．符号化した量子状態を表す密度行列を対角化した表示で表す．

$$\hat{\rho} = \sum_{j=1}^M q_j |\psi_j\rangle\langle\psi_j| \tag{4.189}$$

量子状態のエントロピーは $S(\hat{\rho}) = \sum q_j \log q_j = H(q_1, \ldots, q_M)$ である．このことから，測定により結果 j が得られるとして，測定結果の典型系列の数は M が大きいとき $2^{MS(\hat{\rho})+\delta}$ になる．そこで，$NH(X) = MS(\hat{\rho})$ となるようにすれば，古典情報源の典型系列と 1 対 1 の対応がつけられる．

4.4.4 | 量子もつれとエントロピー

■**エンタングルメントエントロピー** 量子もつれがある場合，古典での結合エントロピーや条件付きエントロピーの性質が当てはまらなくなる．合成系 A + B がベル状態であるとしよう．ベル状態は純粋状態だから，結合エントロピー $S(A, B)$ は 0 である．ところが，部分トレースをとって個別の系を考えると混合状態 $\hat{\rho}_A = \hat{\rho}_B = \hat{1}/2$ になるので，$S(A) = S(B) = \log 2 = 1$ である．すると，条件付きエントロピーは $S(B|A) = S(A|B) = -1$，相互情報量は $I(A:B) = 2$ となる．古典的な条件付きエ

ントロピーは負にならないし，相互情報量が個々の系のエントロピーより大きくなることはない．相互情報量は系の間の相関を示しているものなので，量子もつれのある系では古典的には説明できない相関をもっていることがエントロピーの議論からも示されたことになる．ベル状態では古典との違いが最も大きく現れるが，他のもつれ合った純粋状態でも条件付きエントロピーや相互情報量が古典的にはとりえない値となる．このことを利用して量子もつれを定量化することができる．つまり，部分トレースをとった系のエントロピーは純粋状態の量子もつれの大きさを表す．これを**エンタングルメントエントロピー**とよぶ．

演習問題 4.9

純粋状態 $|\Psi\rangle = a|0\rangle|0\rangle + b|1\rangle|1\rangle$，ただし $|a|^2 + |b|^2 = 1$ について部分トレースをとって得られる混合状態のエントロピーは $S(A) = S(B) = H(|a|^2)$ であることを示せ．ただし，$H(x) = -x\log x - (1-x)\log(1-x)$ はシャノンエントロピーである．エントロピーが最大になるのは確かにベル状態 $|a|^2 = |b|^2 = 1/2$ のときである．

この結果を一般化してみよう．合成系 A + B の状態をシュミット分解して

$$|AB\rangle = \sum_{i=1}^{d} \sqrt{p_i} |i_A\rangle |i_B\rangle$$

のように表す．ここで，d はシュミットランクであり，$|i_A\rangle$, $|i_B\rangle$ はそれぞれ A 系と B 系の正規直交基底である．部分トレースをとってエントロピーを求めると

$$S(A) = S(B) = H(p_1, \ldots, p_d) = -\sum_{i=1}^{d} p_i \log p_i$$

であり，最大になるのは $p_1 = p_2 = \cdots = 1/d$ のときである．つまり，シュミットランクが大きいほどエントロピーが大きい．エントロピーが 0 になるのは $p_i = 1$ のときで，周辺状態が純粋状態のときである．これは合成系の状態が分離可能であることを意味している．

■**量子ディスコード**　量子ディスコード (quantum discord) は，量子系における様々な相関から量子もつれを含む非古典的な相関を抜き出した量である．量子系における相互情報量 $I_q(A:B) = S(A) + S(B) - S(A,B)$ は，古典・非古典を問わない相関を与える．そこで，古典的な相関を定量化するために，B 系を測定した後の A 系についての不確実性 $\tilde{S}(A|B)$ を考え，古典的な相互情報量

$$I_c(A:B) = S(A) - \tilde{S}(A|B) \tag{4.190}$$

と量子的な相互情報量の差として量子ディスコードを定義する.

$$Dis(A|B) \equiv I_q(A:B) - I_c(A:B) \tag{4.191}$$

ここで，B 系に対する測定 $\hat{M}_B$ は，測定して値 b を得た後の A 系についての不確実性が最小になるように選ぶ.

$$\tilde{S}(A|B) = \min_{\hat{M}_B} \sum_b P(b) S\left(\frac{\text{tr}_B(\hat{1}_A \otimes \hat{M}_B)\hat{\rho}_{AB}(\hat{1}_A \otimes \hat{M}_B^\dagger)}{P(b)}\right) \tag{4.192}$$

量子ディスコードは条件付きエントロピーの差としても表すことができる.

$$Dis(A|B) = \tilde{S}(A|B) - S(A|B) \tag{4.193}$$

測定して得た古典情報は量子系の情報をすべて反映しているとは限らないため，不確実性が大きいはずである．そのため，$\tilde{S}(A|B) - S(A|B) \geq 0$，つまり量子ディスコードは負にはならない．0 になるのは相関がすべて古典的であったときでその他の場合は何らかの非古典的相関があることになる．混合状態では量子もつれがない系でも量子ディスコードは正になることがあり，より広い量子相関をとらえている可能性がある．2 量子ビット系では計算は比較的簡単で，たとえばベル状態では $I_q(A:B) = 2$, $I_c(A:B) = 1$ なので量子ディスコードは 1 になる．一方，$(|00\rangle\langle 00| + |11\rangle\langle 11|)/2$ のような状態では，$I_q = I_c = 1$ なので量子ディスコードは 0 である.

さて，ここまで量子情報で用いられる主な概念を説明してきた．次章からは，これらを用いた応用について見ていこう.

第 5 章

量子暗号

Ch.5: Quantum Cryptography

5.1 量子暗号鍵配付

　量子暗号は量子情報理論を応用して，情報セキュリティのタスクを実行する技術である．その安全性は将来量子コンピュータなどどのような技術の進歩によっても脅かされることはない．第6章で述べるように，現在広く用いられている種類の公開鍵暗号は量子アルゴリズムによって解読されることが示されているため，量子コンピュータが実現したとしても安全性が損なわれない暗号システムの開発は将来に向けての重要な研究課題である．量子暗号という用語は量子力学の原理を利用した暗号一般を意味するが，**量子暗号鍵配付**[*](quantum key distribution，略して **QKD** といい，この略語が日本語の会話や論文でもよく使われる)とそれによってつくられた暗号鍵を用いた暗号プロトコルを指すことも多い．QKD以外の量子暗号プロトコルも研究が進められているが，実際にシステム応用が可能な段階にはない．そのため，この本ではQKDに絞って紹介していくことにする．QKDは技術的には1量子ビットの伝送と古典的な通信および情報処理で実現可能であるため，すでに実用的な装置が開発されるまでになっている．

　そういった応用面からの興味だけでなく，QKDは理論と技術が総合される工学のありかたの例としても興味深い．というのは，QKDは量子力学の原理が情報の獲得とどのようにかかわっているかを示しており，これまで学んだ量子情報理論の概念が技術にうまく生かされていることが見て取れるからである．

5.1.1 現代暗号

　本題の量子暗号に入る前に，暗号に関する一般的な事柄と，現在広く用いられている公開鍵の仕組みを述べておく．

　暗号技術が実現すべき機能は大きく分けて四つあるとされている．

---

* 量子鍵配布あるいは量子鍵配送とよぶこともある．

- 秘匿性 (confidenciality)：正当な受信者以外は通信内容を知ることができないこと
- 完全性 (integrity)：メッセージが改ざんされていないこと，改ざんされた場合には復号自体ができなくなるか，あるいは復号時に改ざんが判明するような仕組みがあること
- 真正性 (authenticity)：間違いなく正規の相手であることを保証（認証）すること
- 否認防止性 (non repudiation)：署名など過去に実行した行為に対し，虚偽の否認ができないように証拠を提供できること

はじめの三つは頭文字をとって CIA などとよばれている．このような機能を実現するために，共通鍵暗号と公開鍵暗号という二つの方法が使われる．共通鍵暗号では参加者が共通の乱数をもち，これを鍵として用いる．暗号として機能するためにはこの鍵が正規の参加者以外には秘密に保たれていることが必要である．多くの場合，短い鍵をまず共有し，この鍵を種として計算により拡大したものを共通鍵として暗号化・復号に用いる．共通鍵暗号は暗号化・復号が比較的簡単なので高速に処理することができる反面，参加者が多くなったときの鍵の管理が難しいという欠点がある．一方，公開鍵暗号は鍵となる乱数を公開し，その鍵を使って暗号化する．復号は受信者だけが知っている別の鍵（秘密鍵）で行うので暗号文の秘密が保たれる．公開鍵暗号は鍵の管理が比較的容易であり，また認証や署名などの多くの機能が実現できる．ただし，暗号化・復号の処理が重いため，一般に低速であり，高速でやり取りされるメッセージをすべて公開鍵暗号で暗号化することは現実的でない．そこで，公開鍵暗号で共通鍵暗号の種となる乱数を共有し，実際の暗号通信は共通鍵暗号によって行うことが多い．

■**RSA 暗号**　ここでは，公開鍵暗号の一つとして RSA 暗号の手順（プロトコル）を説明する．RSA とは考案者リベスト (R. Rivest)，シャミア (A. Shamir)，エーデルマン (L. Adleman) の頭文字をとって名づけられた．

一般に公開鍵暗号のプロトコルは図 5.1 に示す以下のようなものである：

1. 受信者は公開鍵をつくる．
2. 受信者は秘密鍵をつくり，秘密に保つ．
3. 公開鍵を送信者に送る（公開する）．
4. 送信者は送りたいメッセージを公開鍵で暗号化する．
5. 送信者は暗号化されたメッセージ（暗号文）を受信者に送る．
6. 受信者は秘密鍵を使ってメッセージを復号する．

RSA 暗号では公開鍵と秘密鍵は次のようにしてつくる．

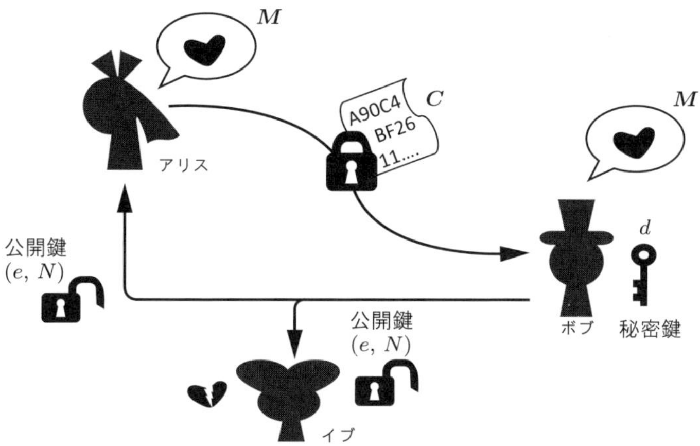

図 5.1 公開鍵暗号の仕組み．ボブは公開鍵と秘密鍵をつくり，公開鍵だけを広く知らせる．ボブにメッセージを送りたいアリスは公開鍵でメッセージを暗号化してボブに送る．ボブは秘密鍵で復号してアリスのメッセージを読む．秘密鍵をもたないイブは暗号文を解読できない．

- まず，ランダムに素数 p, q を選択する．この素数は暗号の安全性を保つためには大きいことが必要だが，説明のための例として $p = 3, q = 5$ とする．
- 次に，$N = pq$ と $L = \mathrm{LCM}(p-1, q-1)$ を計算する．ただし，$\mathrm{LCM}(x, y)$ は x と y の最小公倍数である．上の例では $N = 15, L = 4$ になる．
- L とは互いに素な（公約数がない）正の整数 e を選ぶ．(e, N) を公開鍵とする．たとえば $e = 7$ とすると，$(7, 15)$ が公開鍵になる．
- 秘密鍵 d は $ed = Lk + 1$ を満たす正の整数である．k は適当な正の整数でよい（d が整数になるように選ぶ）．いまの例では，$k = 5$ のとき $d = 3$ になる．

メッセージ M は

$$C = M^e \bmod N \tag{5.1}$$

によって暗号文 C に変換される．ここで，$X \bmod N$ は X を N で割ったときの余りを表す（剰余演算♦）．メッセージは適当な符号化により数で表されている．また，メッセージは適当な長さに分割されて $M < N$ が満たされているようにする．$M = 2$ とすると上の例で求めた公開鍵 $(7, 15)$ を使って暗号文 $C = 2^7 \bmod 15 = 8$ が得られるので，これを受信者に送る．次に，受信者は

$$M = C^d \bmod N \tag{5.2}$$

♦ 剰余演算は 6.1 節でも使われる．

によって復号する．この復号化がうまくいくのは次のような剰余演算の性質による．

$$C^d \bmod N = (M^e)^d \bmod N = M^{Lk+1} \bmod N$$
$$= \left[\left(M^L \bmod N\right)^k \bmod N\right] \times [M \bmod N]$$
$$= M \bmod N = M$$

ここで，整数論で知られている結果 $M^L \bmod N = 1$ を使っている．

　秘密鍵 d を知らなければ，復号はできない．そこで盗聴者は公開された情報から秘密鍵を割り出そうとする．そのためには，秘密鍵のつくり方からわかるように L を知っていればよいので，結局，N から p, q を求めることになる．このように，N が素因数分解できれば RSA 暗号を解読できる．大きい数の素因数分解は困難な問題であると考えられているため RSA 暗号は安全であるということになっている．ただし，RSA 暗号の解読と素因数分解は同値ではないため，素因数分解ができなくとも RSA 暗号が解読されてしまう可能性は完全には否定されていない．また，RSA 暗号は p, q, e の選び方によっては容易に解読されてしまうことが知られているので，実装上の注意が必要である．

　RSA 暗号は次に述べる鍵交換のプロトコルにも用いられてきたが，最近ではこの用途には推奨されていない．それは暗号化された通信を傍受して保存しておき，後から秘密鍵を何らかの方法で得れば傍受したすべてのメッセージが解読できてしまうからである．素因数分解をしなくとも秘密鍵を得る方法はあり♦，実際に捜査機関が暗号化された電子メールを解読したこともある．この場合，調査対象者以外のメールも読まれてしまうためプライバシー保護の点で問題がある．公開鍵暗号に基づく鍵交換プロトコルのなかにも秘密鍵を残さないものがあるので，最近ではそちらが使われるようになっている．このような，あるセッションで使われた秘密鍵が知られても他のセッションでの暗号の安全性に影響がないという性質を，**完全前方安全性** (perfect forward security) という．

5.1.2 ｜ 鍵配付

　鍵配付あるいは鍵交換は，二者間で暗号鍵を共有するプロトコルである．共有された暗号鍵は，上位の暗号プロトコルで用いられ，その暗号プロトコルが目的としている情報セキュリティタスクを実行する．この意味で鍵配付は暗号プロトコルのなかでも基本的な役割を演じる．

　共有された鍵を使うプロトコルのよく知られている例として，**ワンタイムパッド**

♦ たとえば，裁判所の命令で提出させたとか，実装の際に入り込んだ弱点を利用したとかいった事例がある．

(one time pad) あるいはバーナム暗号がある．これは秘匿通信を行うプロトコルである．アリスがボブに他人に知られては困るメッセージを送りたいとしよう．もちろん，この二人は離れたところにいて，直接会って話すことはできない状況にある．暗号化されていない通信は盗聴される可能性があるので，アリスは暗号文を通信で送る．送りたいメッセージは暗号化されていない**平文**（「ひらぶん」と読む）で，ビット列 $M = [m_1; m_2; \ldots]$ によって表されているとしよう．二人は 2 値の乱数からなる暗号鍵 $K = [k_1; k_2; \ldots]$ を事前に共有している．アリスは

$$C = [c_1 = m_1 \oplus k_1; c_2 = m_2 \oplus k_2; \ldots] \tag{5.3}$$

のように暗号文 C をつくり，ボブに送る．ボブは $m_i = c_i \oplus k_i$ によって復号し，メッセージを再現する．ここで，$\oplus$ は 2 を法とする加算で，ビットごとに排他的論理和 (XOR) をとる演算に対応している．このような秘匿通信プロトコルは以下のような条件を満たすと絶対安全であることを，シャノンが 1948 年に証明した．

- 平文と暗号鍵の長さが等しい：$|M| = |K|$
- 暗号鍵は暗号化のたびに異なるものを用いる（つまり暗号鍵は使い捨てる．なお，ワンタイムパッド暗号という名前は使い捨てに由来する．）

ここで絶対安全とは

$$H(M|C) = H(M) \tag{5.4}$$

ということで，つまり，盗聴者は暗号文が与えられても平文についての情報を引き出すことはできず，まぐれ当たり以上の確率で暗号文を解読することはできない．このような絶対安全性は，将来何が起きてもメッセージの秘匿性が保証されるため，大変好ましい性質である．しかし，実際にこのような暗号を運用するのは面倒なことである．暗号鍵として良質の乱数（真性乱数）を用意しなければならないのはもちろんだが，良い乱数がつくれたとしても毎回大量に消費される暗号鍵を相手に渡す方法が問題になる．平文と同じ長さの鍵が必要なことから，通常の通信路で鍵を暗号化して送るのは（古典的には）問題外である．安全を期すために鍵のかかったカバンに乱数を詰めて信頼できる人が運び，金庫にしまった暗号鍵を少しずつ使うということも実際に行われている（らしい）．これは大変な手間であり，鍵の運搬中に何らかの事故で盗み見されてしまう可能性も否定できない．また，鍵をどのように安全に保管するかという問題も生じる．そのため，必要なときに鍵を共有し，使い終わったら捨てることが望ましい．

QKD はこの問題を解決するものであり，離れた二者間で情報理論的に安全な鍵を

共有する．情報理論的安全は，計算量的安全に対比される．計算量的安全とは盗聴者の計算能力が限られていて，実用的な時間内に解読ができないことをいう♦．情報理論的安全はそのような計算量についての仮定を必要としないため，無条件安全ともいわれる．

　古典的な手法によっても，盗聴者の能力を制限すると情報理論的に安全な鍵の共有が可能になる．たとえば，盗聴者のメモリの容量が小さいとか，通信を傍受するだけで積極的になりすましや通信の改変を行わないといった仮定をおく．しかし，このような情報理論的安全な鍵交換では，仮定が満たされていることの保証が容易でないという問題がある．つまり，盗聴者の能力は盗聴者自身の問題なので，外部から制限をかけることは一般にはできない．それに対して，QKDでは，盗聴者の能力に対する仮定をおかず，物理法則が許すことはすべて行うとして安全性理論を組み立てることができる．安全性証明の初期の理論では盗聴の方法に制限を加えることも行われたが，現在では盗聴者は通信路上では物理法則が許すかぎりどんなことでも可能であるとしている．暗号の安全性解析では可能な限り盗聴する側に有利な仮定をおいて，それでも安全性が保たれることを示す．そうすれば，盗聴者の能力が制限されている条件下では当然安全であることがいえる．実際にはQKDでも安全性を保証するためには正規の送受信者についていくつかの仮定が必要になるが，それらの仮定は原理的に送受信者の間で検証可能である．

■**盗聴の種類**　　QKDにおける盗聴は三つの種類に分けられ，後のものほど技術的な難易度が増していく．最も考えやすいのは**個別 (individual) 攻撃**である．これは，次々に送られる信号を1ビットずつ盗聴し，その結果を古典的なメモリに蓄えて解析するものである．**コレクティブ (collective) 攻撃**は送られてくるパルスを一つずつ操作するのは個別攻撃と同じだが，結果が量子メモリに蓄えられる．このため，蓄えた信号に対してさらに量子操作を加えることができる．さらに**コヒーレント (coherent) 攻撃**では，個別のパルスに対する操作だけではなく，送られたすべてのパルスを一括して操作することを認める．つまり，伝送路を通るすべての信号を量子コンピュータに入れて解読を行う．このとき，量子コンピュータは物理法則で許されるあらゆる操作を行うことができるものとする．このようなコヒーレント攻撃は最強の攻撃と考えられる．

　安全性の解析は個別攻撃に対するものが最も簡単である．コヒーレント攻撃を含め

♦ もう少し正確な言い方をすると次のようになる．計算量が問題の大きさに対して多項式的に（ビット数のべきで）増大するとき，一般に計算が可能であるという．解読を行う鍵のビット数に対して計算量がビット数のべきより速く増大すれば，多項式時間以内に答えが出ないので解読不可能となり，暗号は安全である．

たあらゆる種類の攻撃に対して攻撃に応じた安全性証明を行うのは煩雑で不可能に近い．そのため，「どのような攻撃に対しても安全」という大きく網をかけた言い方で安全性証明が行われる．このような安全性証明が可能なのも量子暗号鍵配付の特徴である．そのためには，以下のように QKD の安全性を厳密に表現する必要がある．

5.1.3 量子暗号鍵配付の安全性の表現

鍵配付の目標は鍵を誤りなく共有することと，共有した鍵の情報を他者に知られないことである．正確に述べると次のようなことになる．

1. 正規の送受信者（アリスとボブ）の間で，同じ乱数ビット列（鍵）を共有する．アリスとボブがもっている鍵をそれぞれ K_A と K_B とすると，任意に定めた小さな正数 δ に対して，$Pr[K_A \neq K_B] < \delta$ を満たす．
2. 盗聴者（これからはイブとよぶことにする•）が鍵についてもつ情報量を，任意に定めた小さな値以下にする．

ここで，$Pr[X]$ は事象 X が起きる確率を表している．

　安全性証明の基本的な考え方は，まず完全に安全な暗号鍵を生成する理想的なプロトコルを仮定し，その理想的なプロトコルと実際のプロトコルを見分けられる可能性が小さいことを示すというものである．実際のプロトコルの振る舞いが理想的なプロトコルと変わらなければ，実際のプロトコルは理想的なプロトコルと同等に安全であるといえる．もちろん，見分けられる確率は方法によって変わるので，最もイブにとって有利な状況を考える必要がある．そのため，仮想的な「**判定装置**」を定義する．判定装置への入力は，盗聴によって伝送路から得られるすべての情報と二つのプロトコルが出力する暗号鍵（これを最終鍵という）とする．判定装置は物理的に許される任意の測定を行うことができ，1 ビット（理想プロトコルか否か）を出力する．入力と測定に対しては量子力学からくる制約以外の条件を与えていないので，この判定装置は考えられる範囲で最も強いものになっている．

定義 理想プロトコルで得られる入力情報を $\mathcal{C}_{\text{ideal}}$，実際のプロトコルで得られる入力情報を $\mathcal{C}_{\text{real}}$ とする．入力情報は盗聴方法によって変わるが，任意の（ということはイブに最も有利になる）盗聴法によって得た情報を使う．判定装置で任意の測定 M を行って得た出力を G_M とする．任意に定めた小さな正数 ϵ に対して，ある $\mathcal{C}_{\text{ideal}}$ が存在して

$$|Pr[G_M = 0|\mathcal{C}_{\text{ideal}}] - Pr[G_M = 0|\mathcal{C}_{\text{real}}]| \leq \epsilon \tag{5.5}$$

• 盗み聞き (eavesdrop) という言葉から，盗聴者はよくイブとよばれる．

を満たすとき，プロトコルは $\epsilon-$安全であるという．

QKD では，入力情報として古典情報だけでなく量子力学的な状態から取り出せる情報も考えなくてはならない．入力を量子状態とすると，理想的なプロトコルでは，イブの状態 $\hat{\rho}_E$ はアリスとボブの状態 $\hat{\rho}_{AB}$ から分離した積状態になっている．つまり，

$$\hat{\rho}_{\text{ideal}} = \hat{\rho}_{AB} \otimes \hat{\rho}_E \tag{5.6}$$

であって，イブの状態はアリスとボブの状態に依存しないのでアリスとボブの測定結果（これが鍵になる）をイブの状態の測定から知ることはできない．一方，実際のプロトコルで得られる状態は $\hat{\rho}_{ABE}$ である．$\epsilon-$安全の条件は，式 (5.5) の左辺がトレース距離で

$$|Pr[G_M = 0 | \mathcal{C}_{\text{ideal}}] - Pr[G_M = 0 | \mathcal{C}_{\text{real}}]| \leq \frac{1}{2} \|\hat{\rho}_{ABE} - \hat{\rho}_{\text{ideal}}\|$$

のように上から抑えられることが知られているので，トレース距離が

$$D(\hat{\rho}_{ABE}, \hat{\rho}_{\text{ideal}}) = \frac{1}{2} \|\hat{\rho}_{ABE} - \hat{\rho}_{\text{ideal}}\| \leq \epsilon \tag{5.7}$$

を満たすことである♦．

この安全性の基準を使うことの大きな利点は，イブが状態 $\hat{\rho}_{ABE}$ に対してどのような物理的操作を行っても $\epsilon-$安全が保たれることである．これは，物理的操作によってトレース距離が増大しないという性質 (4.100e) による．たとえ QKD でつくった鍵を使うプロトコルから何らかの情報を得ても，イブはそれを使って QKD に対する盗聴を改良して鍵に対して得る情報を増やすことはできない．このように，あるプロトコルの安全性が，そのプロトコルの結果を用いる他のプロトコルの安全性と独立に議論できる（すなわち，二つのプロトコルがそれぞれ ϵ_1-安全，ϵ_2-安全であるとき，それらを結合した場合 $\epsilon_1 + \epsilon_2-$安全になる）性質を**汎用結合性** (universal composability) という．これは暗号プロトコルの安全性保証にとって望ましい性質である．

ここで述べた QKD の安全性の基準は非常に強い表現であることを注意しておく．鍵の安全性は，イブが鍵を知ることができるかどうかで議論すればよいように思える．そのときにはイブの状態のみを考えればよいはずだが，ここで述べた安全性基準ではアリスとボブを含めた全体のプロトコル後の状態が理想の状態からずれているかを考えている．判定装置から見れば，イブだけを考えるより全体を考えたほうが区別のための材料をより多くもっているため区別が容易になるはずである．つまり，全体の状

♦ $\epsilon > 0$ なので見分けられる（安全でない）確率は 0 ではない．しかし，ϵ は送受信者が任意に決めることができるので，ϵ を十分小さい値にすれば盗聴が成功する事象を極めてまれにしか起きなくすることができる．たとえば $\epsilon = 10^{-10}$ とすると 100 億回鍵を生成させて 1 回盗聴ができる程度になる．

態を見ている判定装置が実際の状態を理想の状態から区別できなければ，当然イブにも区別が不可能である．また，プロトコル後の状態が理想状態と区別できたとしても，イブが鍵を知ることができるとは限らない．つまり，$\epsilon-$安全を議論することはQKDの安全性基準としては過大である可能性もある．しかし，そのことによって個々の盗聴方法に対する情報漏洩を考慮する必要がなく，あらゆる盗聴に対する安全性証明が可能になり，汎用結合性を得ることができる．

5.1.4 | 量子暗号鍵配付のプロトコル

前項で与えられた目標を達成するためにQKDプロトコルが提案されている．プロトコルの前提条件として，QKDでは量子通信路と公開通信路の二つを使うことが仮定されている．量子力学的な状態にある粒子を離れた場所に送ることを量子通信とよび，量子通信を行う伝送路を**量子通信路**とよぶことにしよう．前に述べたように量子通信路は盗聴者に支配されていると考え，盗聴者は量子通信路を通る状態に対して物理的に許されるどのような操作も可能であるとする．量子通信には通常光子が用いられるので，以下のQKDの説明ではもっぱら光子という言葉を使うが，もちろんほかの粒子であっても同じことができる．ただし，光子以外では長距離の伝送に困難が伴う．

公開通信路は量子力学的な効果を用いない（古典的な）通信を行う．そのため，公開通信路を通るメッセージを読み取ることが可能である．ただし，認証通信を行い，内容が変えられることがないこと（改ざん不能性）を保証する．その理由は，後で述べるようにプロトコルのなかで，検出できた光子の位置，測定基底，テストビットとしての測定結果の一部といった情報を交換する必要があるからである．もし，イブがアリスとボブの間に入ってこれらの内容を自分の思うとおりに改ざんできると，アリスとボブには盗聴されたことを検知する手段がなくなるので安全な鍵の生成ができない．このような攻撃を**中間者攻撃** (man-in-the-middle attack) といい，認証通信は中間者攻撃を防ぐために必須である．

カーター (J.L. Carter) とウェグマン (M.N. Wegman) によって，**2−ユニバーサルハッシュ関数**◆を用いることによって情報理論的に安全な認証通信が可能であることが示されている．そこでは乱数の共有が必要になるが，必要なビット数は送られるメッセージのビット数の対数程度であるので，あらかじめ共有しておく乱数の量は少なくてよい．また，2回目以降の認証通信ではQKDでつくった鍵の一部を利用することが

◆ f を X を要素を Y に移す関数とすると，f が 2−ユニバーサルハッシュ関数とは，異なる $x_1, x_2 \in X$ に対して，同じ値を与える確率が次のように Y の大きさ $|Y|$ の逆数以下になるものをいう．

$$Pr[f(x_1) = f(x_2)] \leq \frac{1}{|Y|}$$

可能である．公開通信路は十分な誤り訂正を行って実質的に誤りのない通信路とする．

QKD プロトコルとしては，情報理論的安全が証明されているものだけでも，量子もつれとベル不等式の破れを用いる E91 プロトコル（エカート (A. Ekert) が 1991 年に発表したのでこのようによばれる），二つの基底を用いる BB84 プロトコル（ベネット (C. H. Benett) とブラッサード (G. Brassard) が 1984 年に発表），三つの基底を用いる 6 状態プロトコル，非直交な 2 状態を用いる B92 プロトコルなどがあげられる．盗聴の種類に制限を付ければさらに多くのプロトコルが提案されている．以下では，安全性証明の理論を考えるうえで重要な，量子もつれを用いる BBM92 プロトコル（ベネット，ブラッサードとマーミン (N. D. Mermin) による）と，現在実用化に向けて

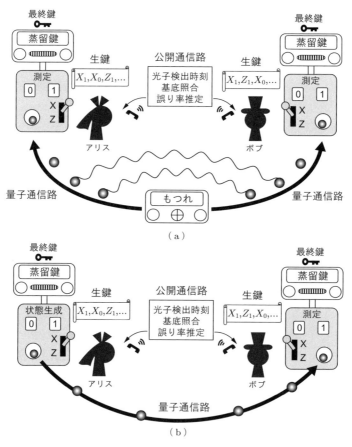

図 **5.2** 量子暗号鍵の配付プロトコル．(a) BBM92 プロトコル．アリスとボブは量子通信路によって量子もつれを共有し，それぞれが選んだ基底で測定する．(b) BB84 プロトコル．アリスは単一光子の状態を生成し，量子通信路でボブに送る．ボブは基底を選んで測定する．

最も研究が進んでいる BB84 プロトコルを紹介する.

■BBM92 プロトコル

BBM92 プロトコル（図 5.2(a)）では,

1. アリスとボブは**最大量子もつれ状態**を共有する．簡単にはアリスとボブの間のどこかにある量子もつれ光子源から次々に放出される光子対の一方をアリスに，もう一方をボブに送ればよい．このとき，量子もつれ光子源はイブの支配下にあっても構わない．要は，アリスとボブの間で最大量子もつれ状態がつくれればよい．
2. アリスとボブは共通の測定基底で測定を行い，その結果を記録する．測定結果は 0, 1, Null の三つである．このうち，Null は光子が観測できなかった事象を表している．
3. 公開通信路を用いて結果が Null であった光子対の位置の情報を交換し，どちらか一方でも Null であった結果を捨てる．この操作によってできたビット列を**生鍵**という．
4. 次に，公開通信路を用いて，測定結果の一部を照合して二人の結果が完全に一致していることを確認する．残りの測定結果を暗号鍵として利用する．ここで得られる暗号鍵は量子力学的な重ね合わせ状態を測定した結果であるため，真性乱数である．

最大量子もつれ状態を測定しているため，二人の測定結果は相関する．共有した量子もつれ粒子対が $|\Phi^{(+)}\rangle$ にあるとしよう．アリスとボブが計算基底（Z 基底）$\{|0\rangle, |1\rangle\}$ で測定を行うと，アリスとボブの測定結果は一致する．また，X 基底 $\{|+\rangle, |-\rangle\}$（ただし，$|\pm\rangle = 2^{-1/2}(|0\rangle \pm |1\rangle)$）で測定してもアリスとボブの測定結果が一致する．このように両者の測定基底が同じときは，どのような基底を用いても光子を検出したときの測定結果は一致する．

アリスとボブが最大量子もつれ状態を共有しているとき，盗聴者はアリスとボブの測定結果について何ら情報を得られないことは，量子もつれのモノガミー（3.2.4 項参照）によって示される．アリスとボブが n 個の最大量子もつれ状態 $|\Phi^{(+)}\rangle$ を共有しているとき，盗聴者の状態 ρ_E を含めた全体の系の状態は次のように書ける．

$$\hat{\rho} = \left(|\Phi^{(+)}\rangle_{AB} \langle\Phi^{(+)}|\right)^{\otimes n} \otimes \hat{\rho}_E \tag{5.8}$$

盗聴者の状態とアリスとボブの状態は積になっているため，盗聴者の状態はアリスとボブの測定と相関をもつことはない．つまり，測定結果について情報を得ることはできない．以上のことから，アリスとボブが最大量子もつれ状態を共有していることが示されれば，アリスとボブの間の鍵の同一性と盗聴者が鍵の情報をもたないことの両

方を保証できる．

　上のプロトコルで測定結果を照合するのは，アリスとボブの間で最大量子もつれ状態が共有されていたことを確認するためである．非直交の二つの基底で測定した結果が完全に一致するのは最大量子もつれ状態にあるときに限られる．そのため，二つの基底での測定結果を比べることによって共有した状態を確認することができる．

　ただし，このとき，測定する基底は粒子対を送っている間は，秘密に保たれる必要がある．基底がわかっていると通信の途中で測定を行って鍵についての情報を得ることができるからである．測定基底がたとえば Z と決まっているときは，量子もつれ状態 $|\Phi^{(+)}\rangle_{AB}$ と $|00\rangle_{AB}$ または $|11\rangle_{AB}$ を区別できない．つまり，イブにすり替えられてもアリスとボブにはわからない．イブが測定を行った後すり替えをしたときの状態は

$$\hat{\rho} = |00\rangle_{AB}\langle 00| \otimes |0\rangle_E\langle 0| + |11\rangle_{AB}\langle 11| \otimes |1\rangle_E\langle 1|$$

となり，鍵の情報とイブの状態は完全に相関している．このような攻撃が行われないようにするためには，アリスとボブが測定基底の情報をやり取りするのはそのセッションのすべての光子対が送られた後（量子通信の終了後）でなければならない．もちろん，事前に秘密の測定基底を相談して決めておいてもよいのだが，それが可能ならそもそも QKD は不要である♦．そのために，いったん光子をそれぞれがもっている量子メモリに保管し，量子通信の後で基底を決めて測定することが考えられる．しかし，実用的な量子メモリは現在のところ存在しないので事後選択を行う．このとき，プロトコルの 2 番目を

- **2-1** アリスとボブは独立に乱数を発生させ，乱数が 0 のとき Z 基底で，1 のとき X 基底で測定を行う．アリスとボブは測定基底と測定結果を記録する．
- **2-2** 量子通信が終了した後，アリスとボブは公開通信路を用いて測定基底を照合する．同じ基底で測定した結果のみ残して，異なる基底で測定した結果を捨てる．残った鍵を**シフト**（sift ふるい）**鍵**という．

のように変えてシフト鍵の一部を照合する．

■**BB84 プロトコル**　オリジナルの BB84 プロトコルでは量子メモリを使うことになっているのだが，上で述べたように量子メモリの使用は実用的でないので，事後選択（基底照合）を用いるバージョンを説明する．このプロトコルでは，単一光子を用いる．

♦ このところはやや微妙である．基底選択はランダムに決めなければならないが，その情報は量子通信が終われば公開されるのでその間だけ秘密が保たれればよい．

1. アリスは単一光子のパルス列を発生する．暗号鍵となる乱数ビット列を発生させ，光子の状態を乱数に従ってコーディングする．このとき，暗号鍵のビット列とは独立な乱数ビット列を発生させ，コーディングのための基底を決める．たとえば，コーディングにZ基底とX基底を使うことにすると，乱数が0のとき，暗号鍵の$\{0,1\}$に対応してZ基底でコーディングを行い，単一光子の状態$\{|0\rangle,|1\rangle\}$をつくる．乱数が1のときX基底でコーディングを行い，暗号鍵の$\{0,1\}$に単一光子状態$\{|+\rangle,|-\rangle\}$を対応させる．状態生成された光子をボブに送る．アリスは暗号鍵ビットの値と基底を記録する．
2. ボブは乱数を発生させ，測定する基底を決めて測定を行う．測定結果と測定基底を記録する．得られる測定結果は 0, 1, Null のいずれかである．
3. ボブはアリスに公開通信路を用いて結果が Null であったパルスの位置を知らせ，Null であったビットを捨て，生鍵を得る．
4. すべてのビットの量子通信が終わった後，アリスとボブは公開通信路を用いて測定基底を照合する．同じ基底で測定した結果のみ残して，異なる基底で測定した結果を捨て，シフト鍵を得る．
5. 次に，公開通信路を用いて，シフト鍵の一部を照合して二人の結果が完全に一致していることを確認する．残りのシフト鍵を暗号鍵として利用する．

BB84 プロトコルにおける鍵の生成過程を図 5.3 に示す．アリスとボブの基底が等しい場合，アリスの状態をボブは正しく測定できるため，アリスの暗号鍵ビットの値とボブの測定結果は完全に一致するはずである．イブは量子通信が行われている間は状態の基底を知らない．二つの基底は非直交であるため，ある基底について情報を得

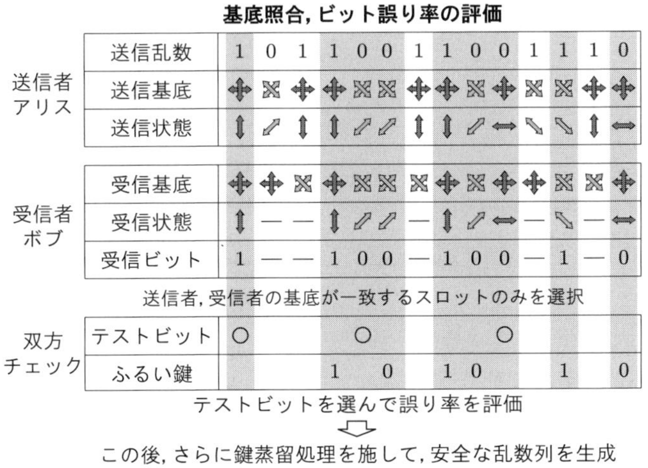

基底照合，ビット誤り率の評価

送信者 アリス	送信乱数	1	0	1	1	0	0	1	1	0	0	1	1	1	0
	送信基底	✢	✕	✢	✢	✕	✕	✢	✢	✕	✕	✢	✕	✢	✢
	送信状態	↕	╱	↕	↕	╱	╱	↕	↕	╱	↔	↕	╲	↕	↔
受信者 ボブ	受信基底	✢	✢	✕	✢	✕	✕	✢	✢	✕	✢	✢	✕	✕	✢
	受信状態	↕	─	─	↕	╱	╱	─	↕	╱	─	↕	─	─	↔
	受信ビット	1	─	─	1	0	0	─	1	0	0	─	1	─	0

送信者，受信者の基底が一致するスロットのみを選択

双方 チェック	テストビット	○				○				○					
	ふるい鍵				1		0		1	0			1		0

テストビットを選んで誤り率を評価
⇩
この後，さらに鍵蒸留処理を施して，安全な乱数列を生成

図 **5.3** BB84 プロトコルにおける鍵生成過程

ようとすると別の基底の状態を壊してしまい，誤りが生じる．たとえば，イブは Z 基底について射影測定 $\{\hat{M}_{Z0} = |0\rangle\langle 0|, \hat{M}_{Z1} = |1\rangle\langle 1|\}$ を行うとする．アリスから送られた状態が X 基底でコーディングされていたとき，状態 $|\pm\rangle$ はイブの測定後にボブが受けとるときには $(|0\rangle\langle 0| + |1\rangle\langle 1|)/2$ になっている．つまり，$|0\rangle$ と $|1\rangle$ の間の位相情報が完全に失われている[*1]．一般の測定についてもこのことが成り立ち，ある基底でビット情報を得ようとするとその基底における位相情報が失われる．つまり，位相誤りを生じる．これは，非直交な基底について測定を行ったときに現れる量子力学の相補性によるものである．相補性を利用するというアイディアに基づいて BB84 プロトコルの安全性証明を一般的に（つまりあらゆる攻撃に対して適用できる形で）行うことができる．

5.1.5 | 量子暗号鍵配付の道具立て

　抽象的なプロトコルだけではなかなかイメージがわかないので，プロトコルを実現するための装置構成を見てみることにしよう．量子情報プロトコルを実装するためには，まず量子ビットを実現するための物理系と量子ビットを決める必要がある．量子通信には光子を使うのが有利である．それは，光子と外部環境との間の相互作用が小さいため，光子数を減らすことなく，また状態を保ちながら伝送することが可能だからである．

　光子を使うと決めたのはよいとして，どの属性に情報を載せるかを決めなければならない．3.1.1 項では偏光量子ビットについて詳しく述べたが，ここでは時間量子ビット（タイムビン）を取り上げる．これは，光通信では光ファイバを用いることが多いためである．光ファイバは極めて損失が小さく，市販品でも $0.18\,\mathrm{dB/km}$ という値が実現されている．これは $50\,\mathrm{km}$ 伝搬させても強度がもとの $1/10$ 以上に保たれるということを意味しており，澄み切った大気よりも減衰が小さい[*2]．ところが現在敷設されている光ファイバには偏光を固定する仕組みがないため，曲げや応力によって光ファイバを伝搬する偏光は容易に変化してしまう[*3]．そこで，偏光を量子ビットとして使う場合には偏光の変化を補償する必要がある．一方，タイムビン量子ビットは光ファイバでの伝搬中も安定に保たれるので光ファイバによる伝送に適している．

[*1] 位相反転チャネルになっている（演習問題 4.4 参照）．
[*2] 実際の光ファイバ線路の損失はこれよりもはるかに大きいが，これは現場の光ファイバがつぎはぎだらけで，接続点での散乱が大きいことに起因している．それはともかくとして，とりあえず光ファイバ以上の媒体を見つけることは難しい．
[*3] 偏波保存ファイバというものもあるが，値段が高いうえに損失が大きい．

■ タイムビン量子ビット

タイムビン量子ビットは光子の振幅を時間的に分割する．具体的には図 5.4(a) に示すような経路の長さ（光路長）が異なる干渉計を用いる．継続時間が短いパルス状の光子の振幅を分割して短い経路と長い経路を通した後，再び経路を同一にする．図にあるような干渉計を**非対称マッハツェンダー干渉計** (asymmetric Mach-Zehnder interferometer, AMZI) という．図のように鏡とビームスプリッタを用いても干渉計をつくることができるが，導波路を基板上につくりこんだ平面光回路 (planar lightwave circuit, PLC) を使うと機械的に安定であり，温度によって光路差を微調整できる．

干渉計を通した光子は短い経路 $|S\rangle$ と長い経路を通った成分 $|L\rangle$ を通った成分の重ね合わせとなる．分岐比が 1:1 であるとすると，このような状態は

$$|\phi\rangle = \frac{1}{\sqrt{2}}\left(|S\rangle + e^{i\theta}|L\rangle\right) \tag{5.9}$$

と書ける．パルスの時間幅よりも光路差による時間のずれが十分大きければ各成分の重なりは無視できるため，二つの成分を正規直交基底と考えることができる．

$$\langle i|j\rangle = \delta_{i,j}, \qquad i,j = S, L$$

そのため，時間成分を偏光成分と同じように扱うことができる．

量子ビットを X, Y, Z の各基底で測定するには次のようにすればよい．まず，Z 基底では光子が観測される時刻を測定する．ただし，光子検出器の時間分解能は $|S\rangle$ と

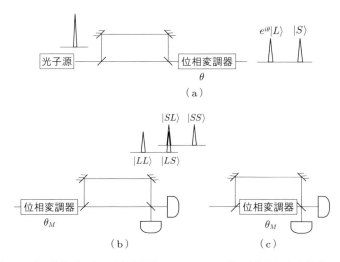

図 **5.4** タイムビン量子ビット．(a) 非対称マッハツェンダー干渉計による作成．(b) XY 基底での測定法．干渉計の外に位相変調器を置いて基底選択する場合．(c) XY 基底での測定法．干渉計のなかに位相変調器を置いて基底選択する場合．

$|L\rangle$ の時間差より小さいことが要求される．X または Y 基底で測定するにはタイムビン量子ビットをつくったときと同じ干渉計を用いる．ただし，$|S\rangle$ と $|L\rangle$ の間に相対位相 $-\theta_M$ をつけておく．これは干渉計に入る前に位相変調器を置いてパルスに同期した変調信号によってどちらかの成分（ここでは $|L\rangle$ とする）だけが変調されるようにするか（図 5.4(b)），干渉計のなかのどちらかの経路（ここでは短い経路）に位相変調器を置く（図 5.4(c)）ことで実現できる．位相変調器は導波路が電気光学効果をもつ材料（ニオブ酸リチウム：$LiNbO_3$ など）でつくられ，導波路に印加される電場による屈折率変化によって導波路を通過する光の位相が変化することを利用している．

タイムビン量子ビット (5.9) を入力すると，干渉計の出力には図のように三つの時間成分が現れる．それぞれ，

(i) $|S\rangle$ が短い経路を通った状態：$(1/2)|SS\rangle$．
(ii) $|S\rangle$ が長い経路を通った状態：$(1/2)|SL\rangle$ と，$|L\rangle$ が短い経路を通った状態 $(1/2)e^{i(\theta-\theta_M)}|LS\rangle$ の重ね合わせ．
(iii) $|L\rangle$ が長い経路を通った状態：$(1/2)e^{i(\theta-\theta_M)}|LL\rangle$．

に対応している．二つの干渉計の光路差が正しくそろえられていれば，$|SL\rangle$ と $|LS\rangle$ は完全に重なる．$|S\rangle$ と $|L\rangle$ の間の位相が出力に関係するのは二つの確率振幅が干渉する (ii) の場合だけである．そのため，(ii) だけを時間ゲートを使って取り出すことにする．光子検出確率は (i) と (iii) を捨てているため，1/2 になる．干渉計の出力ポート 0，1 で光子が検出される確率はそれぞれ，

$$P(0) = \frac{1}{4}\left|1 + e^{i(\theta-\theta_M)}\right|^2 = \frac{1+\cos(\theta-\theta_M)}{2} \quad (5.10a)$$

$$P(1) = \frac{1}{4}\left|1 - e^{i(\theta-\theta_M)}\right|^2 = \frac{1-\cos(\theta-\theta_M)}{2} \quad (5.10b)$$

となる．$\theta_M = 0$ とすれば，X 基底で測定したときに測定結果 $\{0,1\}$ が得られる確率に一致する．また，$\theta_M = \pi/2$ とすれば，Y 基底で測定したときに測定結果 $\{0,1\}$ が得られる確率に一致する[*1]．このように位相変調の θ_M によって XY 平面内の測定基底が選択できることがわかる．

■**BBM92 プロトコルの実装例**　量子もつれ光子対をつくるために 3.2.5 項で説明した SPDC 過程を用いる．図 5.5 に示す構成をとる．時間 τ だけ離れたコヒーレントな光パルスを非線形光学結晶に入射する[*2]．光子対は同時に生成されるので，コヒー

[*1] 光子検出確率がかかるため因子 1/2 の違いがある．
[*2] 連続光を使っても同じようにできる．ただし，この場合光子対が生成される時刻を指定できない．

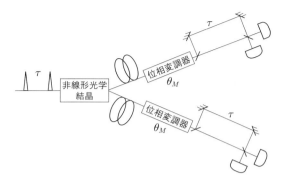

図 5.5 BBM92 プロトコルのタイムビン量子ビットによる実装．非線形光学結晶でもつれ合った光子対を生成し，離れた場所で基底を独立に選んで測定する．

レントな光パルスで光子対が生成されたときの状態は二つのパルス成分から生じた光子対の重ね合わせ状態となる．パルス成分の間の位相を調整すると

$$\begin{aligned}|\Phi^{(+)}\rangle &= \frac{1}{\sqrt{2}}\left(|t=0\rangle|t=0\rangle + |t=\tau\rangle|t=\tau\rangle\right) \\ &= \frac{1}{\sqrt{2}}\left(|S\rangle_A|S\rangle_B + |L\rangle_A|L\rangle_B\right)\end{aligned} \quad (5.11)$$

という最大量子もつれ状態がつくられる．光子対は式 (5.11) の表記に従ってアリスとボブにそれぞれの対の片方が伝送される．アリスとボブは上で述べた非対称マッハツェンダー干渉計で光路差を τ としたものを用いて光子の状態を測定する．その際，乱数発生器でつくった乱数に従って位相変調器に与える電圧を変化させ，X 基底または Y 基底を測定基底として選択する．後はプロトコルのとおりに測定基底と測定結果を記録し，測定基底が同じ結果のみを残す．

上の例では測定基底を乱数によって選択したが，光を分岐して，それぞれの基底で測定を行い，光子を検出した検出器を記録することにしてもよい．この方法では分岐によって光子の行き先が自動的にランダムに選択されるため，**受動基底選択**という．受動基底選択では乱数発生器が不要になるが，光子検出器が余計に必要になる．なお，測定基底の選択を変調器で行う方法を**能動基底選択**という．

■**BB84 プロトコルの実装例** 図 5.6 のようにアリスは送信機，ボブは受信機をもつ．アリスは光子パルスを発生させ，非対称マッハツェンダー干渉計を用いてタイムビン量子ビットをつくる．次に乱数を用いて暗号鍵ビットと基底を決め，変調器によって光子の状態をコーディングする．X 基底と Y 基底でコーディングする場合は $|L\rangle$ に位相変調 $\theta = \{0, \pi\}$，または $\{\pi/2, 3\pi/2\}$ をかけて

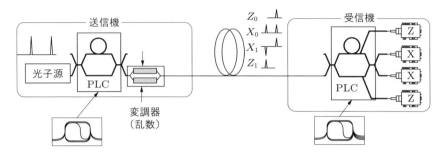

図 5.6 BB84 プロトコルのタイムビン量子ビットによる実装．平面光回路を用いた受動基底選択の例を示す．

$$|0\rangle_X = \frac{1}{\sqrt{2}} \left(|S\rangle + |L\rangle \right) \tag{5.12a}$$

$$|1\rangle_X = \frac{1}{\sqrt{2}} \left(|S\rangle - |L\rangle \right) \tag{5.12b}$$

$$|0\rangle_Y = \frac{1}{\sqrt{2}} \left(|S\rangle + i|L\rangle \right) \tag{5.12c}$$

$$|1\rangle_Y = \frac{1}{\sqrt{2}} \left(|S\rangle - i|L\rangle \right) \tag{5.12d}$$

をつくる．Z 基底でのコーディングでは

$$|0\rangle_Z = |S\rangle \tag{5.13a}$$

$$|1\rangle_Z = |L\rangle \tag{5.13b}$$

が必要になる．図 5.7 に示すような 2 電極型マッハツェンダー変調器を用いると Z 基底と X または Y 基底でのコーディングを 1 台の変調器で同時に行うことができる．この変調器では，電極にかける電気信号によって二つの経路を通る光の位相を独立に変調することができる．それぞれの経路で与えられる位相を ϕ_1, ϕ_2 とすると，規格化をしていない出力状態は，

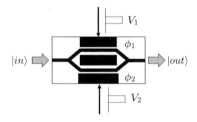

図 5.7 2 電極マッハツェンダー変調器．電極に印加する電気信号によって各々の経路を通る光の位相を変調する．中心の電極はグラウンドに接続される．

$$|out\rangle = \exp\left[i\frac{\phi_1+\phi_2}{2}\right]\cos\frac{\phi_1-\phi_2}{2}|in\rangle \tag{5.14}$$

となって，任意の振幅と位相をつくり出すことができる．信号を印加する時間を調節すると，非対称マッハツェンダー干渉計でつくられたタイムビン量子ビットのコーディングができる．

一方，ボブは測定基底を選んで光子の状態を測定し，測定基底と測定結果を記録する．図 5.6 の例では受動基底選択で X 基底と Z 基底を選択したが，X 基底と Y 基底を用いることもできる．ただし，この場合は干渉計が二つ必要になる．図 5.5 の BBM92 プロトコルと同様の装置で位相変調器を用いて能動基底選択を行うこともできる．

■**BBM92 プロトコルと BB84 プロトコルの等価性**　ここで取り上げた BBM92 プロトコルと BB84 プロトコルを比べてみると，量子もつれ光子対と単一光子を使うという違いはあるが，似通った装置とプロセスで暗号鍵がつくられることに気がつく．実際，BBM92 プロトコルを等価なプロトコルに変換していくと BB84 プロトコルが導かれることを示そう．

まず，量子もつれ光子対源はどこに置かれていてもよいことに注目しよう．そこで，光子対源をアリスの装置のなかに入れてしまう．次に，プロトコルでは測定する時刻も指定されていないことを考慮する．時間的な順序に関しては，測定基底を公開通信路で送る時刻が量子通信の終了後であることしか要求されていない．つまり，光子がボブに向けてアリスの送信機を出る時刻はアリスが測定を行った後でもよいことになる．アリスがたとえば量子もつれ状態 $|\Phi^{(+)}\rangle$ に対して，X 基底を選んで測定を行った後の状態は，アリスの測定結果に応じて

$$\begin{cases} \text{測定結果"0"のとき} & {}_A\langle+|\Phi^{(+)}\rangle_{AB}=|+\rangle_B=|0\rangle_X \\ \text{測定結果"1"のとき} & {}_A\langle-|\Phi^{(+)}\rangle_{AB}=|-\rangle_B=|1\rangle_X \end{cases} \tag{5.15}$$

となる．他の基底で測定を行った場合でも同様であって，送信される状態は BB84 プロトコルと同じもの（式 (5.12) または (5.13)）になる．ここで，測定結果は 0 または 1 をランダムにとるのでこれを暗号鍵に使う．

このように，BBM92 プロトコルでアリスが測定を行った後に得られる状態は BB84 プロトコルでアリスが準備する状態と同一である．そのため，量子もつれ状態を測定して状態 (5.15) を得る代わりに最初から乱数によって暗号鍵ビットと基底を選んで単一光子に変調を行って状態 (5.15) をつくっても，アリスの送信機の外から見ればまったく区別がつかない．また，ボブの側での測定は BBM92 プロトコルと BB84 プロト

コルでは同じことをしている．さらに，その後のプロトコルも同一である．以上のことから，BBM92 プロトコルと BB84 プロトコルは等価である．等価性が示せたので，BBM92 プロトコルで安全性が証明されれば BB84 プロトコルの安全性も同時に証明されることになる．また，このように，アリスとボブの装置をブラックボックスとして，外から見える状態と公開される情報からでは区別できないプロトコルを等価とみなし，等価なプロトコルの安全性を解析することで，もとのプロトコルの安全性を示せる．こうした論法は安全性証明理論でしばしば用いられる．

5.2　量子暗号鍵配付の安全性証明

ここまでで量子暗号鍵配付の概略を説明したが，いくつかの問題はあることに気がついただろうか．最も大きなものは，つくられた鍵の一部（テストビットという）を照合して，完全に一致している場合のみ，残りを鍵として使うことに起因する．そのために生じる問題は 2 種類あり，盗聴者がいるのに見逃してしまうことと，盗聴者がいないのにいると考えて鍵を捨ててしまうこと，である．前者についてはテストビットの数を増やせばよい．誤り率を p_e とし，テストビット数を n とすると，誤りが検出されない確率は

$$1 - p_e^n \to 0 \quad (n \to \infty) \tag{5.16}$$

となり，指数関数的に見逃す確率が減るのでさほど問題にならない．一方，後者は盗聴者がいなくとも現実の装置では誤りが生じる可能性があるため，誤って鍵を捨ててしまうことが起こりうる．もちろん，鍵をつくらなければ情報を盗まれることはないが，鍵がつくれないのではプロトコルを実行する意味がない．

現実の装置で誤りが生じる原因としては，光源の干渉性，タイムビン量子ビットを生成・測定するための非対称干渉計の不完全性，光子検出器での誤検出などが考えられる．誤りそのものは古典的な誤り訂正符号を使って訂正できる．一方，QKD の安全性を保証するためにはこれらに起因する誤りであっても盗聴によって起きたものと考えなければならない．これは装置の不完全性をなくすことは不可能であり，また装置の不完全性による誤りの大きさを正しく評価して安全性理論に取り込むことは困難であるためである．そこで，あいまいさが残る部分はすべて盗聴側に有利なように考えることで高い安全性を確保しようという方針に基づいて理論をつくる．そのため，多少の誤りがあっても安全な鍵をつくれることを示さなければならない．

イブが鍵についてもつ情報の上限がわかっていて，アリス–ボブがイブより多くの情報をもっている場合には，鍵を一部ランダムに捨てることでイブが鍵についてもつ

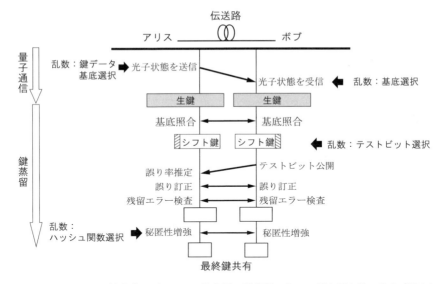

図 5.8 QKD による鍵生成のプロセスの概念図．鍵蒸留によってだんだん鍵のサイズが小さくなっていく．

情報をいくらでも小さくすることができる．これを秘匿性増強といい，この後で説明する．

以上の鍵生成の流れをまとめると図 5.8 のようになる．この図に示すように，量子通信 – 誤り率推定 – 誤り訂正 – 秘匿性増強という一連のプロセスによって安全な鍵を共有することができる．量子通信を終えた後の鍵生成のための処理を鍵蒸留ともいう．鍵蒸留処理の段階では測定が終わっているので古典的なビットに対する処理になる（したがって普通のコンピュータで行える）．なお，この図は概念を与えるためのものであり，処理の細部は実装の仕方により異なっている．

■**秘匿性増強**　非常に簡単にいってしまうと，暗号鍵の安全性が情報理論的に保証されるのは「正規の送受信者が鍵についてもっている情報量が，盗聴者がもちうる情報量の上限より大きいとき」である．このとき，**秘匿性増強**という操作によって盗聴者のもっている情報を消去できる．どのビットが盗聴者に知られているのかわからないのに情報を消せるというのは不思議に思えるが，次のように考えると理解できる．いま，2 ビットの情報があるとして，どちらかのビットが盗聴者に知られているとする．そこで，二つのビットの XOR をとる．たとえ，どちらかのビットを知っていたとしても，もう一方のビットを知らない限り XOR の結果を知ることができない．このように 2 ビットの情報のうち 1 ビットが知られていても，1 ビット分の秘密を保つ

ことができる．

　これを一般化すると，次のようなことがいえる．N ビットの鍵があるとき，M ビットが盗聴者に知られている可能性があるとする．盗聴者のもっている情報を消すためには N ビットの鍵からランダムに $N-M-s$ ビットの鍵を取り出せばよい．具体的には鍵ビット列をベクトル $X=(x_1,\ldots,x_N)$ とし，ランダムな成分をもつ $(N-M-s)\times N$ 行列 G を演算した結果 $Z=XG^T$ を秘密が保たれた最終鍵とする．ランダム行列 G をつくるには $(N-M-s)\times N$ 個と多くの乱数が必要となる．実は乱数の数を減らすことは可能で，X から Z を取り出す操作が **2-ユニバーサルハッシュ関数** とよばれる関数の族に含まれていればよいことが知られている．たとえばテプリッツ行列は 2-ユニバーサルハッシュ関数である．ちなみに，n 行 m 列のテプリッツ行列 C とは i 行 j 列成分 $C_{i,j}$ がすべての $1\leq i\leq n-1$, $1\leq j\leq m-1$ について次のような関係を満たすものである．

$$C_{i,j}=C_{i+1,j+1} \tag{5.17}$$

対角線上の成分はすべて同じであり，行列は第 1 列と第 1 行に含まれる $n+m-1$ 個の成分で決まるため，乱数の数を節約することができる．また，特別な行列の構造を利用して行列の積を高速に行うこともできる．

　ここで，正の数 s を **安全パラメータ** といい，安全性の要求に従って送受信者が決める量である．個別攻撃に対しては盗聴者のビット列と最終鍵との間の相互情報量を $I\leq 2^{-s}/\ln 2$ のように指数的に減らすことができる．一般の攻撃に対する安全性については 5.2.1 項で調べていくことにする．安全パラメータを大きくすれば最終鍵の情報が盗聴者に漏れる確率が小さくなるが，盗聴による情報の漏えい量が大きく，$N-M-s<0$ になってしまうと安全な最終鍵が得られなくなる．

　秘匿性増強を行うときに問題になるのは，いかにして盗聴者の情報量の上限を求めるかということである．幸い量子暗号鍵配付では，イブの行う操作が物理的に可能なものに限られていて任意の状態を完全に知ることはできないため，盗聴者が得る可能性のある情報の上限を位相誤り率の関数として定めることができる．

■**受信再送攻撃**　　例として素朴な盗聴法を考える．イブはアリスの送る光子パルスを測定し，測定した結果を再び光子パルスにしてボブに送る．このような攻撃法を **受信再送攻撃**（absorption-resend attack あるいは intercept-resend attack）という．
　BB84 プロトコルに対する攻撃を考えてみると，イブはアリスが選んだ基底を知らないため，イブは自分が決めた基底で測定を行う．アリスとボブは Z 基底で送受した光子パルスから鍵をつくることを想定する．そこでイブも Z 基底で測定を行うとしよ

う．測定の演算子は

$$\hat{M}_0^Z = p |0\rangle_Z \langle 0| \tag{5.18a}$$

$$\hat{M}_1^Z = p |1\rangle_Z \langle 1| \tag{5.18b}$$

$$\hat{M}_{NP}^Z = (1-p)\hat{1} \tag{5.18c}$$

である．$1-p$ の割合で測定を行わずにパルスをそのままボブに渡すものとする．イブの測定はアリスが Z 基底でコーディングしたパルス $\{|0\rangle_Z, |1\rangle_Z\}$ を送る場合は誤りなくビット値を得ることができる．一方，アリスが X 基底でコーディングしたパルス $|\pm\rangle = (|0\rangle_Z \pm |1\rangle_Z)/\sqrt{2}$ を送る場合，イブの攻撃後の状態は

$$\hat{\rho}^{(+)} = \frac{p}{2}\hat{1} + (1-p)|\pm\rangle\langle\pm|$$

である．イブが Z 基底で測定した場合，状態は $|0\rangle_Z$ または $|1\rangle_Z$ に射影され，$|0\rangle_Z$ と $|1\rangle_Z$ の間の位相情報が失われる．言い換えると，イブが Z 基底でコーディングされた鍵の情報を得ると位相誤りが生じ，位相誤り率は X 基底でコーディングされたパルスのビット誤り率から求めることができる．

ここで述べた受信再送攻撃において，イブの盗聴が引き起こす誤り確率を具体的に調べてみよう．アリスは Z 基底と X 基底を等確率で選ぶとする．イブは Z 基底で測定するため，確率 $1/2$ で誤った基底で測定することになる．アリスとイブが選んだ基底が同じであればイブは誤りなくビット値を得る．イブは，アリスが送信したのと同じ状態の光子パルスを送るので，ボブの測定結果に誤りを生じさせない．一方，イブ

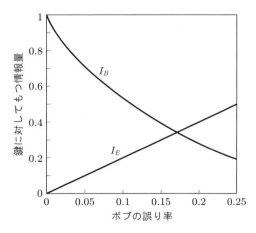

図 5.9 受信再送攻撃におけるボブの誤り率と鍵についての相互情報量．I_B はボブの，I_E はイブの情報量を示す．

の基底がアリスと異なる場合，ボブは基底照合によってアリスと同じ基底で測定した結果のみを残すから，イブとは基底が異なる．そのため，ボブがビット値 0 または 1 を得る確率はそれぞれ 1/2 である．ボブの誤り率はイブが基底選択を誤る確率 (1/2) とそのときボブが誤った結果を得る確率 (1/2) の積であり，1/4 になる．イブはパルスあたり p の割合で盗聴するので，イブが鍵についてもつ情報量は $I_E = p/2$ である．一方，ボブのもつ情報量は $I_B = 1 - H(p/4)$ となるので受信再送攻撃だけを考えた場合，I_B が I_E より大きければ，つまりこの例では $p/2 < 1 - H(p/4)$ であれば，安全な鍵が秘匿性増強によって生成可能である．図 5.9 に示すように $p = 0.68$，ボブの誤り率にして約 17% 以下のとき，鍵生成が可能ということになる．

5.2.1 相補性に基づく安全性証明

もちろん，上で述べたような受信再送攻撃が最も強力な攻撃法というわけではないので，誤り率が上で得た値より小さくても安全といえるわけではない．イブは QKD の過程で漏えいする情報だけでなく，QKD でつくられた鍵を使った上位プロトコルから得られる情報を利用して測定を改良し，最適なコヒーレント攻撃をする可能性がある．このため，前節で与えた安全性の表現のように，理想的なプロトコルの結果として得られる状態と現実のプロトコルの結果として得られる状態のトレース距離で安全性を評価すべきである．

ここでは，小芦 (M. Koashi) らによる相補性に基づいた BB84 プロトコルの安全性証明を紹介する．この証明では実際に鍵をつくる実プロトコルとそれと相補的な仮想プロトコルを考えて，実プロトコルと仮想プロトコルが等価であることを示す．ここで，等価とは，仮想プロトコルの直後に実プロトコルの測定基底で行った測定が，実プロトコルにおける鍵の測定と同じ POVM になっているということである．仮想プロトコルでは公開通信路での通信は実プロトコルと同じように行い，さらにアリスとボブ間で任意の量子通信を行うことができるものとする（「仮想」なのでイブに見えない操作は何を行ってもよい）．

仮想プロトコルが盗聴に対して安全である，つまりプロトコル後の状態が式 (5.7) を満たしていれば，それと区別がつかない実プロトコルも安全であることがいえる．アリスとボブの状態は全体の状態からイブの状態について部分トレースをとったもの ($\mathrm{tr}_E(\hat{\rho}_{ABE})$) であることを考えると，仮想プロトコル後のアリスとボブの状態が純粋状態であればイブの状態とは分離しているはずである．つまり，アリスとボブの状態が純粋状態に近ければ安全性の条件：式 (5.7) を満たす．受信再送攻撃の解析のときのように漏えい情報量を直接求めることはせず，秘匿性増強を行った後のアリス−ボブ−イブの状態が理想的な状態とどれだけ近くなるかを評価していく．これによって

5.1.3 項で述べたようにプロトコルが ϵ–安全であることを示すことができる.

プロトコルの詳細は次のようなものである♦.

・量子通信

前節で述べたように,アリスが BB84 プロトコルで必要な 4 状態をつくる代わりにもつれ合った光子対 $|\Phi^{(+)}\rangle_{AB}$ をつくり,一方をボブに送ると考えてよい(つまり,実際の装置では 4 状態をつくっているかもしれないが,安全性を証明するときはどちらで考えてもよい).正しくは,アリスがつくる状態を最大にもつれ合った光子対に限る必要はないが,話を簡単にするためにこのようにしておく.

イブはボブに送られる光子に対して攻撃を行う.

・実プロトコル

1. **測定**:攻撃が終った後,つまり,伝送路で失われなかった光子がボブに届いた後でアリスとボブは測定を行う.アリスの測定はいつ行っても等価なので簡単のためこのように考える.ここでは Z 基底で測定した結果から鍵をつくることにする.アリスとボブの測定基底は共に Z としているが,基底をお互いランダムに選んで基底照合を行う場合も同様に考えることができる.つまり,基底照合後のシフト鍵に注目すれば,アリスとボブの測定基底が一致しているビットだけを考えているので,測定基底をあらかじめ Z に決めておいて測定したときと変わりはない.

2. **誤り訂正**:アリスとボブの測定結果は一般に食い違っているため,誤り訂正を行う.誤り率を推定するためにランダムに選んだサンプルが十分大きければ,N 個の鍵全体の誤り率は 4.4.2 項で見たようにサンプルの誤り率 δ とほぼ一致する.そこで,$r \sim N\delta$ 個の秘密鍵を消費して誤り訂正を行って,N ビットの訂正済みの鍵 κ_{rec} を得る.普通は誤り訂正を行うと鍵のサイズが減るが,いまは誤り訂正で失われる鍵はすでに共有している秘密鍵から借りてくるものと考えている.このようにすることで誤り訂正に古典通信が必要でなくなり,秘匿性増強と分離して扱うことが可能になる.もちろん,借りた鍵は後で返して帳尻を合わせなくてはならない.誤り訂正が失敗する確率は高々 η_Z であり,十分小さくすることができる.

3. **秘匿性増強**:成分が 0 または 1 の $(N-m) \times N$ 行列 $G = (\mathbf{V}_1, \ldots, \mathbf{V}_{N-m})$ を用意し,$\kappa_{fin} = \kappa_{\text{rec}} G^T$ を最終鍵とする.この行列 G の成分はすべてランダムに選ぶ必要はなく,G が 2–ユニバーサルハッシュ関数になっていればよい.

♦ ここから先は少しわかりにくいかもしれない.量子暗号にとくに興味がある人以外は飛ばしても構わない.

ここで行った実プロトコルは，上記の説明から明らかなように，実際の BB84 プロトコルと等価である．つまり，アリスが Z 基底でコーディングを行って光子を送り，基底照合によりボブも Z 基底で測定した結果を取り出して，シフト鍵から最終鍵を取り出す一連の過程と同じことをしている．

秘匿性増強における犠牲ビット数 m は，次のように決められる．アリスとボブの測定基底が X であるとき，測定結果のビット列を照合することで位相誤り率 δ_{ph} を推定する．ランダムに選んだサンプルが大きいとき，N 量子ビット測定を行ったとしたときの N ビットについての誤り率 $\mathbf{e}$ の経験確率分布は $P_{\mathbf{e}} = \{\delta_{ph}, 1-\delta_{ph}\}$ となる．そこで，

$$\xi = H(\delta_{ph}) \tag{5.19}$$

とおいて，

$$m = N(\xi + s) \tag{5.20}$$

とする．ここで s は安全パラメータである．確率分布 $P_{\mathbf{e}}$ に従う，可能な系列 T（典型系列）の数は 4.4.2 項の結果から

$$|T| \leq 2^{N\xi} \tag{5.21}$$

で抑えられる．また，T に含まれない系列が得られる確率は，小さな数 $\eta = 2^{-N\epsilon - \log(N+1)/N}$ 以下になる．ただし，ϵ は任意に選ぶことのできる正数である．

・仮想プロトコル

次に仮想プロトコルを示す．前に説明したようにプロトコルを終えた後の状態が純粋状態に十分に近ければ安全性が保証される．ここで，目標とする純粋状態を X 基底における固有状態 $|0_x^{\otimes N}\rangle$ とする．以下で与えるプロトコルはボブの測定結果に基づいてアリスの状態を純粋状態に近づけるものである．

攻撃が終わった後，つまり，伝送路で失われなかった光子がボブに届いた後でアリスは N 個の量子ビット $\mathbf{q} = [q_1, \ldots, q_N]$ をもっているとする．たとえば，アリスが N 個のもつれ合った光子対の片方をボブに送った後のような状況に相当する．アリスとボブはアリスの量子ビットの状態を推定して，目標の状態になるようにユニタリ変換を行う．この操作が成功する確率は量子ビットの推定が正しい確率に等しい．目標とする状態は X 基底における固有状態なので，状態を X 基底で表す．このため，$\mathbf{q}$ を X 基底で測定すると仮定したときの結果を推定する．測定結果の候補は経験確率分布 $P_{\mathbf{e}} = \{\delta_{ph}, 1-\delta_{ph}\}$ に従う系列の集合 T に高い確率 $1 - \eta$ で含まれる．

ここで，ベクトル $\mathbf{W} = [b_1, \ldots, b_N]$ に対して演算子 $\hat{\Sigma}_\nu(\mathbf{W}) \equiv \hat{\sigma}_\nu^{b_1} \cdots \hat{\sigma}_\nu^{b_N}$ を定義する．ただし，$\nu = x, z$ で $\hat{\sigma}_x, \hat{\sigma}_z$ はパウリ行列である．

仮想プロトコルは次のようなものである．

1. アリスは $N \times m$ 行列
$$H = \begin{pmatrix} \mathbf{W}_1 \\ \vdots \\ \mathbf{W}_m \end{pmatrix}$$
をランダムに選ぶ．このとき，$\mathbf{W}_j$ は $HG = \mathbf{0}$，すなわち $(\mathbf{W}_j, \mathbf{V}_k) = 0$ を満たすように選ばれる．
2. アリスは N 量子ビットに対して m 個のオブザーバブル $\hat{\Sigma}_x(\mathbf{W}_j)$, $j = 1, \ldots, m$ の測定を行い，$\mathbf{S} = [S_1, \ldots, S_m]$ を得る．この結果は N 量子ビットを X 基底で測定した結果を $\mathbf{X}$ とすると，$\mathbf{X}H$ に対応する．
3. $\mathbf{X}$ の推定値 $\mathbf{X}^*$ を $\mathbf{X}^* \in T$ であって，$\mathbf{S}$ を与える系列として求める．
4. $\mathbf{X}^* = [x_1^*, \ldots, x_N^*]$ で $x_i^* = 1$ のとき，対応する量子ビット q_i は $|1_x\rangle$ にあると考えられるから，$|0_x^{\otimes N}\rangle$ を得るために，$\mathbf{X}^*$ に従って N 量子ビット $\mathbf{q}$ の位相を反転する．つまり，$\hat{\Sigma}_z(\mathbf{X}^*)$ を行う．
5. 最後に，測定せずに残っていた $N - m$ 量子ビットに対して測定 $\hat{\Sigma}_z(\mathbf{V}_k)$, $k = 1, \ldots, N - m$ を行って最終鍵を得る．

上の仮想プロトコルのステップ 3 において，同じ $\mathbf{S}$ を与えるが，X^* とは異なる系列 $X' \in T$ が存在する確率は高々 $2^{-m}|T| = 2^{-Ns}$ である．つまり，$\mathbf{X} \in T$ であれば，推定が間違っている確率は 2^{-Ns} 以下である．$\mathbf{X}$ が T に含まれていない確率と合わせて，推定が間違っている確率は

$$Pr[\mathbf{X}^* \neq \mathbf{X}] \leq \eta_X \equiv \eta + 2^{-Ns} \tag{5.22}$$

となる．

推定が正しければ，ステップ 4 の後のアリスの状態は純粋状態 $|0_x^{\otimes N}\rangle$ になっているはずである．アリスの状態 $\hat{\sigma}$ が純粋状態とみなせる確率は $1 - Pr[\mathbf{X}^* \neq \mathbf{X}]$ になるが，これは 4.3.2 項で述べたように，フィデリティの 2 乗で表すことができる．

$$F\left(\hat{\sigma}, |0_x^{\otimes N}\rangle\langle 0_x^{\otimes N}|\right)^2 = \langle 0_x^{\otimes N}|\hat{\sigma}|0_x^{\otimes N}\rangle \geq 1 - \eta_X \tag{5.23}$$

仮想プロトコルにおいて最後に置かれている操作 $\hat{\Sigma}_z(\mathbf{V}_k)$, $k = 1, \ldots, N - m$ は同じ $\hat{\sigma}_z$ を行う $\hat{\Sigma}_z(\mathbf{X}^*)$ と交換可能である．また，$\hat{\Sigma}_x(\mathbf{W}_j)$, $j = 1, \ldots, m$ については $(\mathbf{W}_k, \mathbf{V}_j) = 0$ であるように選んでいることから，$\hat{\Sigma}_x(\mathbf{W}_j)$ と $\hat{\Sigma}_z(\mathbf{V}_k)$ は別の量子ビットに作用しているので交換してもよい．結局，ステップ 2 からステップ 4 を飛ばしてステップ 5 を行っても結果は同じで外からは区別できない．また，ステップ 5 では $N - m$ ビットの測定結果を得るが，外から見た場合，N 量子ビットに対して測定

した後に秘匿性増強を行ってランダムに m ビットを捨てているのと同じである．これらのことから，実プロトコルと仮想プロトコルはイブから見て区別がつかない等価なプロトコルであることが結論できる．秘匿性増強は仮想プロトコルでは m 量子ビットを選んで X 基底で測定を行い，その結果を用いて位相誤りを訂正することにあたる．これによって，純粋状態をつくってアリスの状態をイブから分離し，イブが鍵についての情報をもたない状態にしている．

ステップ 4 の後のアリスとイブの状態を $\hat{\sigma}_{AE}$ とする．イブの状態について部分トレースをとると $\hat{\sigma} = \mathrm{tr}_E \hat{\sigma}_{AE}$ が得られる．一方，$|0_x^{\otimes N}\rangle\langle 0_x^{\otimes N}|$ は純粋状態なのでアリスとイブの系に拡張すると $\hat{\tau}_{AE} = |0_x^{\otimes N}\rangle\langle 0_x^{\otimes N}| \otimes \hat{\rho}_E$ と書けるはずである．そこで，式 (4.97) により，$\hat{\rho}_E$ を

$$F(\hat{\sigma}_{AE}, \hat{\tau}_{AE})^2 = F(\hat{\sigma}, |0_x^{\otimes N}\rangle\langle 0_x^{\otimes N}|)^2 \geq 1 - \eta_X \tag{5.24}$$

を満たすように選ぶことができる．ここで，イブの状態を勝手に選んでいいのか，と思ってしまうかもしれないが，プロトコルの結果は $\hat{\sigma}_{AE}$ として与えられているので，プロトコルが終わった後の状態を恣意的に選んでいるわけではない．理想的な状態 $\hat{\tau}_{AE}$ が存在しうることがいえればよいので，式 (5.24) を満たす $\hat{\rho}_E$ があるということが重要である．

さて，状態 $\hat{\sigma}_{AE}$ と $\hat{\tau}_{AE}$ を実際に得られる状態と関連付けて安全性証明を完成させよう．アリスは $\hat{\sigma}_{AE}$ のうち，自分の系を Z 基底で測定し，その結果を改めて自分の系に書き込むことにしよう．このとき，状態は

$$\hat{\sigma}'_{AE} = \sum_i q_i |i\rangle_A \langle i| \otimes \hat{\rho}_E(i)$$

と書くことができる．さらに，アリスの測定結果をボブにもそのまま書き込むことでアリス–ボブ–イブの状態

$$\hat{\sigma}'_{ABE} = \sum_i q_i |ii\rangle_{AB} \langle ii| \otimes \hat{\rho}_E(i) \tag{5.25}$$

が得られる．理想的な状態 $\hat{\tau}_{AE}$ についても同様の手続きを行うと

$$\hat{\tau}_{ABE} = \left(\frac{1}{d}\sum_i |ii\rangle_{AB}\langle ii|\right) \otimes \hat{\rho}_E$$

となる．ただし，$d = 2^{N-m}$ である．この状態は式 (5.6) の形になっているので，$\hat{\rho}_{\mathrm{ideal}} = \hat{\tau}_{ABE}$ とする．フィデリティはどのような操作によっても減ることはないので

$$F(\hat{\sigma}'_{ABE}, \hat{\rho}_{\mathrm{ideal}})^2 \geq F(\hat{\sigma}_{AE}, \hat{\tau}_{AE})^2 \geq 1 - \eta_X$$

である．これはフィデリティとトレース距離の関係 (4.108) を使うと

$$\|\hat{\sigma}'_{ABE} - \hat{\rho}_{\text{ideal}}\| \leq 2\sqrt{\eta_X} \tag{5.26}$$

と書ける．
　実際に得られるアリス−ボブ−イブの状態 $\hat{\rho}_{ABE}$ は

$$\hat{\rho}_{ABE} = \sum_{i,j} p_{ij} |ij\rangle_{AB} \langle ij| \otimes \hat{\rho}_E(i,j) \tag{5.27}$$

である．誤り訂正が失敗する確率，すなわち，$i \neq j$ となる確率は $\eta_Z = 1 - \sum_i p_{ii}$ になる．また，$\hat{\sigma}'_{ABE}$ は，実プロトコルと仮想プロトコルが等価なことから

$$\hat{\sigma}'_{ABE} = \sum_{i,j} p_{ij} |ii\rangle_{AB} \langle ii| \otimes \hat{\rho}_E(i,j) \tag{5.28}$$

と書くことができる．これを使って，

$$\|\hat{\rho}_{ABE} - \hat{\sigma}'_{ABE}\| = \sum_i \sum_{j \neq i} 2p_{ij} = 2\eta_Z \tag{5.28}$$

となる．トレース距離では三角不等式が成り立つので

$$\|\hat{\rho}_{ABE} - \hat{\rho}_{\text{ideal}}\| \leq \|\hat{\rho}_{ABE} - \hat{\sigma}'_{ABE}\| + \|\hat{\sigma}'_{ABE} - \hat{\rho}_{\text{ideal}}\| \leq 2\eta_Z + 2\sqrt{\eta_X} \tag{5.29}$$

が得られる．$\epsilon = \eta_Z + \sqrt{\eta_X}$ とすれば安全性の条件 (5.7) が成り立っていることが結論できる．
　この証明で用いられている誤り訂正と秘匿性増強は古典的なビットに対する演算である．それにもかかわらず，量子力学的に可能なあらゆる攻撃に対して安全性が証明できている．つまり，QKD では，普通のコンピュータしかもっていない正規送受信者が巨大な量子コンピュータをもっている（かもしれない）盗聴者に勝つことができる．

5.2.2 レーザ光源を使った場合の安全性

■**光子数分離攻撃**　これまで述べた安全性証明ではアリスが 1 光子を次々に送ることを仮定していた．現在のところ実用的な単一光子光源はまだないため，実際の装置ではパルス発振するレーザ光のパルスあたりの平均光子数 μ が 1 より小さくなるまで減衰させたものが使われている．レーザ光の光子数分布はポアソン分布

$$P(n|\mu) = e^{-\mu} \frac{\mu^n}{n!} \tag{5.30}$$

に従うものと考えられている．平均光子数が 1 より小さければ，パルスの多くは 0 光子（真空）または 1 光子だけを含む．たとえば，平均光子数が 0.1 のときパルスの約 90% が真空であり，約 9% が 1 光子のみを含む．このような光源を弱コヒーレント光源とよぶ．

QKD の実装のための研究開発が始まったころは，1 パルスあたりに含まれる光子数は 0 または 1 であるものが大部分なので，弱コヒーレント光源は単一光子光源として使えると考えられていた．ところが，光子数が 2 以上である確率は小さいが有限なことを用いると（平均光子数 0.1 の例では約 1%），次のような**光子数分離**（photon number splitting, PNS）**攻撃**が可能であることが示された．PNS 攻撃ではイブは光パルスに含まれる光子数を BB84 プロトコルで用いる状態を壊すことなく測定できるものとする．光子数は光子状態とは独立なので，このような測定（光子数の非破壊測定）は原理的に可能である．さらに，伝送路を無損失のものに変えることができるとする．無損失の伝送路というものは現実にはありえないが，遠い将来まで考えたとき，どこまで損失を小さくできるか予測できないので，最もイブに有利な条件として無損失伝送路を仮定している．

イブは光パルスに含まれる光子数を測定し，1 光子のみが含まれるパルスをブロックする．また，2 光子以上含むパルスからは 1 光子を抜き出して量子メモリに蓄え，残りはそのまま無損失伝送路を通してボブに送る．量子メモリにある光子を基底照合時まで保管し，そこで公開された基底で状態を測定する．その結果，イブはボブが受け取る光子の量子状態に影響を与えずに状態を誤りなく知ることができる．一部のパルスをブロックするため，ボブに送られるパルスの数は減少するが，その割合がもとの伝送路の損失よりも小さければボブは検出率の減少に気づくことはできない．このように，PNS 攻撃は送信パルスが 2 光子以上を含む割合が大きく，また伝送路損失が大きい場合に有効である．別の言い方をすると，PNS 攻撃を考えると鍵配送が可能な距離が減少する．伝送路の透過率が η のとき受信機の入力での平均光子数は $\eta\mu$ となるので，受信機に光子が到達する確率は，

$$P_{\text{det}} = 1 - e^{-\eta\mu} \tag{5.31}$$

である♦．イブが PNS 攻撃を行って 1 光子のみ含むパルスをすべてブロックすると，受信機には 2 光子以上を含んでいたパルスだけが到達するのでその確率は $P_{\text{PNS}} = 1 - P(0|\mu) - P(1|\mu)$ であり，$P_{\text{det}} \leq P_{\text{PNS}}$ であれば攻撃が完全に成功する．たとえば，平均光子数 μ が 0.1 のとき，1 パルスが 2 光子以上を含む確率は約 1% であるの

♦ 光子検出率が 1 の理想的な受信機を考えている．光子検出率や受信機内の損失を考えるときは η をその分だけ小さくする．

で，PNS 攻撃が完全に成功するのは透過率が約 0.1 以下のときである．ファイバの損失が $0.2\,\mathrm{dB/km}$ だとすると約 $50\,\mathrm{km}$ が伝送距離の限界となる．PNS 攻撃を避けるためには平均光子数を小さくする必要があり，このときパルスが 1 光子を含む割合も同時に低下するため，最終鍵の生成レートも小さくなる．光子数の分布がポアソン分布だとするとパルス中の光子数が 1 個の確率と 2 個以上ある確率の比は平均光子数に比例する．つまり，伝送路の損失に反比例して送信する平均光子数を減らさなければならない．光子を検出する確率は式 (5.31) であるから，$\eta\mu$ が小さいとき鍵の生成レートも伝送路損失の 2 乗に反比例して減少する．

PNS 攻撃でイブが行うことを図示すると図 5.10 のようになる．ただし，図では上の説明より一般的に，1 光子のみを含むパルスにも何らかの攻撃を行う可能性も含めて示している．その場合はボブが光子を検出する割合は増えるが，同時に誤りも増すことになる．

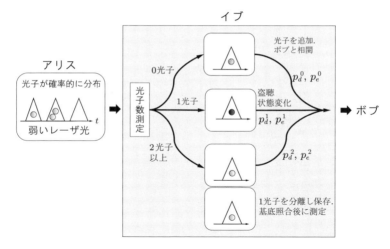

図 5.10 光子数分離攻撃 (photon number splitting attack) での盗聴者の振る舞い

■**デコイ法**　デコイ法は減衰させたレーザ光を使っても長距離の QKD を可能にするために提案された．これまで述べてきたように，パルスに含まれている光子の数が 2 個以上あると量子状態に関する情報がすべてイブに漏れてしまうと考えなければならない．一方，光子数が 1 個であれば 5.2.1 項で示したように，誤り率によって犠牲ビット数を式 (5.20) で定めれば 1 光子のプロトコルは $\epsilon-$ 安全である．また，光子数が 0 のときはそもそも漏えいする情報自体がない．そこで，ボブが検出した光パルスが，送信側では何個の光子を含んでいたかを推定し，2 個以上光子が含まれていたパルスの分だけ犠牲ビット数を大きくすればよい．

上のアイディアがうまくはたらくためには，各パルスの状態が0光子，1光子，2光子，…，をそれぞれ含む状態の混合になっていることが必要である．このときには0光子，1光子，2光子，…を含む状態について別々に盗聴の効果を解析することができる．もし，重ね合わせ状態になっているとこのような考え方は使えない．ところが，閾値より十分強く励起されたレーザ光はコヒーレント状態 $|\alpha\rangle$ にあることが知られている．

$$|\alpha\rangle = e^{-|\alpha|^2/2} \sum_{n=0}^{\infty} \frac{\alpha^n}{\sqrt{n!}} |n\rangle \tag{5.32}$$

ここで，α は複素数 $\alpha = |\alpha|e^{i\theta}$ で $\mu = |\alpha|^2$ を満たす．また，$|n\rangle$ は光子数が n 個の状態を表し，正規直交基底をつくっている（つまり $\langle m|n\rangle = \delta_{m,n}$）．コヒーレント状態 (5.32) は明らかに光子数状態 $|n\rangle$ の重ね合わせである．しかし，位相がわかっていないとき，レーザ光の状態はあらゆる可能な位相を確率的にとるものと考えるので，次のような混合状態となる．

$$\begin{aligned}
\hat{\rho}_{\text{laser}} &= \frac{1}{2\pi} \int_0^{2\pi} |\alpha\rangle \langle \alpha| \, d\theta \\
&= \frac{1}{2\pi} e^{-|\alpha|^2} \sum_{m}^{\infty} \sum_{m}^{\infty} \int_0^{2\pi} \frac{|\alpha|^{m+n} e^{i(m-n)\theta}}{\sqrt{m!n!}} |m\rangle \langle n| \, d\theta \\
&= e^{-\mu} \sum_{n=0}^{\infty} \frac{\mu^n}{n!} |n\rangle \langle n|
\end{aligned} \tag{5.33}$$

つまり，レーザ光の位相を知らないイブから見ると0光子，1光子，2光子，…，を含むパルスが確率的に現れるという状況になっている．

　そこで，Z 基底で送られたパルスから鍵をつくることとし，Z 基底で N 個のパルスが受信されたとき，0光子，1光子，2光子以上を含んでいたパルスの数がそれぞれ N_0, N_1, N_2 であるとしよう．X 基底のビット誤り率から推定された1光子状態での位相誤り率を $\delta_{\text{ph}}^{(1)}$ とすると，式 (5.20) から犠牲ビット数を

$$\begin{aligned}
m &= N_1 H(\delta_{\text{ph}}^{(1)}) + N_2 + Ns \\
&= N \left(1 - \frac{N_1}{N} \left(1 - H(\delta_{\text{ph}}^{(1)}) \right) - \frac{N_0}{N} + s \right)
\end{aligned} \tag{5.34}$$

とすればよい．このとき，X 基底でのビット誤り率から Z 基底での位相誤り率を正しく推定するためには Z 基底と X 基底における検出率が等しいことが必要である．この条件をおけば，どちらの基底でプロトコルが実行されたか，外からは区別がつかないので二つの誤り率を関係づけることができる．最終鍵の生成レート R は，Z 基底で

の誤り率を e_z として

$$R = 1 - fH(e_z) - \left(1 - \frac{N_1}{N}\left(1 - H(\delta_{\text{ph}}^{(1)})\right) - \frac{N_0}{N} + s\right) \quad (5.35)$$

と表せる．ただし，f は誤り訂正の効率が理想的でないことを取り入れるための係数である．シャノン限界が実現されるとき $f = 1$ になるが，実際はそれより大きい値になる．

ここで問題となるのは，N_0, N_1, N_2 や $\delta_{\text{ph}}^{(1)}$ の値を直接測定できず，実際に観測された検出率や誤り率から推定しなければならないことである．推定値は当然真の値からは異なっている可能性がある．式 (5.34) を見ると，N_0, N_1 が小さく，$\delta_{\text{ph}}^{(1)}$ が大きいほど犠牲ビット数が多くなることがわかる．犠牲ビットが本来必要な数より多い分には安全性が失われることはないので，N_0, N_1 を小さめに，$\delta_{\text{ph}}^{(1)}$ が大きめになるように推定する．実際にはある小さな値 δ を決めて，真の N_0, N_1 の値が推定値より小さくなる確率（$\delta_{\text{ph}}^{(1)}$ では真の値が推定値より大きくなる確率）が δ 以下であるような推定値を選ぶ．

犠牲ビットを多くとれば安全にはなるものの，それだけ得られる最終鍵が減り，悪くすれば鍵ができなくなるので，必要最小限にとどめたい．推定値をできるだけ真の値に近づけるためにデコイ法を用いる．デコイ法では光パルスの平均光子数を変えて送信し，それぞれの平均光子数のパルスについて検出率と誤り率を求める．平均光子数の値を何種類か先に決めておき，どの値にするかをランダムに決定する．これらはランダムに選ばれるが，等確率に選ぶ必要はない．平均光子数が多いほうが検出率が大きくなるので，平均光子数が大きいパルスを多く使ったほうが得られるシフト鍵が多くなる．ただ，平均光子数が小さいパルスがあまりに少ないと統計的揺らぎが大きくなって推定値が悪くなるので条件に応じた最適化が必要である．

デコイ法を行ううえで必要となるのは，各種類の光パルスが平均光子数以外は同一の性質をもっていることである．イブは各パルスに含まれる光子数は測定できるが，他の情報がなければ平均光子数を知ることはできない．パルス一つの光子数を見るだけでは「平均」を知ることはできないからそれは当然である．そうすると，イブの盗聴戦略はパルスに含まれる光子数にのみ依存して，どの平均光子数のパルスに対しても同一なものとなる．この場合の盗聴戦略とは，ボブに光子を検出させる割合 $p_d^{(n)}$ とボブの測定結果が誤りとなる割合 $p_e^{(n)}$ である．ただし，n はパルスに含まれる光子数である．すべてのパルスの種類について戦略が同一ということからイブの戦略に制約条件が与えられ，より真値に近い推定値が得られる．ところが，平均光子数によって光の性質が異なるとパルスの種類によって盗聴戦略を変えることができ，制約条件が

つけられなくなるため，推定が悪くなる．

平均光子数が μ_i のパルスについて，アリスの送信パルス数 $N_A(i)$ に対してボブの検出数の期待値を $N_B(i)$ とする．また，$N_T(i)$ 個のテストビットのなかに含まれる誤りの数の期待値を $N_E(i)$ とする．このとき，次のような式が成り立つ．

$$N_B(i) = N_A(i) \sum_n p_d^{(n)} P(n|\mu_i) \tag{5.36}$$

$$N_E(i) = N_T(i) \sum_n \frac{p_e^{(n)} p_d^{(n)} P(n|\mu_i)}{\sum p_d^{(m)} P(m|\mu_i)} \tag{5.37}$$

平均光子数の種類の数だけ式が立てられるので，これがイブの戦略に対する制約条件となる．もし，平均光子数の種類が無限であれば，盗聴戦略 $p_d^{(n)}$，$p_e^{(n)}$ が完全に決まる．有限の種類しかない場合は戦略のとりうる範囲が決まる．平均光子数の種類は多いほうが推定が良くなるが，種類が多くなると飽和してくる．装置をあまり複雑にしないために3種類の平均光子数を使うことが多い．よく使われる値は $\mu_0 = 0$, $\mu_1 = 0.1$, $\mu_2 = 0.5$ である．鍵をつくるのに使われる種類のパルスを**シグナルパルス**，その他の種類のパルスを**デコイパルス**とよぶ．

また，サンプル数が非常に多ければ測定値と期待値が一致するので，測定した結果から戦略を決めることができる．一方，サンプル数が有限の場合は測定値のばらつきを考慮する必要がある．また，秘匿性増強を行うビットのなかに含まれる位相誤りの真の値も，有限のビット長では，決定された戦略から推定される値とは異なる．このようなサンプルや秘匿性増強を行うビット数（符号長）が無限でないことの影響を**有限長効果**という．実際の装置では有限長効果を考慮して犠牲ビットを決める必要がある．

5.3 量子暗号鍵配付の実際

5.3.1 QKD システム

図 5.11 はデコイ BB84 プロトコルを用いた QKD 装置の一例を示したものである．装置の量子通信部はパルスの平均光子数をランダムに変化させる以外は 5.1.5 項で説明したものとほぼ同様である．実際に QKD を用いた秘匿通信を行うには，量子通信を行う部分のほか，安定化，送受信の同期，乱数発生，古典通信，QKD とアプリケーションとのインターフェース等が必要である．

安定化は量子通信で用いられるデバイスの特性が一般に時間的に変動するために必要となる．特性の変化を監視し，システムを最適状態に保つためにデバイスの制御が行われることが必要である．

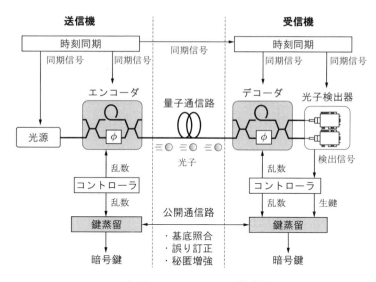

図 **5.11** QKD システムの構成例

■**送受信の同期**　送信するビットと受信されるビットは盗聴がない場合完全に一致するはずである．そのことを保証するためには送受信の同期が必要である．同期はビットとフレームの両方について行う．ビット同期は送受信されるパルスのタイミングを合わせるものであり，クロック同期ともよばれる．フレーム同期は受信したビットを送信されたビットに対応づけるものである．光子の通信では通信路の損失のために送信したパルスのごく一部しか検出されないため，同期を取るためには特別な工夫が必要になる．

クロック同期はクロック周波数を送受信機の間で一致させ，さらに位相を同期させる．クロック同期を行うために量子通信を行うのと同じ伝送路でクロック信号を送る．光ファイバを通る光の群速度は芯線によってわずかながら異なるため，同じケーブルであっても別の芯線を使うと長距離伝送における同期が難しくなる．ただし，同じ芯線を使ってクロック信号を送る場合でも量子通信とクロックを波長分割多重すると光ファイバの波長分散によってクロック信号と量子信号がずれるため，補正が必要になる．実際には伝送されたクロック信号で大まかに受信側のクロック発生器の周波数と位相を合わせ，その後クロック発生器と光子検出信号との間でディジタル的に位相同期をとる．

次にフレーム同期で乱数列の開始位置を合わせる．フレーム同期では暗号鍵を伝送する前に同期のためのビット列を伝送する．送信側のビットパターンと一致するように受信したビット列の位置を変える．最も良く一致したとき，送受信間でフレーム位

置が同期したものとする．鍵配付のための量子通信を行っている間に誤り率が50％近くにまで増加したときはフレーム同期が外れたものとして同期を取り直す．

　量子通信の経路を切り替えると伝送路の長さが変わるため，同期を取り直す必要があり，光子検出レートが低い場合，同期の確立に長い時間が必要になる．このため，あらかじめ各経路における伝搬時間を記録して初期値をできるだけ最適値に近づけるなどの工夫が必要になる．

■乱数発生　　図5.8に示す鍵生成プロセスでは，以下の各プロセスにおいて乱数が必要になる．

1. 生鍵のデータビット（送信側）．ただし量子もつれを使ったプロトコル（BBM92など）では必要ない．
2. 基底選択（送受信側）．ただし，受動基底選択を行う場合受信側では必要ない．
3. デコイ法を用いる場合，平均光子数の選択
4. テストビット選択（送受信側のいずれか）
5. ハッシュ関数の選択
6. 古典通信における認証

このほか，プロトコルによっては誤り訂正でも乱数を必要とする場合がある．これらのうち，2は量子通信が終わった後に基底照合の際に公開される．また，3～5も量子通信が終わった後は公開されてもよい．

　必要な乱数生成レートの観点からすると，1と2では送信ビットレートと等しいレートが必要になる．平均光子数を3通り（シグナル＋2デコイ）とすると1送信ビットあたり2ビット必要である．4～6はこれらよりはるかに小さな生成レートで十分である．つまり，1～3で必要なレートは $(2+2)\times$ 送信ビットレートとなり，これから所要の乱数生成レートが決められる．クロック周波数が $1.25\,\mathrm{GHz}$ のとき，必要な乱数生成レートは $5\,\mathrm{Gbit/s}$ という大きな値となり，乱数発生の負担は大きい．受動基底選択による量子もつれQKD方式は乱数発生器の負担を減らすという意味で有効である．

　QKDに用いる乱数は予測不可能であることが必要である．これには乱数列が相関をもたないことが求められる．QKDで鍵生成を行う場合，基底情報，デコイ強度，テストビット値，ハッシュ関数の選択などは量子通信後に公開されるため，相関があった場合盗聴者が次に現れる乱数を予測できる可能性がある．もちろん，乱数発生を外部からコントロールされたり，乱数値によって消費電力の変化や何らかの信号が外部に放出されたりしないことも重要である．予測不可能性から，QKDに用いる乱数は物理乱数（アルゴリズムによらず物理現象によって生成された乱数）である必要があ

る．これまで，物理乱数の生成機構としては熱雑音，ビームスプリッタによる量子光学的効果，半導体レーザカオス，半導体レーザの位相雑音，超伝導閾値素子の閾値付近での揺らぎ等が提案，実証されてきた．その他，宇宙線のカウントや人の打鍵タイミングなどを用いる例もあるが，これらは明らかに低速であるので高速 QKD 装置には適用できない．

■**古典通信**　量子通信を行った後，図 5.8 に示す鍵生成プロセスにより鍵を生成するために送受信間で以下のような情報のやりとりが必要である．

　ボブからアリス　光子検出したビット位置
　ボブからアリス　基底選択（基底選択の情報を送る方向は反対でもよいがこのほうが送るビット数が少ない）
　アリスからボブ　基底選択が正しいビットの位置
　アリスからボブ　光子検出したパルスの平均光子数
　アリスからボブ　または　ボブからアリス　テストビットの位置
　アリスからボブ　または　ボブからアリス　テストビットの値
　アリスからボブ　または　ボブからアリス　誤り訂正に関する情報
　アリスからボブ　または　ボブからアリス　秘匿性増強におけるハッシュ関数の選択

前にも述べたようにこれらの情報は量子通信の後であれば盗聴者に知られても構わないが，改ざんされていないことを保証する必要がある．

■**QKD とアプリケーションとのインターフェース**　QKD を用いて情報理論的に安全な鍵を生成することができるが，実際のアプリケーションで用いるためには鍵を管理・供給する仕組みが必要である．この仕組みを **QKD プラットホーム**とよぶことにしよう．アプリケーションは鍵を共有したい相手と必要な鍵の量を QKD プラットホームに伝えて鍵を要求する．鍵のフォーマットやアプリケーションとのインターフェースを決めておけば，アプリケーション側では量子通信を意識せずにシステムをつくることができる．

　鍵を共有する相手はネットワーク上の任意のノードにいるものとする．つまり，QKDリンクが直接つながっていないノード間にも鍵を供給する必要がある．ここでは，任意の 2 者間の鍵共有を考えるが，基本的な機能は多ノード間で鍵を共有する場合でも同様である．また，QKD プラットホームとアプリケーション間の通信は安全であるとする．通信は同一ノード内で行われるため，物理的な監視による安全性の保証は可能である．必要であれば，情報理論的安全な認証を行うこともできる．

QKD プラットホームに必要とされる機能は次のようなものである.

・QKD リンクにより乱数（鍵）を生成する.
・QKD リンクを監視し，盗聴を検出する.
・鍵を蓄積する.
・鍵の寿命を管理する.
・直接リンクがつながっていない 2 ノード間で鍵を共有する．その際，鍵情報を中継する経路の制御を行う.
・アプリケーションを認証し，鍵を供給する.

鍵の寿命を決める要因としては，鍵を長期間保管するとそれだけ物理的な手段などで奪われる可能性が高くなるということもあるが，それだけでなく QKD が ϵ-安全であることも影響する．というのは以下の事情による．QKD でつくった鍵の一部を後の QKD プロトコルにおける古典通信の認証に使うことが考えられる．QKD は ϵ-安全であるため，鍵生成の N ラウンド後には $N\epsilon$-安全になる．QKD を行ったときに仮定したセキュリティパラメータから，安全性が保証可能なラウンド回数が決まってしまうのでそれ以上は使用しないようにするか，セキュリティパラメータを大きくして装置の耐用年数の間は所要のセキュリティが保たれるようにする必要がある.

上にあげた蓄積機能や経路制御機能などの機能をフレキシブルに実行するには，次節で説明する，鍵をカプセル化して配送する鍵リレー方式が有効である．鍵リレー方式で安全性を保持するためには各ノードが信頼できる必要がある．後で述べる量子中継では，ノードの信頼性を仮定する必要はないが，上にあげた機能を実現する方法は未開拓であり，これには量子コンピュータが必要となると思われる．当面量子中継は距離の拡大に用い，ネットワーク機能は鍵リレーで実現することが現実的であろう.

■**現実の装置での安全性保証**　　最後に現実の装置における安全性保証を説明する．デコイ BB84 プロトコルを用いて安全に鍵を生成するためには，実装において以下の条件が満たされている必要がある.

1. 送受信機は量子通信路と認証された古典通信路を通じてのみ外界と接続されること．つまり，装置内部に盗聴装置がなく，外部から伝送路以外の経路を通じて装置内部のデバイスを制御できないこと．
2. 送信機においてビット値，基底，平均光子数の選択が，パルスごとに盗聴者とは独立かつランダムに選択されること．
3. 送信される光の状態が各パラメータの選択を正しく反映していること．
4. 各パラメータの選択が送信される光のその他の自由度の状態と相関しないこと．

5. 送信機から放出される光の状態の位相がランダムであること．
6. デコイパルスとシグナルパルスは平均光子数だけが異なり，それ以外のすべての物理的な性質が同一であること．
7. シグナルパルスとデコイパルスの平均光子数が設計された値にあること．デコイ法による単一光子の検出数や誤り率の推定にはシグナル光，デコイ光の強度を用いるため，これらの値が異なると推定が不正確になって安全性の保証が困難になる．
8. 受信機において二つの基底での光子検出効率が等しいこと．
9. 測定基底が盗聴者とは独立かつランダムに選択されていること．
10. 鍵蒸留プロトコルにおいて，シフト鍵からランダムにテストビットが選択されていること．
11. 秘匿性増強に用いられる 2-ユニバーサルハッシュ関数が盗聴者と独立かつランダムに選択されること．

最初の条件は，装置のなかが送受信者以外から見えないようになっているということである．現在の（量子でない）暗号装置に対しても，CPU の消費電力や処理時間の変動や装置から漏れる電磁波を傍受するなどして情報を得ようとする試みが知られている．このように本来の動作とは関係のないところから秘密が暴露されることを**サイドチャネル攻撃**という．古典的なサイドチャネルがないようにすることは実装上重要である．それらがきちんと処理されていれば，装置が外部とつながる場所は送受信する光入出力端からだけとなる．その場合でも，伝送路は他者に支配されていると考えているので外部から本来意図していない光を入れてデバイスの動作を制御したり，デバイスの状態を盗んだりするという試みも考慮する必要がある．このような量子的なサイドチャネル攻撃の方法がいくつか指摘されているが，基本的には量子通信で使う光だけが出入りするようにフィルタをかけ，それ以外の光が入らないようにモニタすることで防ぐことが可能であると考えられている．また，4番目の条件に反して選択，たとえば基底の選び方が光の周波数のようなその他の自由度と相関していると，その自由度（たとえば周波数）の測定によって状態に影響を与えずに基底を知ることができる．

2番目と 9～11 番目の条件は，選択がランダムでなければ盗聴者は選択した内容を知ることができ，それに基づいて盗聴法を改良する可能性があるために必要とされる．たとえば常に同じ基底で送信していることが知られてしまえば，その基底で測定することで受信誤りを与えずに送信されたビット値を知ることができる．

5～7 番目の条件はデコイ法が機能するための条件である．また，8番目の条件は 5.2.1 項で述べた安全性証明が仮定していることである．安全性証明の仮定は理論によって異なり，より多くの条件を仮定しているものもある．安全性が実際に成り立っ

ているかを検証する場合にはどのような安全性証明を根拠にしているかを明確にしなければならない．

以上のような条件からのずれはイブにより多くの情報を与えるため，安全な鍵の生成レートが低下する条件を満たすためには，装置の設計でこれらの点を意識することはもちろん，装置の特性を実際に測定して確認していく必要もある．

5.3.2 │ 量子暗号の限界

■**現実的な性能限界**　QKD の伝送可能な距離と鍵生成速度は現代の光通信からするとひどく見劣りがする．光通信は秘匿性を考慮していないので当然といえばそのとおりで，QKD の性能限界は量子的な方法で盗聴を検出することからきている．

QKD では，誤りはすべてイブの仕業であると考える．そうすると，装置内のデバイスの不完全性や誤検出による誤りも盗聴の結果と考えなければならない．このような誤りが多いと，たとえ盗聴者が本当はいない場合でも犠牲ビットを増やさなければならず，最終鍵の生成レートが低下する．測定結果に誤りを生じるデバイスの不完全性としては，たとえばタイムビン量子ビットを使っているときの干渉計のアンバランスがある．また，光子検出器はある割合で光子がないにもかかわらず検出信号を発生する．これを暗計数（ダークカウント）といい，その発生する割合を暗計数率（ダークカウントレート）という．光子検出器としてよく使われるアバランシェフォトダイオードでは，暗計数率は 1 パルスあたり $10^{-6} \sim 10^{-5}$ 程度である．このほかにも，量子信号以外の光，たとえば部屋の照明や日光が装置の隙間や光ファイバケーブルの被覆を通って光子検出器で検出されることもあり，これを迷光という．暗計数や迷光の検出（誤検出）は，もちろん送られてくる量子ビットの状態とは関係なく起きる．そのため，誤検出のおよそ半分が誤りとなる．

通信距離が長くなって本来の光子が検出されるイベントの数が減ると，誤検出の影響が大きくなる．盗聴がない場合での誤り率が大きくなって安全性が保証された最終鍵がつくれなくなる距離が伝送距離の限界を与える．伝送路での損失レートが α [dB/km]，受信機での損失が β [dB] であるとき，長さ L [km] の伝送路を通って 1 光子が光子検出器に到達する割合は

$$\eta_t = 10^{(-\alpha L + \beta)/10} \tag{5.38}$$

になる．盗聴がないときの誤り率 e は，光子検出器の効率を η_d，デバイスの不完全性の影響を ν，暗計数や迷光による誤検出レートを p_D [/pulse] とすると，次のように書ける．

$$e = \frac{\nu \eta_d (1 - e^{-\eta_t \mu}) + p_D/2}{\eta_d (1 - e^{-\eta_t \mu}) + p_D} \tag{5.39}$$

厳密には光子検出と誤検出が同時に起きることもあるが，その確率は小さいので無視している．距離に対して1パルスあたり生成する鍵のレートをシミュレートした例を図 5.12 に示す．距離が 0 のときでも検出器の効率や受信器内の損失があり，また平均光子数を 1 より小さく設定するため，鍵の生成レートは 1 より大分小さくなる．伝送路の損失の影響は式 (5.38) のように距離の指数で現れる．光子検出確率が小さくなると誤検出の影響 (5.39) により鍵の生成レートが急速に低下する．もちろん，最終鍵の生成レートや距離の限界は用いるデバイスの性能や，犠牲ビット数の算出法によって異なる．

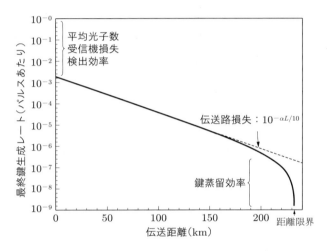

図 5.12 伝送距離と 1 パルスあたりの最終鍵の生成レート

現在のところ，暗計数率が非常に小さい超伝導光子検出器を使うことによって 300 km 程度の伝送が報告されている．迷光と暗計数をなくせば，伝送距離は原理的には制限されないが，光子が到達する割合が指数的に減少する．実用的なファイバの損失 0.2 dB/km を使ってたとえば 500 km 伝送すると光子の到達率は 10^{-10} になり，周波数 1 GHz で 1 光子を送っても 10 秒に 1 個しか届かない計算になって，実用的な速度での鍵生成はできない．

このため，適当な距離に伝送路を区切って中継していくことが考えられている．現在使われているのは，図 5.13 のようにいったん鍵をつくってそれをワンタイムパッド暗号化して送る方法である．A と B が鍵を共有したいが，距離が長すぎるとき，間にいる C に中継を依頼する．A と B はそれぞれ C と通信して QKD による鍵 K_A と K_B をつくる．C は $K_A \oplus K_B$ を B に送る．B は鍵 K_B を知っているので K_A を再現できる．鍵は暗号化されているので外部からは読み取れない．このような方法を鍵の

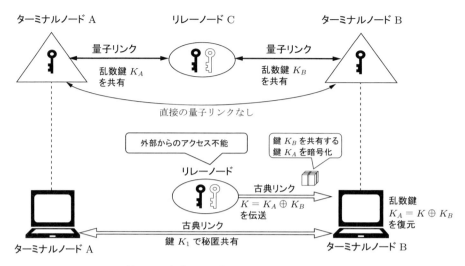

図 5.13 鍵リレー方式による鍵配送の長距離化・ネットワーク化

カプセル化とよび，鍵の中継を**鍵リレー**とよぶ．これは次に説明する量子中継と区別するためである．鍵リレー方式の問題は中間にいる C も鍵を知っていることである．そのため，C からの鍵の漏えいがないことを保証する必要がある．中継ノードを信頼するという意味で，トラステッドノード (trusted node) 方式ともよばれる．

　それに対し，量子状態を中継する方法をとくに**量子中継** (quantum repeater) という．QKD は量子もつれを共有することでも行えるので，中継ノード間に量子もつれをつくり，エンタングルメントスワッピングで遠く離れたノード間に量子もつれをつくる方法が考えられている．エンタングルメントスワッピングを行うと中間のノードは分離されてしまうので情報が洩れることはない．この方法は安全性の意味からは優れているのだが，技術的な障害が多く残されている．長距離を伝送すると光子が消えたり，光子が届いても量子もつれが劣化していたりするので，それらを補償することが必要である．現在いろいろな方式やデバイスが提案されており，実現のための研究も進められている．

　一方，鍵の生成速度は主にデバイスの性能で制限されている．鍵の生成率は伝送距離によって大きく変わるが，ともかくクロック周波数を上げて光パルスの生成レートを上げることがまず考えられる．クロック周波数を高くするとき，タイムビン量子ビットを用いているとダブルパルス間の時間間隔はクロック間隔の半分になるためパルス間の重なりが起きやすいことに注意する必要がある．高クロック化の障害となる要因の一つは光子検出器である．光子検出器は 1 光子から論理回路を駆動できるような電力をつくり出しているので，その増幅率は百万倍以上になる．このような大きな増幅

を行っているため，検出信号には遅れや時間的な揺らぎ（ジッタ）が現れ，光子の到達時刻を数 100 ps より良い精度で知ることは難しい．高速の超伝導光子検出器（先に触れた低暗計数率の超伝導光子検出器とは動作原理が異なる）を使えばより良い時間精度が得られ，高速化が可能である．2016 年現在では，ファイバ 50 km 相当の距離を伝送して数百 kb/s で最終鍵がつくれるというのが，最も高性能な部類の装置の性能である．実際にこれよりレートを上げるには多重化する必要がある．

■原理的な限界　　鍵の生成速度を上げるもう一つの方向は，受信できたパルスから最終鍵を生成するレートを高めることである．ハードウェア的にはシステムの不完全性に起因する誤りを減らすことであり，ソフト（あるいは理論）的には犠牲ビット数を減らせるデータ処理法の開発が考えられる．さらには，より最終鍵生成レートが高くなるプロトコルを新たに考案することも考えられる．そのような研究開発を行っていったとき，最終鍵生成レートはどこまで大きくできるだろうか．

　BB84 プロトコルを考えてみよう．単一光子源と理想的な光子検出器（効率 100％かつ暗計数がない）を用いた理想的な装置を使うと鍵の誤り率は 0 になる．また，二つの基底を選ぶ比率は任意に決めることができる．この節の証明でも見たように，ある基底（たとえば Z）から鍵をつくることに決めると，X 基底で送られる状態は誤り率を通じて犠牲ビット数を計算するためだけに使われる．そのため，Z 基底で送るパルスを増やせばつくられる鍵の数を大きくすることができる．Z 基底で送る割合を q_Z とすると，基底照合に得られるシフト鍵 N_S は送信したパルス数を N_A，伝送路の透過率を η として

$$N_S = q_Z^2 \eta N_A + (1 - q_Z)^2 \eta N_A \tag{5.40}$$

である．ここで，第 1 項が鍵生成に使われ，第 2 項は位相誤り率の推定に用いられる．第 2 項を有限に保つように N_A を大きくしていく．$N_A \to \infty$ では $q_Z \to 1$ とすることができる．つまり，漸近的には送られる光子パルスのすべてを鍵生成に用いることができる．さきほど誤り率を 0 としたから，鍵の生成レートは伝送路の透過率で決まり，1 光子あたり η ビットとなる．

　2014 年に，具体的なプロトコルを仮定しない最終鍵生成レートの上限（Takeoka–Guha–Wilde 限界）が求められた．この理論では，秘密通信量 (private capacity) というものを用いて鍵レートを計算している．これは，よく知られている通信路容量とは異なり，盗聴者に情報を与えずに送れる情報のレートの上界である．損失のある伝送路を仮定し，損失分をすべてイブが鍵情報を取り出すのに使うものとする．BB84 プロトコルのように単一光子を用いる場合には伝送路の損失で失われた光子のもつ情

報は受信に成功した光子からつくる鍵とはまったく相関しないが，その他の光の状態は2光子以上を含むので損失で失われた光子と透過した光子は同一の情報をもっている可能性がある．正規の送受信者は鍵をつくるために双方向の古典通信を自由に使ってよいものとすると，伝送路の透過率を η として，鍵レートの上限が

$$\mathcal{P}_2(\eta) \leq \log_2\left(\frac{1+\eta}{1-\eta}\right) \quad [\text{bits/mode}] \tag{5.41}$$

で与えられることが示された．ここでは，伝送路を純粋な損失を与えるものとのみ考えて，盗聴者がそれ以上の制御を行うことを想定していないという意味で盗聴法が制限されている．このため，物理的に可能なすべての盗聴を考えたときの鍵レートの限界はこれより小さいはずで，その意味でも式 (5.41) は鍵レートの上限である．さて，伝送路の損失が大きい ($\eta \ll 1$) とき，式 (5.41) は $\log_2(1+\eta) \simeq \eta/\ln 2$ であることから

$$\mathcal{P}_2^{\max}(\eta) \simeq \frac{2\eta}{\ln 2}$$

となる．理想的な BB84 プロトコルの鍵生成レート η と比べると，この上限は η に対する依存性は同じで，因子 $2/\ln 2 \simeq 2.9$ だけ大きくなっている．因子の違いしかないということは BB84 プロトコルはかなり理想に近いところにきていることになる．BB84 プロトコルは偏光量子ビットでエンコードした場合偏光の自由度 2 をすべて使って鍵を伝送している．タイムビン量子ビットの場合には二つの時間スロットを使っている．光子のもつ自由度を一つだけ使って鍵を送ることができれば鍵レートを 2 倍にすることができる．本書執筆時点では，このようにして，上限との約 3 倍の違いを埋めるプロトコルがつくれるかは定かではない．現実問題としては，現在のデコイ BB84 プロトコルでは理想的なレートより 1 桁以上低いレートしか得られていないので，このギャップを埋めるのが先になる．

第 6 章

量子計算

Ch.6: Quantum Computation

本章では，まず，代表的な量子アルゴリズムを紹介する．後半では量子回路モデル以外の量子コンピュータの構成モデルや誤り訂正について説明する．

量子アルゴリズムとしてはショアのアルゴリズムが有名だが，その基本となっているのは量子フーリエ変換である．そこで，量子フーリエ変換から話を始めることにしよう．

6.1 量子フーリエ変換とその応用

一般に計算アルゴリズムは問題に特有な計算プロセスを記述する部分と，汎用のプロセスからなる．汎用のプロセスはサブルーチンや関数としてライブラリに収められ，必要に応じて呼び出される．**量子フーリエ変換**は量子計算における汎用プロセスとして重要なはたらきをする．

■**2 進表示について**　本論の前に数の 2 進表示を導入しておこう．量子計算のアルゴリズムの説明では，しばしば整数（我々はそれが 10 進数であるものと刷り込まれている）とその 2 進表示が説明なく混在していて面食らうことがある．

整数 $j = 0, 1, \ldots, 2^n - 1$ は n ビットの 2 進数で次のように表すことができる．

$$j = j_1 j_2 \ldots j_n = j_1 2^{n-1} + j_2 2^{n-2} + \cdots + j_n 2^0 \tag{6.1}$$

ただし，$j_1, \ldots, j_n$ は 0 または 1 である．

j に対応する量子力学的な状態を $|j\rangle$ と書くと，これは n 量子ビットの状態

$$|j\rangle = |j_1\rangle |j_2\rangle \cdots |j_n\rangle$$

であることを了解しておく必要がある．また，2 進小数

$$0.j_1 \ldots j_n = j_1 2^{-1} + \cdots + j_n 2^{-n} \tag{6.2}$$

は $[0,1)$ の実数を n ビットで表示したものである．量子フーリエ変換などではこの 2 進小数がよく使われるので，普通の 10 進小数と混同しないように注意しなければならない．たとえば，$\exp[2\pi i\, 0.1] = \exp[2\pi i(1/2)] = -1$ である．また，$m < n$ の整数に対して $2^m \times 0.j_1 \ldots j_n = j_1 2^{m-1} + \cdots + j_m 2^0 + j_{m+1} 2^{-1} + \cdots + j_n 2^{m-n}$ だから

$$(\exp[2\pi i\, 0.j_1 \ldots j_n])^{2^m} = e^{2\pi i\, 0.j_{m+1}\ldots j_n} \tag{6.3}$$

になる．

6.1.1 | 量子フーリエ変換

ここでは有限 $(N = 2^n)$ 次元のフーリエ変換を考える．

$$X_j = \frac{1}{\sqrt{N}} \sum_{k=0}^{N-1} e^{2\pi i \frac{kj}{N}} x_k \tag{6.4}$$

これは，$A_{jk} = \exp[(2\pi i\, kj)/N]$ という要素からなる行列を思い浮かべると，ベクトル $\mathbf{x}$ を A で同じ空間のベクトル $\mathbf{X}$ に変換していることにほかならないことがわかる．周期性は $(\exp[2\pi i/N])^N = 1$（1 の原始 N 乗根）に起因している．

さて，量子フーリエ変換である．N 次元ヒルベルト空間の正規直交基底を $\{|0\rangle, \ldots, |N-1\rangle\}$ とすると，基底ベクトル $|j\rangle$ は

$$|j\rangle \mapsto \frac{1}{\sqrt{N}} \sum_{k=0}^{N-1} e^{2\pi i \frac{kj}{N}} |k\rangle \tag{6.5}$$

によって変換される．逆変換は

$$|k\rangle \mapsto \frac{1}{\sqrt{N}} \sum_{j=0}^{N-1} e^{-2\pi i \frac{kj}{N}} |j\rangle \tag{6.6}$$

であり，これらの変換はユニタリである．任意の状態も基底の変換に従って

$$\sum_{j=0}^{N-1} x_j |j\rangle \mapsto \sum_{k=0}^{N-1} X_k |k\rangle \tag{6.7}$$

と変換される．

ここで，2 進表示を導入する．基底の変換は積の形で次のように表される．

$$|j\rangle = |j_1 \ldots j_n\rangle$$
$$\mapsto 2^{-n/2}(|0\rangle + e^{2\pi i\, 0.j_n}|1\rangle)(|0\rangle + e^{2\pi i\, 0.j_{n-1}j_n}|1\rangle)\cdots(|0\rangle + e^{2\pi i\, 0.j_1\ldots j_n}|1\rangle) \tag{6.8}$$

このような形に書いておくと，第1量子ビットには j_n の値 (0または1) に応じて $|1\rangle$ に位相 $2\pi j_n/2$ がつくことがわかる．以下，第 n 量子ビットの $|1\rangle$ には位相 $2\pi 0.j_1 \ldots j_n = 2\pi(j_1/2 + \cdots + j_n/2^n)$ がつく．この変換を実現する量子回路は図 6.1 のように書くことができる．ただし，入力と出力で量子ビットの順番が入れ替わっているので，出力に SWAP ゲートを入れて番号をもとに戻す必要がある．通常は回路の記述が煩雑になるので，順番が逆であることを覚えておくことにして SWAP ゲートを省略する．ここで $\hat{Q}_k$ は位相回転ゲートで

$$\hat{Q}_k = \begin{pmatrix} 1 & 0 \\ 0 & e^{2\pi i/2^k} \end{pmatrix} \tag{6.9}$$

で定義される．

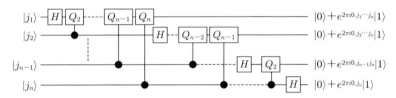

図 6.1 量子フーリエ変換を行う量子回路．式 (6.8) を実行する．$\hat{H}$ はアダマールゲート，$\hat{Q}_k$ は制御位相回転ゲートで式 (6.9) で定義される♦．

実際にこの量子回路で量子フーリエ変換ができていることは状態の変化を追っていけば確かめられる．まず，第 n 量子ビットにアダマールゲート $\hat{H}$ をかける．$\hat{H}|0\rangle = |+\rangle$, $\hat{H}|1\rangle = |-\rangle$ を思い出すと全体の状態は

$$|j\rangle \mapsto |j_1\rangle \cdots |j_{n-1}\rangle \left(|0\rangle + e^{2\pi i j_n/2}|1\rangle\right) 2^{-1/2} \tag{6.10}$$

になる．ここで，$e^{2\pi i 1/2} = -1$ である．

次に，第 $n-1$ 量子ビットにアダマールゲートをかけた後，第 n 量子ビットを制御ビットとする制御位相回転ゲート $\hat{Q}_2$ を作用させる（制御位相回転ゲートをかけるのは第 n 量子ビットにアダマールゲートをかける前にしなければならない）．制御位相回転ゲートによって，$j_n = 1$ のとき $|1\rangle$ に位相 $2\pi/4$ がつく．$j_n = 0$ のときは位相がつかないので，制御位相回転ゲートの効果によって第 $n-1$ 量子ビットの状態は

$$|\pm\rangle \mapsto 2^{-1/2}\left(|0\rangle \pm e^{2\pi i j_n/4}|1\rangle\right) = 2^{-1/2}\left(|0\rangle + e^{2\pi i 0.j_{n-1}j_n}|1\rangle\right)$$

になることがわかる．全体の状態は

♦ この章では図中の演算子は図を見やすくするためにしばしば ˆ（ハット）が省略される．

$$|j_1\rangle\cdots|j_{n-2}\rangle\left(|0\rangle+e^{2\pi i 0.j_{n-1}j_n}|1\rangle\right)\left(|0\rangle+e^{2\pi i 0.j_n}|1\rangle\right)2^{-2/2} \qquad (6.11)$$

になる．第 $n-2$ 量子ビットにアダマールゲートをかけた後，第 $n-1$ 量子ビットを制御ビットとする制御位相回転ゲート $\hat{Q}_2$，第 n 量子ビットを制御ビットとする制御位相回転ゲート $\hat{Q}_3$ を作用させると得られる状態は

$$|j_1\rangle\cdots|j_{n-3}\rangle\left(|0\rangle+e^{2\pi i 0.j_{n-2}j_{n-1}j_n}|1\rangle\right)\left(|0\rangle+e^{2\pi i 0.j_{n-1}j_n}|1\rangle\right)$$
$$\left(|0\rangle+e^{2\pi i 0.j_n}|1\rangle\right)2^{-3/2}$$

以下これを続けると，最終的な状態は

$$2^{-n/2}(|0\rangle+e^{2\pi i 0.j_1\ldots j_n}|1\rangle)\cdots(|0\rangle+e^{2\pi i 0.j_n}|1\rangle) \qquad (6.12)$$

となる．確かにこれは式 (6.8) の量子ビットの順番を逆にしたものになっている．

演習問題 6.1

量子フーリエ変換が式 (6.8) のように書けることを示せ．

6.1.2 | 量子フーリエ変換の応用

量子フーリエ変換も古典の場合のフーリエ変換と同様に，周期性を見出すことに用いられる．そのための基本的な量子回路の形は図 6.2 のようなものである．制御量子ビットの初期状態を $|0\rangle\cdots|0\rangle$ とすると，アダマール変換によって制御量子ビットの状態は $|+\rangle\cdots|+\rangle$ になる．ここで，$\hat{U}^{2^k}$ はユニタリ変換 $\hat{U}$ を 2^k 回作用させることを表している．以後，量子回路で複数の量子ビットを並列的に演算するときは量子ビットを 1 本の線で代表させ，多量子ビットであることを示すために斜線を引くことにする．ここで $FT^\dagger$ は逆量子フーリエ変換を表し，図 6.1 の量子回路の左右を反転させることで得られる（ただし，前に述べたように量子ビットの順番が逆になっているので注意すること）．

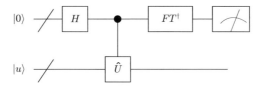

図 **6.2** 量子フーリエ変換を用いた量子回路の基本的な形．標的量子ビットに対して制御ユニタリ変換 $\hat{U}$ を行い，キックバックによって制御量子ビットに与えられた位相を測定する．$FT^\dagger$ は逆フーリエ変換を表す．量子ビットにつけられた斜線は複数の量子ビットを並列的に演算することを示す．

■**位相推定問題** 入力される標的量子ビットの状態が $\hat{U}$ の固有状態であるとする.ユニタリ変換の固有値の絶対値は1であるから固有値を $e^{i\varphi}$ と書くことができる.

$$\hat{U}|u\rangle = e^{i\varphi}|u\rangle \tag{6.13}$$

この固有値(位相)を t ビットの精度で求めたい.このような課題を位相推定問題という.

キックバック (3.76) によって,制御ユニタリ変換 $\hat{U}^{2^k}$ を行うと制御量子ビットに位相がついて

$$|0\rangle|u\rangle \mapsto 2^{-1/2}\left(|0\rangle + e^{i2^k\varphi}|1\rangle\right)|u\rangle$$

という状態に変換されるから,t 個の制御量子ビットについて得られる状態は

$$2^{-t/2}\left(|0\rangle + e^{2\pi i2^{(t-1)}\phi}|1\rangle\right)\cdots\left(|0\rangle + e^{2\pi i2^0\phi}|1\rangle\right)|u\rangle$$

となる.ただし,$\varphi = 2\pi\phi$ とした.このとき,$0 \leq \phi < 1$ であるから,2進小数で表すと $\phi = 0.\phi_1\ldots\phi_t$ となる.$2^k\phi = 2^{k-1}\phi_1 + 2^{k-2}\phi_2 + \cdots 2^{k-t}\phi_t$ であり,整数部分は $\exp[2\pi in] = 1$ であることを思い出すと,上の式は

$$2^{-t/2}\left(|0\rangle + e^{2\pi i 0.\phi_t}|1\rangle\right)\cdots\left(|0\rangle + e^{2\pi i 0.\phi_1\phi_2\ldots\phi_t}|1\rangle\right)|u\rangle \tag{6.14}$$

と書くことができる.この式 (6.14) と量子フーリエ変換 (6.8) を見比べると,式 (6.14) を逆量子フーリエ変換することによって,$|\phi_1\ldots\phi_t\rangle$ が得られることがわかる.そこで,図 6.2 のような量子回路をつくり,制御量子ビットを計算基底で測定することによって $\phi = 0.\phi_1\ldots\phi_t$ の値を知ることができる.

ここで,$|u\rangle$ はユニタリ変換 $\hat{U}$ の固有状態でなくてはならない.固有状態があらかじめわかっているのなら問題ははじめから解けているようなものだ,と思ってしまうと,このアルゴリズムのありがたみはあまり感じられない.そこで,固有状態ではない適当な状態を入力してみよう.この状態は固有状態の重ね合わせ

$$|\psi\rangle_T = \sum_i c_i|u_i\rangle \tag{6.15}$$

で書けるので,量子回路(図 6.2)において測定前の出力は

$$\sum_i c_i|\phi_i\rangle|u_i\rangle$$

になる.したがって制御量子ビットを計算基底で測定すると $|c_i|^2$ の確率で i 番目の固有値(の近似値)が求められることになる.

また，恒等演算子が固有状態を同じ重みで混合した状態

$$\hat{1} = \sum_{i=1}^{n} |u_i\rangle \langle u_i|$$

であることを思い出そう．入力を $\hat{\rho}_{\text{in}} = \hat{1}/n$ とすれば，確率 $1/n$ で $|u_i\rangle$ を入力したのと同じことになる．つまり，固有値のうちの（どれかはわからないが）一つは効率よく求めることができる．すべての固有値を求めるためには，平均して n 回このアルゴリズムを繰り返し走らせる必要がある．

■**位数推定問題** 正の整数 x と N があって，互いに素（1 以外の公約数をもたない）であるとする．$N > x$ だとして，N を法とする x の位数 r とは

$$x^r \equiv 1 \bmod N \tag{6.16}$$

を満たす最小の正の整数である．また，x と N が与えられて r を求める問題を位数推定問題とよぶ．ここで，N は 2 進法を使うと L ビットで表せるものとする．$\bmod N$ は 5.1.1 項で現れた剰余演算♦である．剰余演算では N で割ったときの余りが等しい整数は合同であるとされる．また，割る数 N を法という．たとえば，曜日は 7 を法としてモジュロをとったものである（「火星人の 1 週間は何日か」といった問題を解かされたことはないだろうか）．上の例 (6.16) を言い換えると，x を r 乗して N で割ったとき余りが 1 になるということである．これを満たす r は無数にあるが，位数はそのうち最小のものである．

位数推定問題を量子フーリエ変換を使って解くために，ユニタリ変換 $\hat{U}$ を

$$\hat{U}|y\rangle = |xy \bmod N\rangle \tag{6.17}$$

のようにおく．ここで，y は L ビットの整数で，$0 \leq y \leq N-1$ とする．このユニタリ変換の固有状態が，s を $0 \leq s \leq r-1$ を満たす整数として

$$|u_s\rangle = \frac{1}{\sqrt{r}} \sum_{k=0}^{r-1} \exp\left[-\frac{2\pi i s k}{r}\right] |x^k \bmod N\rangle \tag{6.18}$$

であることは

$$\hat{U}|u_s\rangle = \frac{1}{\sqrt{r}} \sum_{k=0}^{r-1} \exp\left[-\frac{2\pi i s k}{r}\right] |x^{k+1} \bmod N\rangle$$

♦ モジュロをとるともいう．

$$= \frac{1}{\sqrt{r}} \left(\sum_{k=1}^{r-1} \exp\left[-\frac{2\pi i s(k-1)}{r}\right] |x^k \bmod N\rangle \right.$$

$$\left. + \exp\left[-\frac{2\pi i s(r-1)}{r}\right] |x^0 \bmod N\rangle \right)$$

$$= \exp\left[\frac{2\pi i s}{r}\right] |u_s\rangle \tag{6.19}$$

によって容易にわかる．ここで，r が位数であることから，$|x^r \bmod N\rangle = |1\rangle = |x^0 \bmod N\rangle$ になることを使っている．また，式 (6.17) が本当にユニタリであることも，固有値の絶対値が 1 であることから確かめることができた．

ここで問題になるのは r がわかっていなければ $|u_s\rangle$ が構成できないことである．しかし，代わりに

$$\frac{1}{\sqrt{r}} \sum_{s=0}^{r-1} |u_s\rangle$$

を入力にすればよい．これは実は $|1\rangle$ なので，初期状態として $|1\rangle$ を入力する．

これにより，位相推定を量子フーリエ変換を使って行えば s/r の近似値が求められる．さらに，$s'/r' = s/r$ となるような s', r' は連分数アルゴリズムによって効率的に求めることができることが知られているので，真の r の候補 r' が得られる．そこで，r' が式 (6.16) を満たすかを試してみる．これが確かめられれば位数が得られたことになるし，だめならアルゴリズムをもう一度走らせて別の s', r' を得て，また試せばよい．

位相推定の方法を使って位数推定を行うためには，制御 $\hat{U}^{2^j}$ の計算を行う必要がある．この計算は

$$|z\rangle |y\rangle \mapsto |z\rangle \hat{U}^{z_t 2^{t-1}} \cdots \hat{U}^{z_1 2^0} |y\rangle$$

$$= |z\rangle |x^{z_t 2^{t-1}} \cdots x^{z_1 2^0} y \bmod N\rangle$$

$$= |z\rangle |x^z y \bmod N\rangle \tag{6.20}$$

となり，これはべき剰余とよばれる計算になっている．この演算は N を指定するのに必要なビット数 L の 3 乗のオーダーの計算ステップで行うことができる．先に出てきた連分数を使った計算も L の 3 乗のオーダーの計算ステップで行えるので，位数推定に必要な計算ステップは L^3 のオーダーになる．

---- 演習問題 **6.2** ----

$$\sum_{s=0}^{r-1} \exp\left[-\frac{2\pi i s k}{r}\right] = r\delta_{k,0} \tag{6.21}$$

であることを証明せよ．これを使って

$$\frac{1}{\sqrt{r}}\sum_{s=0}^{r-1}|u_s\rangle = |1\rangle$$

を示せ．
　直感的には $\cos(2\pi kx) + i\sin(2\pi kx)$ を x について離散的に積分することを考えてみればわかりやすいかもしれない．

■**素因数分解とショアのアルゴリズム**　ショアのアルゴリズムはほとんどあらゆる量子情報の本に書いてあるが，やはり触れないわけにはいかない．5.1.1 項で述べたように，現在最も広く使われている公開鍵暗号の一つである RSA 暗号を解読する（秘密鍵を知る）には，公開鍵 (e, N) が与えられたとき，$N = pq$ のように素因数分解できればよい．N が偶数であったり，$N = p^n$ $(n \geq 2)$ であったりすると因数は自明なので，それ以外の場合を考える．アルゴリズムは次のようなものである．

1. 1 から $N - 1$ までの適当な整数 x を選ぶ．このとき，x と N の最大公約数が 1 より大きいとそれが因数になる．いきなり因数が見つかるなどという幸運にはめったに巡り合えないので，最大公約数が 1 の場合を考える．なお，最大公約数は普通のコンピュータでも効率的に計算できる．
2. 位数推定のアルゴリズムによって，x の N を法とする位数 r を求める．$x^r \bmod N = 1$ であるから，$x^r - 1$ は N で割り切れる．もし，r が偶数であれば $(x^{r/2}+1)(x^{r/2}-1)$ のように因数分解できる．$x^{r/2} - 1$ が N で割り切れたら，$x^{r/2} \bmod N = 1$ となるため，r が式 (6.16) を満たす最小の整数という条件に反する．つまり，今回は失敗ということになる．また，$x^{r/2} + 1$ が N で割り切れたときも失敗とする．
3. それ以外のときは，N は $x^{r/2} - 1$，$x^{r/2} + 1$ と共通因数をもつから，ユークリッドの互除法によって N と $x^{r/2} - 1$ の最大公約数と N と $x^{r/2} + 1$ の最大公約数を求める．これが 1 でなければ N の自明でない因数となる．
4. 因数を求めることに失敗したとき，最初に戻って x を変える．

1 回の試行が失敗する確率は高々 $1/2$ であるので，何回か試行を繰り返せばすべての試行で失敗する確率は指数関数的に減少する．N が L ビットの整数であるとき，位数の推定は L^3 のオーダーの計算量で行えるため，ショアのアルゴリズムは素因数分解を効率的に行うことができる．

　ショアのアルゴリズムと同様に量子フーリエ変換を使って効率的に解ける一群の問題がある．これらは**隠れ部分群問題** (hidden subgroup problem) とよばれるものの一部である．きちんと説明するには代数学の知識が必要になるので，ここでは問題の

名前を紹介するにとどめる．ショアのアルゴリズムでは整数の上の量子フーリエ変換を用いたが，それをある有限な群の上で行うように一般化したアルゴリズムを用いる．RSA 暗号とならぶ重要な公開鍵暗号である DH (Diffie-Hellman) 鍵共有や楕円曲線暗号は離散対数問題の難しさを安全性の根拠にしているが，この問題は効率的に解くことのできる隠れ部分群問題に帰着されるので量子コンピュータができればこれらの暗号も安全ではなくなる．ただし，隠れ部分群問題のすべてが量子コンピュータで効率的に解けるわけではなく，たとえば格子暗号で用いられる最短ベクトル問題も隠れ部分群問題に帰着されるが，現在のところ準指数的な時間で解くアルゴリズムしか得られていない．どのような隠れ部分群問題が効率的に解けるのか，またそのための量子アルゴリズムをどのように構成するかといった課題は現在も盛んに研究が行われている．

6.1.3 測定を行う量子フーリエ変換

位相推定問題では，逆量子フーリエ変換を行った後で制御量子ビットを計算基底で測定する．逆量子フーリエ変換を行う量子回路は図 6.3(a) のようにアダマール変換した後の状態を制御ビットにして制御量子ゲートを作用させる．図では入力の上位ビットが上になっている．逆量子フーリエ変換した結果は下位ビットが上になる．量子フーリエ変換のときもそうだが，添え字が混乱しがちなので注意が必要である．3.2.4 項で述べたように制御ゲートと制御量子ビットの測定は交換するから，図 6.3(a) は図 6.3(b) のように変形できる．さらに，式 (6.14) が制御量子ビットのテンソル積になっていることを考えると，測定と古典的な制御位相回転ゲートは図 6.3(c) のようにビットごとに逐次的に行うことができる．ここで，最上位の量子ビット（図 6.3 では a_3）を第 1 量子ビットとして最初に測定する．第 k 量子ビットに与えられる位相回転 R_k は第 $k-1$ 量子ビットまでの測定結果 $\phi_t, \ldots, \phi_{t-k+2}$ を使って決められる位相回転

$$\Phi_k = \sum_{j=1}^{k-1} 2^{-(j+1)} \phi_{t-k+j+1} \tag{6.22}$$

によって

$$\hat{R}_k = \begin{pmatrix} 1 & 0 \\ 0 & e^{-2\pi i \Phi_k} \end{pmatrix} \tag{6.23}$$

で与えられる．この位相回転の精度は一見すると t ビット必要なように見え，t が大きくなると非現実的な値が要求されるように思われる．ところが，よく考えてみると位相回転の精度はそれほど必要でないことがわかる．m ビット以降を切り捨てたとき，位相回転の誤差を δ とすると

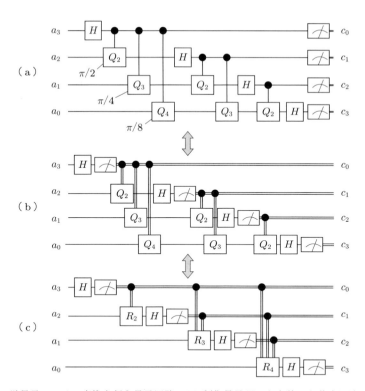

図 6.3 逆量子フーリエ変換を行う量子回路．(a) 制御量子ゲートを使った基本回路．(b) 測定と制御ゲートを交換した量子回路．(c) 逐次的に測定と位相回転を行う量子回路．図は 4 量子ビットの回路を示している．

$$\delta = 2\pi \sum_{j=m}^{k-1} 2^{-(j+1)} \phi_{t-k+j+1}$$

$$\leq 2\pi \sum_{j=m}^{k-1} 2^{-(j+1)}$$

$$< 2\pi \sum_{j=m}^{\infty} 2^{-(j+1)} = \frac{\pi}{2^{m-1}} \tag{6.24}$$

となる．2 行目の不等号は ϕ_n が 0 または 1 であることから ϕ_n をすべて 1 として得られる．位相回転の誤差に対する $j > m$ ビット目の寄与が $2^{-(j+1)}$ で小さくなっていくため誤差が抑えられることがわかる．位相回転の誤差により，アダマールゲートを作用させた後の状態は

$$\frac{1}{2}\left((1 \pm e^{i\delta})|0\rangle + (1 \mp e^{i\delta})|1\rangle\right)$$

になるから，測定結果が誤りである確率は $(1-\cos\delta)/2$ になる．たとえば，8 ビットの精度で位相回転が決められるとき，$\delta < \pi/128$ なので誤り確率は高々 1.5×10^{-4} である．

6.2 振幅増幅とその応用

　もう一つの有名な量子アルゴリズムに**グローバーアルゴリズム**がある．グローバーアルゴリズムはデータベースから条件に合ったものを探し出すものである．より一般的な表現として次のような問題を考える．「入力となるビット列 x が与えられたとき $\xi(x,y) = 1$ となるようなビット列 y を見つける．ただし，ξ はある論理関数で問題に特別な構造はないものとする．」この問題を繰り返しによって解くとき，古典アルゴリズムでは解が得られる確率は繰り返しの回数に比例する．一方，量子アルゴリズムでは，1 回の繰り返しごとに問題の解となるビット列に対応する状態ベクトルの振幅が増大する．解が得られる確率は振幅の絶対値の 2 乗なので，解が得られる確率の増大は繰り返し回数の 2 乗に比例する．そのため，問題の大きさを n とすると，問題が解けるまでの平均繰り返し回数は古典的なアルゴリズムでは n に比例し，量子アルゴリズムでは $\sqrt{n}$ に比例する．つまり，量子アルゴリズムにより計算量の削減ができることがわかる．

　グローバーアルゴリズムでは求める答えに対応する状態の確率振幅が大きくなるようなテクニックを使っている．これを一般化した**振幅増幅** (amplitude amplification) について，以下で説明する．

6.2.1 振幅増幅

　L ビットの入力 **x** に対する論理関数 $f : 0, 1, \ldots, N-1 \mapsto 0, 1$ において $f(\mathbf{x_1}) = 1$ を満たす $\mathbf{x_1}$ を求めたい．ここで，$N = 2^L$ とする．ヒルベルト空間 $\mathcal{H}$ の部分空間 $\mathcal{H}_0$ と $\mathcal{H}_1$ を考える．ただし，

$$\begin{aligned} \mathcal{H}_0 &= \{|\mathbf{x}_0\rangle \, | \, f(\mathbf{x}_0) = 0\} \\ \mathcal{H}_1 &= \{|\mathbf{x}_1\rangle \, | \, f(\mathbf{x}_1) = 1\} \end{aligned} \qquad (6.25)$$

である．$\mathcal{H}_1$ は条件を満たす「良い」部分空間で $\mathcal{H}_0$ は条件を満たさない「ダメな」部分空間というわけである．ヒルベルト空間 $\mathcal{H}$ における純粋状態 $|\Psi\rangle$ は規格化されていないベクトル $|\tilde{\Psi}_0\rangle \in \mathcal{H}_0$ と $|\tilde{\Psi}_1\rangle \in \mathcal{H}_1$ の和で $|\Psi\rangle = |\tilde{\Psi}_0\rangle + |\tilde{\Psi}_1\rangle$ のように表される．ここで，**x** が同時に $f(\mathbf{x}) = 0$ と $f(\mathbf{x}) = 1$ を満たすことはないから，$|\tilde{\Psi}_0\rangle$ と $|\tilde{\Psi}_1\rangle$ は

直交している.
$$\langle \tilde{\Psi}_0 | \tilde{\Psi}_1 \rangle = 0 \tag{6.26}$$
また,$a = \langle \tilde{\Psi}_1 | \tilde{\Psi}_1 \rangle$,$b = \langle \tilde{\Psi}_0 | \tilde{\Psi}_0 \rangle$ とすると,$a + b = 1$ を満たす.

ここで,**オラクル**(oracle, 神託)というものを考える.これは要するに,ある解の候補 $\mathbf{x}$ を入力するとそれが条件を満たすか ($f(\mathbf{x}) = 1$) 満たさないか ($f(\mathbf{x}) = 0$) を教えてくれるサブルーチンである.オラクルを使うアルゴリズムでは,解を得るために何回ご神託を聞かなくてはならないかという回数で計算量を評価することが多い.いまの問題ではオラクルを
$$\hat{U}_f : |\mathbf{x}\rangle \mapsto (-1)^{f(\mathbf{x})} |\mathbf{x}\rangle \tag{6.27}$$
とする.つまり,条件に合った $|\mathbf{x}\rangle$ の位相を反転させる.この写像は
$$\hat{U}_f = \hat{1} - 2|\Psi_1\rangle\langle\Psi_1|, \quad \tilde{\Psi}_1 \in \mathcal{H}_1 \tag{6.28}$$
と表すことができる.ただし,$|\Psi\rangle$ は $|\tilde{\Psi}\rangle$ を規格化したベクトルである.ついでに,$|0\rangle$ の位相を反転させる変換
$$\hat{U}_0 = \hat{1} - 2|0\rangle\langle 0|$$
を定義しておく.

さて,ある量子アルゴリズム $\mathcal{A}$ があって,入力 $|0\rangle$ に対して出力が $|\psi\rangle = \mathcal{A}|0\rangle$ で与えられているとする.$|\psi\rangle$ を,$|\Psi_1\rangle$ と $|\tilde{\Psi}_0\rangle$ を規格化したベクトル $|\Psi_0\rangle$ によって
$$|\psi\rangle = \sqrt{a}|\Psi_1\rangle + \sqrt{1-a}|\Psi_0\rangle \tag{6.29}$$
と書いたとき,「良い」部分空間に属するベクトルの振幅 $\sqrt{a}$ が大きくなれば,測定の結果条件を満たす数を得る確率が大きくなる.そこで,
$$\begin{aligned}\hat{Q} &= -\mathcal{A}\hat{U}_0\mathcal{A}^\dagger \hat{U}_f \\ &= -\left(\hat{1} - 2|\psi\rangle\langle\psi|\right)\left(\hat{1} - 2|\Psi_1\rangle\langle\Psi_1|\right)\end{aligned} \tag{6.30}$$
という変換を考えると
$$\begin{aligned}\hat{Q}|\Psi_1\rangle &= (1-2a)|\Psi_1\rangle - 2\sqrt{a(1-a)}|\Psi_0\rangle \\ \hat{Q}|\Psi_0\rangle &= 2\sqrt{a(1-a)}|\Psi_1\rangle + (1-2a)|\Psi_0\rangle\end{aligned}$$
であり,$0 < a < 1$ であることから,$\sin^2 \theta/2 = a$ とおくと,上の式は
$$\hat{Q}|\Psi_1\rangle = \cos\theta|\Psi_1\rangle - \sin\theta|\Psi_0\rangle \tag{6.31a}$$

$$\hat{Q}|\Psi_0\rangle = \sin\theta|\Psi_1\rangle + \cos\theta|\Psi_0\rangle \tag{6.31b}$$

となる．ただし，$0 < \theta < \pi/2$ としている．これは幾何学的に見ると，図 6.4 に示すように，$|\Psi_1\rangle$ を x 軸方向の単位ベクトル，$|\Psi_0\rangle$ を y 軸方向の単位ベクトルとしたとき，xy 平面上のベクトルを角度 $-\theta$ だけ回転することを表す．行列で書けば

$$\hat{Q} = \begin{pmatrix} \cos\theta & \sin\theta \\ -\sin\theta & \cos\theta \end{pmatrix}$$

であり，$\hat{Q}$ を $|\psi\rangle$ に作用させると

$$\hat{Q}|\psi\rangle = \sin\frac{3\theta}{2}|\Psi_1\rangle + \cos\frac{3\theta}{2}|\Psi_0\rangle$$

となる．k 回作用させた結果は

$$\hat{Q}^k|\psi\rangle = \sin\frac{(2k+1)\theta}{2}|\Psi_1\rangle + \cos\frac{(2k+1)\theta}{2}|\Psi_0\rangle \tag{6.32}$$

である．証明は数学的帰納法を使えば簡単にできる．これより，$(2k+1)\theta/2 \simeq \pi/2$ になるような回数だけ $\hat{Q}$ を作用させると，$|\Psi_1\rangle$ 方向の振幅，すなわち，測定して条件を満たすベクトルが得られる確率を最大にすることができる．

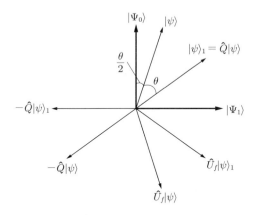

図 6.4 振幅増幅の幾何学的な解釈．$\hat{U}_f$ は状態ベクトルを $|\Psi_1\rangle$ に対称な位置に変換する．$\hat{1} - 2|\psi\rangle\langle\psi|$ はさらに状態ベクトルを $|\psi\rangle$ に対称な位置に変換する．これをさらに原点に対称な位置に変換すると $\hat{Q}$ の作用になる．結果として状態ベクトルを角度 $-\theta$ だけ回転させる．図は $\theta = \pi/5$ の場合を示している．この場合は 2 回の繰り返しで $|\Psi_1\rangle$ に達する．

振幅増幅を実現する量子回路は図 6.5 のようなものである．オラクルを作用させるために，オラクルでのみ使われる量子ビット（作業空間）を用意する．オラクルはキックバックを使うことによって実現できる．

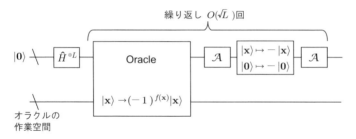

図 6.5 振幅増幅を実現する量子回路．入力の量子ビットのほかにオラクルを作用させるため，オラクルでのみ使われる量子ビット（作業空間）を必要とする．

6.2.2 │ 振幅増幅の応用

■**グローバーアルゴリズム**　量子探索を行うグローバーアルゴリズムは，上記の振幅増大の特別な場合として理解できる．条件 $f(\mathbf{x}) = 1$ を満たす $\mathbf{x}$ が一つだけあるとする．探索を行うヒルベルト空間の次元が 2^L であるとき，$\mathcal{A}$ をアダマール変換 $\hat{H}^{\otimes L}$ とする．結果は

$$\mathcal{A}|0\rangle = \hat{H}^{\otimes L}|0\ldots 0\rangle = 2^{-L/2} \sum_{i=0}^{2^L-1} |i\rangle \tag{6.33}$$

のようにすべての可能な状態を同じ重みで重ね合わせたものになる．このとき，L が大きければ

$$\sqrt{a} = \sin\theta$$
$$\theta \simeq \frac{1}{\sqrt{L}}$$

が成り立つ．そこで，

$$T \simeq \frac{1}{2}\left(\pi\sqrt{L} - 1\right) \tag{6.34}$$

回の反復を行えばよい．確かに，$\sqrt{L}$ 回程度の反復（オラクルへのアクセス）で解が得られる．ここで，式 (6.34) は必ずしも整数ではないので，最も近い整数 $k = [T]$ を使う．L が大きいときには $\sin(2T+1)/2$ と $\sin(2k+1)/2$ の差は小さい．

ところで，古典計算において確率アルゴリズムを使うと，オーダー L の問題でも計算量が大幅に削減されることがある．古典アルゴリズムで計算量が $\sqrt{L}$ のオーダー以下になってしまえば，グローバーアルゴリズムのご利益がないように思われるかもしれないが，決してそのようなことはない．古典的な確率アルゴリズムとグローバーアルゴリズムを組み合わせることによってさらに計算量を小さくできるからである．

確率アルゴリズムではヒューリスティック (heuristics) という関数 G を考える. ヒューリスティックは問題を与える関数 $f : \mathbf{x} \in X \mapsto 0, 1$ の族 $\mathcal{F}$ と, ある有限集合 R の関数として $\mathbf{x}$ を出力する.

$$G : \mathcal{F} \times R \mapsto X \tag{6.35}$$

力づくで問題を解くときの計算時間 T_b は「良い」部分空間 $X_1 = \{\mathbf{x}_1 | f(\mathbf{x}_1) = 1, \mathbf{x}_1 \in X\}$ の大きさ $t = |X_1|$ と $|X|$ の比になる.

$$T_b^{(f)} \sim \frac{t}{|X|}$$

一方, ヒューリスティックを使ったときの計算時間は「良い」部分集合 $R_1 = \{r_1 | f(G(f, r_1^{(f)})), r_1 \in R\}$ の大きさ $h = |R_1|$ と $|R|$ の比

$$T_h \sim \frac{h}{|R|}$$

である. 効率的なヒューリスティックを使うと $T_h < T_b$ とすることができる. そこで, ヒューリスティックを活用するために R から r_1 を探索するグローバーアルゴリズムを走らせる. そのために, f の代わりに $\chi : R \mapsto 0, 1$ を使う. ただし,

$$\chi(r) = f(G(f, r)) \tag{6.36}$$

とする. グローバーアルゴリズムで必要な計算量は $\sqrt{T_h^{(f)}}$ であるから, 古典的なヒューリスティックを用いたときの計算時間の平方根で計算ができることになる.

■**量子積分アルゴリズム** 振幅増幅アルゴリズムの別の応用として, 多重積分を取り上げる. 数値的に積分を行うときには積分区間を細かく分けて関数値を足し上げていく. この方法は 1 次元では有効だが, 多重積分で空間の次元が高くなっていくと計算量が増大してしまう. そこで, 量子状態を使えば n 量子ビットで 2^n 個の関数値を並列的に計算できるはずである. 計算結果は通常の計算と違い, たとえば 1 が出る確率として求められる. そういう意味では, 確率的に乱数を発生させて積分計算を行うモンテカルロ法と似ている.

まず, d 次元の積分領域を l 等分した小領域の集合 D に $n = dl$ ビットの値 j を当てはめる 1 対 1 写像 $\nu : j \mapsto \nu(j) \in D$ を決める. 積分する関数 f を計算するオラクルはすでに用意されているものとして, 次のような写像 Q_f をとる. ただし, 記述を簡単にするために f には適当な係数をかけて値域を $[0,1]$ とする.

$$\hat{Q}_f |0\rangle |j\rangle = \sqrt{1 - f(\nu(j))} |0\rangle |j\rangle + \sqrt{f(\nu(j))} |1\rangle |j\rangle \tag{6.37a}$$

$$\hat{Q}_f |1\rangle |j\rangle = -\sqrt{f(\nu(j))} |0\rangle |j\rangle + \sqrt{1 - f(\nu(j))} |1\rangle |j\rangle \tag{6.37b}$$

初期状態として $|0\rangle |0\rangle$ を用意して,第 2 量子ビットにアダマール変換 $\hat{H}^{\otimes n}$ を行い,さらに写像 $\hat{Q}_f$ を作用させると

$$\hat{Q}_f |0\rangle \left(\frac{1}{\sqrt{2^n}} \sum_{j=1}^{2^n-1} |j\rangle \right) = \frac{1}{\sqrt{2^n}} \sum_{j=1}^{2^n-1} \left(\sqrt{1 - f(\nu(j))} |0\rangle + \sqrt{f(\nu(j))} |1\rangle \right) |j\rangle \tag{6.38}$$

が得られる.ここで,第 1 量子ビットを測定したとき "1" を得る確率 P_1 は

$$P_1 = \frac{1}{2^n} \sum_{i=1}^{2^n-1} f(\nu(j)) \tag{6.39}$$

であって,これは積分の近似値にほかならない.このアルゴリズムで誤差が ϵ 以下になるまでには,中心極限定理から $O(\epsilon^{-2})$ の計算が必要になる.この計算量を振幅増幅を使って $O(\epsilon^{-1})$ にまで落としたい.そのために,やや大きめの誤差 δ を設定して誤差が δ 以下になるまで繰り返し計算を行う.この繰り返しには $O(\delta^{-2})$ の計算が必要になる.しかし,ここで確率の近似値 E と近似誤差がわかったので,次のような繰り返しを行う.

初期値:$\tilde{f}_0 = f, E_0 = 0, k = 0$.
($\delta^k > \epsilon$) である間,以下を繰り返す:

1. $k = k + 1$
2. $\tilde{f}_k(x) = \tilde{f}_{k-1}(x) - E_{k-1}$ とする.
3. $|0\rangle \left(2^{-n/2} \sum_{j=1}^{2^n-1} |j\rangle \right)$ に対しオラクル $\hat{Q}_{\tilde{f}_k}$ を作用させる.
4. 振幅増幅を $|1\rangle$ が観測される確率が δ^{-k} 倍になるまで繰り返し,新たな確率の近似値 E_k を求める.

ここで,振幅増幅法による計算量は繰り返しの各回ごとに $O(\delta^{-k})$ である.条件 ($\delta^k \leq \epsilon$) まで m 回,上のステップを繰り返すものとすると,$\delta^m \sim \epsilon$ なので振幅増大に必要な計算量は $O(\delta^{-m}) \sim O(\epsilon^{-1})$ の程度になる.測定での繰り返しは $O(\delta^{-2})$ の計算量なので全体の計算量には影響しない.

このアルゴリズムに特徴的なのは,量子計算で求める答えが量子ビット値ではなく,所望の測定結果が得られる「確率」であるという点である.この点が他のアルゴリズムと異なるため,ここで取り上げることにした.また,このアルゴリズムは内部で必要となる量子ビット数は多いものの観測するのは第 1 量子ビットだけであり,実装が

その分容易になる可能性がある．

6.3 量子計算のモデル

　この節では量子アルゴリズムから離れて量子計算機を構成する手法（モデル）を扱う．量子情報処理を記述する方法として，**量子回路モデル**が広く使われている．このモデルは従来の論理回路と似た形をしているのでその動作を理解しやすい．しかし，量子情報処理の仕方を記述する方法はこれ一つではない．量子計算機をつくろうとするとき，どうしてもモデルに引きずられてしまいがちになる．モデルの構成が実際の物理系の性質にそぐわないこともあるので，様々な物理的な構成法を示唆するモデルがあるとよい．たとえば，量子回路モデルでは，量子ビットを初期化して，様々な量子ゲートに対応する操作をし，最後に状態を測定するという構成をとることになる．量子回路に指定されている量子ゲート操作を行うために必要な操作の種類も多くなってしまう．

　ここでは，量子計算機の構成法として最近主流になりつつある，**一方向量子計算**を主に紹介する．このモデルでは，計算を開始する前に量子もつれ状態をつくっておく．実際の計算は量子ビットの測定と測定結果をもとにした1量子ビットゲート操作によって行われる．測定しながら計算を行うので，計算過程は可逆でなくなる．これが，一方向とよばれる理由である．このモデルはそのため**測定型量子計算** (measurement-based quantum computation, MBQC) ともいわれる．一方向量子計算のモデルでは計算の途中で2量子ビットゲートと1量子ビットゲートを混在させなくともよいので，構成が簡単になると考えられる．また，「つくる」ためのモデルとして有効であるばかりでなく，量子計算の本質を考えるうえでもこのモデルは有効である．たとえば，量子計算の「リソース」となる量子もつれの生成と演算操作（測定）が分離しているので，それぞれが計算に果たす役割をより明確にとらえることができる．

6.3.1 一方向量子計算の概要

■**クラスター状態**　一方向量子計算を行う舞台として，クラスター状態というものを考える．クラスター状態は量子状態の族を総称するもので，次のようにしてつくられる．n 個の頂点をもつグラフがあるとき，この頂点に量子ビット $|+\rangle = (|0\rangle + |1\rangle)/\sqrt{2}$ を対応させる．各頂点を結ぶ線上で CZ ゲートを演算する．CZ ゲートは順序を交換しても結果は変わらないから，どのような順番で行ってもよい．制御ゲートは量子もつれをつくるので，この段階で n 量子ビットがもつれた状態がつくられていることになる．図6.6(a) は6量子ビットのクラスター状態を示すが，これは量子回路で書くと

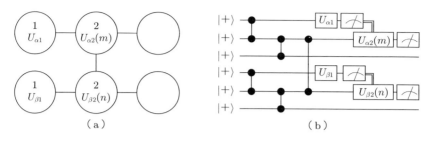

図 6.6 クラスター状態の一例．(a) グラフによる表示．(b) 等価な量子回路．前半の CZ ゲートでクラスター状態がつくられる．後半の測定と 1 量子ビットゲート演算で量子計算が実行される．2 重線は古典情報を表す．

図 6.6(b) の前半部分に対応する．図を見るとすべての頂点が互いに結ばれてはいないことがわかる．このような操作に対応したクラスター状態をつくるためには，CZ ゲートを作用させる量子ビットの対を選べばよい．あるいは，いったんすべての量子ビットをもつれさせた後で不要な線でつながっている量子ビットを測定してもよい．このようなことが可能なのは次のような簡単な計算からわかる．いま，三つの量子ビットからなるクラスター状態がつくられたとしよう．このときの状態は規格化をさぼった表示で次のようになる．

$$|+\rangle|+\rangle|+\rangle \mapsto |000\rangle + |001\rangle + |010\rangle - |011\rangle + |100\rangle + |101\rangle - |110\rangle + |111\rangle$$
$$= |0\rangle(|00\rangle + |01\rangle + |10\rangle - |11\rangle) + |1\rangle(|00\rangle + |01\rangle - |10\rangle + |11\rangle)$$

そこで，第 1 量子ビットを切り離すために計算基底で第 1 量子ビットを測定する．測定結果が 0 のとき，第 2 量子ビットと第 3 量子ビットの間がクラスター状態になっていることが容易にわかる．一方，測定結果が 1 のときクラスター状態とは $|10\rangle$ と $|11\rangle$ の符号が違っている．そのため，このときは第 2 量子ビット（つまり測定した量子ビットにつながっていた量子ビット）に Z ゲートを作用させればよい．第 1 量子ビットにも測定結果が 0 のときアダマールゲート $\hat{H}$ を，1 のときアダマールゲートと Z ゲートの組 $\hat{Z}\hat{H}$ を作用させて $|+\rangle$ 状態にしておく．

■**測定とフィードフォワード**　クラスター状態ができたら，次に 1 量子ビットの測定を行う．この測定結果によって次の測定の基底を変える．あるいは，次の量子ビットに 1 量子ビットゲートをかけてから測定してもよい．この二つはもちろん同じことである．3.1 節で触れたようにこれを**フィードフォワード**とよぶ．ここで，次にどのような測定基底を選ぶかは，単に測定結果から決めるのではなくこれまでの測定結果をもとにした古典的な計算で決めてもよい．そのため，基底の選択が測定結果の複

雑な関数となっていてもよい．もちろん，複雑といっても古典計算機で効率的に計算できることが必要なので，計算量でいえば多項式時間の複雑性でなければならない．

クラスター状態における計算の方法を説明するため，例として先の図 6.6 の状態を考える．量子ビットを表す丸に数字が書いてある．この数字は測定の順序を表すもので，測定によって量子状態が変わるため，この順序は重要である．$U_i(m)$ は測定前に量子ビットに作用させるユニタリ変換（1 量子ビットゲート）を示す．$U_i(m)$ は第 $i-1$ 量子ビットの測定結果 m によって第 i 量子ビットに作用させるユニタリ変換が変わることを示している．この後計算基底で測定を行うが，前に述べたように，これは $\{\hat{U}^\dagger |0\rangle, \hat{U}^\dagger |1\rangle\}$ という基底で測定を行うのと等価である．また，何も書いていない量子ビットには操作は行わず，これが量子計算の出力となる．すべての量子ビットを測定して古典的なビット値で答えを返すことにしてもよい．

6.3.2 量子ゲートの変換

一方向量子計算モデルと量子回路モデルが等価であることを見るために，量子回路による量子計算が一方向量子計算でシミュレートできることを示そう．一方向量子計算が量子回路でシミュレートできるのは，クラスター状態をつくり，残りの測定と 1 量子ビットゲートを繰り返し行う量子回路（図 6.6(b) のような）を書くことができることから明らかである．逆をいうため，本項では量子回路で用いられるすべての量子ゲートが，クラスター状態上で実現できることを示す．

■**1 量子ビットテレポーテーション** まず，図 6.7(a) に示す量子回路を考える．これによって第 1 量子ビットの状態 $|\psi\rangle$ が第 2 量子ビットに移される．ただし，第 2 量子ビットの状態はもとの状態にユニタリ変換 $\hat{Z}^m$ がかかったものになる．ここで，m は第 1 量子ビットの測定結果で 0 または 1 の値をとる．クラスター状態で書きたいので，図 6.7(b) のように CNOT ゲートを CZ ゲートで書き表す．式 (3.19) より $\hat{X} = \hat{H}\hat{Z}\hat{H}$ なので，CNOT ゲートは CZ ゲートに置き換えられる．ただし，第 2 量子ビットには CZ ゲートの両側にアダマール変換がかかる．式の右側のアダマール変換によって第

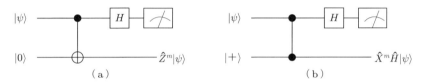

図 6.7 (a) 1 量子ビットテレポーテーションの量子回路．(b) CZ ゲートを使って書き直した 1 量子ビットテレポーテーションの量子回路．

2量子ビットの入力は $|0\rangle$ から $|+\rangle = \hat{H}|0\rangle$ と書ける．第2量子ビットの出力状態は $\hat{H}\hat{Z}^m|\psi\rangle$ と，アダマール変換がかかったものになる．さらに，$\hat{X}\hat{H} = \hat{H}\hat{Z}$ を繰り返し用いると，この状態は $\hat{X}^m\hat{H}|\psi\rangle$ と書くことができる．

■**1量子ビットゲート**　任意の1量子ビットゲートをつくるには式 (3.32) のように回転ゲートを三つ使えばよい．ここで，X ゲートが $\hat{X} = \hat{H}\hat{Z}\hat{H}$ のように Z ゲートで書けることを再び使うと，式 (3.32) は

$$\hat{R}_{\mathbf{n}}(\theta) = \hat{R}_z(\gamma)\hat{R}_x(\beta)\hat{R}_z(\alpha) = \hat{R}_z(\gamma)\hat{H}\hat{R}_z(\beta)\hat{H}\hat{R}_z(\alpha)$$

となり，アダマールゲートと任意の z 軸の周りの回転ができれば任意の1量子ビットゲートがつくれることになる．これがいえるのは，$\hat{H}^2 = \hat{1}$ なので $(\hat{H}\hat{Z}\hat{H})^n = \hat{H}\hat{Z}^n\hat{H}$ であることを思い出せば

$$\hat{R}_x(\beta) = \exp\left[\frac{-i\beta}{2}\hat{H}\hat{Z}\hat{H}\right] = \sum_{n=0}^{\infty}\frac{1}{n!}\left(\frac{-i\beta}{2}\hat{H}\hat{Z}\hat{H}\right)^n = \hat{H}\left[\sum_{n=0}^{\infty}\frac{1}{n!}\left(-\frac{i\beta}{2}\hat{Z}\right)^n\right]\hat{H}$$

$$= \hat{H}\exp\left[\frac{i\beta}{2}\hat{Z}\right]\hat{H} = \hat{H}\hat{R}_z(\beta)\hat{H}$$

になるからである．$\hat{H}\hat{R}_z(\theta)$ をひとまとまりとすると任意の1量子ビットゲートを与える量子回路は

$$\hat{R}_{\mathbf{n}}(\theta) = \hat{H}(\hat{H}\hat{R}_z(\gamma))(\hat{H}\hat{R}_z(\beta))(\hat{H}\hat{R}_z(\alpha)) \tag{6.40}$$

と表せる．そこで，$\hat{H}\hat{R}_z(\alpha)$ がクラスター状態の1量子ビット測定で実現できることを示す．このために，1量子ビットテレポーテーションで図 6.8(a) のように第1量子ビットに $\hat{R}_z(\alpha)$ を作用させてから入力する．CZ ゲートと $\hat{R}_z(\alpha)$ はどちらも $\hat{Z}$ だけで表せるから交換する．つまり，図 6.8(b) の量子回路の出力は $\hat{X}^m\hat{H}\hat{R}_z(\alpha)|\psi\rangle$ となり，既知のユニタリ変換を除いて入力にゲート操作を行ったのと同じ結果が得られる．

任意の1量子ビットゲート (6.40) を実現するために，図 6.8(c) のように1量子ビットテレポーテーションの出力をカスケードにつないだ量子回路を考える．このとき出力される状態は

$$|\psi_{\text{out}}\rangle = \hat{X}^m\hat{H}\hat{R}_z(\gamma')\hat{X}^l\hat{H}\hat{R}_z(\beta')\hat{X}^k\hat{H}\hat{R}_z(\alpha)|\psi\rangle \tag{6.41}$$

である．この結果は実現させたい状態である $\hat{R}_{\mathbf{n}}(\theta)|\psi\rangle$ (6.40) とよく似ているが，$\hat{H}\hat{R}_z$ の間に $\hat{X}^k$ などが挟まっているところが異なっている．そこで，$\hat{X}\hat{Z} = -\hat{Z}\hat{X}$ を使うと，$\hat{X}\hat{Z}^n = (-1)^n\hat{Z}\hat{X}$ なので

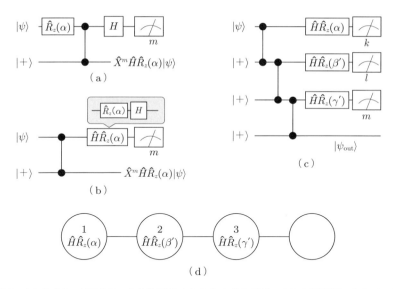

図 **6.8** (a) 入力に Z 回転ゲートを作用させたときの出力状態. (b) Z 回転ゲートと CZ ゲートは交換する. (c) 三つの回転ゲートを引き続き行う量子回路. (d) 量子回路 (c) に対応したクラスター状態.

$$\hat{R}_z(\theta)\hat{X} = \hat{X}\hat{R}_z(-\theta)$$

がいえる.これを使って式 (6.41) を書き換えていくと

$$\begin{aligned}|\psi_{\text{out}}\rangle &= \hat{X}^m \hat{H} \hat{X}^l \hat{R}_z((-1)^l \gamma') \hat{H} \hat{X}^k \hat{R}_z((-1)^k \beta') \hat{H} \hat{R}_z(\alpha) |\psi\rangle \\ &= \hat{X}^m \hat{Z}^l \hat{H} \hat{R}_z((-1)^l \gamma') \hat{Z}^k \hat{H} \hat{R}_z((-1)^k \beta') \hat{H} \hat{R}_z(\alpha) |\psi\rangle \\ &= \hat{X}^m \hat{Z}^l \hat{H} \hat{Z}^k \hat{R}_z((-1)^l \gamma') \hat{H} \hat{R}_z((-1)^k \beta') \hat{H} \hat{R}_z(\alpha) |\psi\rangle \\ &= \hat{X}^m \hat{Z}^l \hat{X}^k \hat{H} \hat{R}_z((-1)^l \gamma') \hat{H} \hat{R}_z((-1)^k \beta') \hat{H} \hat{R}_z(\alpha) |\psi\rangle \end{aligned} \quad (6.42)$$

が得られる.これより,測定結果 $k,l,m \in \{0,1\}$ に対して Z 回転ゲートの角度を $\beta' = (-1)^k \beta$, $\gamma' = (-1)^l \gamma$ のように設定し,出力にユニタリ変換 $\hat{X}^m \hat{Z}^l \hat{X}^k \hat{H}$ を作用させれば式 (6.40) を得ることができる.ここで,k,l,m は測定結果なので確定した値をとる.図 6.8(c) の量子回路に対応したクラスター状態と演算が図 6.8(d) であることは,二つを見比べてみれば了解できる.

■**2 量子ビットゲート** CNOT ゲートがクラスター状態の演算で表せることを示そう.CNOT ゲートと任意の 1 量子ビットゲートがあればあらゆる量子回路を良い近似でつくることができるから,一方向量子計算と量子回路が等価であることが示される.

図 6.9(a) は，CNOT ゲートを与えるクラスター状態とそれに対する操作を示している．これと等価な量子回路は図 6.9(b) のようになる．1 量子ビットテレポーテーションによって量子ビット a は量子ビット b に既知のユニタリ変換の範囲で転送される．さらに，量子ビット d との CZ ゲートによって $|\gamma\rangle$ 状態になった量子ビット b は，1 量子ビットテレポーテーションによって量子ビット c に転送される．測定が終わった段階で図 6.9(b) の量子回路は図 6.9(c) と等価である．

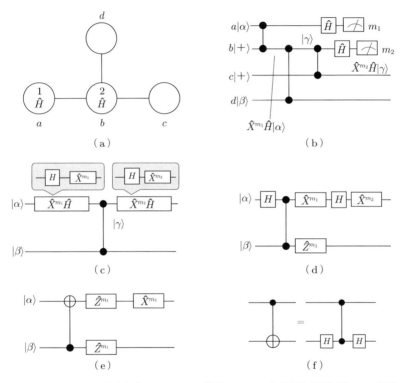

図 6.9 (a) CNOT ゲートを与えるクラスター状態．(b) (a) と等価な量子回路．(c) 量子ビット a と量子ビット b を測定して 1 量子ビットテレポーテーションを行った後の等価な量子回路．(d) CZ ゲートと $\hat{X}^{m_1}$ を交換．(e) 最終的に得られた，(a) と等価な CNOT ゲートと既知の 1 量子ビットユニタリ変換からなる量子回路．(f) CNOT ゲートと等価な CZ ゲートとアダマールゲートの組み合わせ．

次に，$\hat{Z}\hat{X} = -\hat{X}\hat{Z}$ であるから，量子ビット d が $|1\rangle$ 状態のとき，CZ ゲートと $\hat{X}$ を交換すると符号が変わる．$m_1 = 0$ のときは符号が変わらないから，量子ビット d の $|1\rangle$ 状態の符号を $m_1 = 1$ のときだけ反転すればよい．これは，図 6.9(d) のように量子ビット d に CZ ゲートの後で $\hat{Z}^{m_1}$ を作用させることである．さらに，図 6.9(f) に示すように CZ ゲートの前後で標的ビットにアダマール変換をかけると CNOT ゲートになる

($\hat{H}\hat{Z}\hat{H} = \hat{X}$) ので，CZ ゲートの後を $\hat{X}^{m_2}\hat{H}\hat{X}^{m_1} = \hat{X}^{m_2}\hat{H}\hat{X}^{m_1}\hat{H}\hat{H} = \hat{X}^{m_2}\hat{Z}^{m_1}\hat{H}$ のように置き換える．最終的に得られた量子回路は図 6.9(e) のようなもので，CNOT ゲートの後に既知の 1 量子ビットユニタリ変換がかかったものになる．一般の量子回路で CNOT ゲートを図 6.9(a) のように置き換えることができ，クラスター状態上の測定と演算ですべての量子回路を効果的にシミュレートできることがわかる．つまり，量子回路で計算できるものはすべて一方向量子計算で計算できる．逆はすでに示しているから，両者は等価であることが結論される．この，量子回路から一方向量子計算への変換は，与えられた量子回路のなかの制御ゲートをすべてここで述べたようなやり方（1 量子ビットテレポーテーションとゲートの順序交換）で量子回路の最初のところに集めて，制御ゲートを CZ ゲートに変えれば対応するクラスター状態をつくることができると考えてもよい．

6.3.3 その他の量子計算モデル

ここでは，これまで説明したもの以外の量子計算モデルを紹介する．詳しい説明はこの本の範囲を超えるので省略する．トポロジカル量子計算のような重要なモデルもあるが名前を紹介するだけにとどめる．

■**量子断熱計算**　量子計算の結果として得られる量子ビットの状態も，考えてみれば，何かのハミルトニアンの固有状態になっているはずである．もし，求める状態を基底状態として与えるようなハミルトニアンがつくれれば基底状態を求めることで量子計算が可能なはずである．そこで，基底状態が自明に与えられるようなハミルトニアン $\hat{H}_1$ と問題を与えるハミルトニアン $\hat{H}_0$ を考え，系のハミルトニアンを

$$\hat{H}(t) = \frac{t}{\tau}\hat{H}_0 + \left(1 - \frac{t}{\tau}\hat{H}_1\right) \tag{6.43}$$

のように変化させる．つまり，時刻 $t = 0$ ではハミルトニアンは $\hat{H}_1$ であり，$t = \tau$ では $\hat{H}_0$ になる．断熱定理というものがあり，それによればあるハミルトニアンの基底状態を初期条件としてハミルトニアンをゆっくりと変化させると時刻 t における状態はその時刻のハミルトニアン $\hat{H}(t)$ の基底状態になる．このため，式 (6.43) を使うと，時刻 $t = \tau$ における状態は $\hat{H}_0$ の基底状態にあり，つまり問題が解けたということになる．

量子計算では量子ビットを使うので，ハミルトニアンはスピン 1/2 の粒子系のハミルトニアンで実現できるはずである．基底状態が自明に与えられるようなハミルトニアンとしては，たとえば

$$\hat{H}_1 = -\sum_i \hat{\sigma}_x^{(i)} \tag{6.44}$$

が考えられる．ただし，$\hat{\sigma}_x^{(i)}$ はサイト i でのスピンの x 成分を表している．このハミルトニアンの基底状態はすべてのスピンが x 方向を向いている状態である．この状態は $\hat{\sigma}_z$ の固有状態 $|1\rangle$ と $|-1\rangle$ の重ね合わせで書ける（量子情報だと $|0\rangle$, $|1\rangle$ だがここは物理学の流儀に合わせることにする）．

$$|\Psi(0)\rangle = \frac{1}{2^{N/2}} \prod_{i=1}^N (|1\rangle_i + |-1\rangle_i) \tag{6.45}$$

これを初期状態として式 (6.43) に従って時間発展させる．量子断熱計算は任意の量子計算をシミュレートできる（ユニバーサルである）ことが証明されている．つまり，量子回路で行われるユニタリ変換によって得られた状態を基底状態とするハミルトニアンをつくることが常に可能である．

量子断熱計算のモデルを用いると，量子回路モデルを用いたときよりも簡単に量子コンピュータがつくれそうに見える．しかし，一つ問題があって，断熱定理を成り立たせるにはハミルトニアンの時間変化を十分遅くしなければならない．そうしないと時間とエネルギーの不確定性から短い時間内ではエネルギーの不確定性が大きくなって励起状態に移行する確率が大きくなるためである．どのくらい遅くしなければならないかというと，各時刻の基底状態と第 1 励起状態とのエネルギー差 $\Delta(t)$ に対して

$$\tau \sim \frac{1}{\min \Delta(t)} \tag{6.46}$$

でなければならない．ここで min は $\Delta(t)$ の $0 \leq t \leq \tau$ における最小値である．多くの量子ビットを使う問題では $\min \Delta(t)$ が小さくなる可能性があり，計算時間がかかるようになる．もし，エネルギー差が問題のサイズに対して多項式以上の速さで小さくなると，その問題を解くのは困難ということになる．そうでなくとも，計算時間が長くなるとそれだけ物理系が雑音で励起される確率も高くなるので技術的に制御が難しくなる．それでも，問題のサイズによっては量子断熱計算が有効であることが期待され，最近，超伝導量子ビットの技術を用いて主に合衆国でこの方式の量子コンピュータを実装しようとする動きが盛んになっている．とくに，産業界でも注目されているようである．

■**量子アニーリング**　量子アニーリングは，これまで述べてきた量子計算が汎用計算機であるのとは違って，組み合わせ最適化問題の解を求めることに特化したアルゴリズムである．組み合わせ最適化問題とは，多くの組み合わせのなかから問題に応じ

て決められたコスト関数を最小にするものを選ぶ問題であり，有名なものに巡回セールスマン問題がある．これは，セールスマンがいくつかの都市を一筆書きのように1回だけ訪問して出発点に戻るときにかかる距離や時間を最小にする経路を求めよ，という問題である．このとき，距離なり時間なりがコスト関数になる．この問題はNP困難であることが知られている．つまり，可能な経路の組み合わせから最適なものを選び出すので，都市の数が増えると経路の組み合わせは指数関数的に増えていき，最適な解を見つけるために必要な計算時間は多項式では収まらない．一方，このような困難な最適化問題の多くは次のようなハミルトニアンの基底状態を求める問題に書き換えることができる．

$$\hat{H}_0 = \sum_{<ij>} J_{ij} \sigma_z^{(i)} \sigma_z^{(j)} \tag{6.47}$$

これは物理系ではスピンの相互作用ハミルトニアンになっている．$\sigma_z^{(i)}$ はサイト i でのスピンの z 成分で，サイト i と j にあるスピンが係数 J_{ij} で相互作用している状況を表している．この物理系のエネルギーの最小値を与えるスピンの配置，つまり基底状態を求めるものである．スピンが N 個のときの可能な配置は 2^N なので，これも困難な問題となる．

この問題が厄介なところは J_{ij} がランダムなので複雑なエネルギー構造を示すことである．大体の雰囲気は図 6.10 のようなもので，様々な高さの谷（極小）がたくさん現れる．この谷をすべて回って比較しないと真の最小の配置はわからない．量子アニーリングのアイディアは，量子揺らぎを使ってトンネル効果によって谷を巡ろうというものである．このため，量子揺らぎをもたらす項をハミルトニアンに入れる．新しいハミルトニアンは

$$\hat{H} = \hat{H}_0 + \Gamma(t)\hat{H}_1 \tag{6.48}$$

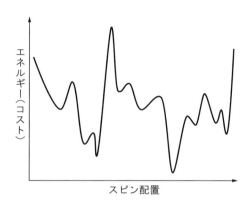

図 **6.10** 複雑な問題のエネルギー構造．最小値をとる配置以外にも多くの極小点がある．

である．$\Gamma(t)$ は量子揺らぎの大きさを制御する因子である．最初は $\Gamma(0)\hat{H}_1$ に比べて $\hat{H}_0$ が無視できるような大きい値にし，だんだん小さくして最後は 0 になるようにする．初期ハミルトニアンとして式 (6.44) を使うと，基底状態は式 (6.45) である．これを初期状態としてシュレーディンガー方程式によって時間発展させていくと，最後は求める $\hat{H}_0$ の固有状態になる．ここで気をつけなくてはならないのは，$\Gamma(t)$ をゆっくりと小さくしていかなければならないことである．さもないと基底状態に落ち着かない可能性がある．このアルゴリズムは常に正解を与えるわけではないという点や，揺らぎを徐々に小さくしていくという考え方は，現在最適化アルゴリズムの一つとして広く使われているシミュレーテッドアニーリングと類似している．ただし，量子アニーリングのほうが正解に達するのが速いとされている．

このアルゴリズムでは量子性は揺らぎとしてしか入っていない．そのため，最初に述べた汎用か特定用途かという違いだけでなく，原理の観点からも，いわゆる量子計算とは区別して考えるべきである．もちろん，量子性を使って速く計算ができる可能性があるということでは広い意味での量子計算といえる．当初はこのアルゴリズムは通常のコンピュータ上のシミュレーションとして実装されていたが，最近，超伝導量子ビット技術の進歩に伴って物理系にも実装されるようになっており，「初の量子コンピュータ」として商用化されている．

6.4 量子誤り訂正

4.2 節で，量子状態は環境との相互作用で変化してしまうことを見た．状態が変わってしまっては情報を正しく保持できないので何ステップにも及ぶ量子計算はできないことになる．従来の計算機でもこの問題はあり，信頼性の低い装置でどうすれば大規模な計算ができるかが議論されてきた．その答えが誤り訂正である．誤り訂正は，k ビットの情報をそれより長い n ビットで表すことによって誤りを検出してもとに戻す．現在でも無線通信では欠かせないものになっていて，我々は携帯電話を使うたびに誤り訂正符号のお世話になっている．

さて，量子計算でも誤り訂正を行いたいが，ちょっと考えるといくつか難しい点があることがわかる．古典の場合，最も簡単な誤り訂正は同じものを三つつくって多数決をとるというものだ．誤りはそう頻繁には起きないとしているので正しいもののほうが多いと考える．ところが，量子の場合コピーをつくるのは禁止されているし，重ね合わせを測定すると壊れてしまい，もとの状態とは違うものになってしまう．また，量子ビットの重ね合わせの係数は複素数なので位相がずれることもあり，大きさも含めてずれ方は連続的である．古典的な誤り訂正はビットの反転を直すだけだが，量子

誤り訂正では重ね合わせをもとどおりにしなければならない．

そういった問題があるにもかかわらず，量子状態でも誤り訂正が可能である．

6.4.1 簡単な例

■**ビット誤り訂正**　まず，1 ビットの反転を訂正する方法を考える．古典のときと同じように考えて，3 量子ビットで 1 個の論理的な量子ビットを表すことにする．そのために，$|000\rangle = |0\rangle \otimes |0\rangle \otimes |0\rangle$ と $|111\rangle = |1\rangle \otimes |1\rangle \otimes |1\rangle$ を用意して，それらを論理的な量子ビットの基底とする．つまり，

$$|0_L\rangle = |000\rangle \tag{6.49a}$$

$$|1_L\rangle = |111\rangle \tag{6.49b}$$

とする．添え字の L は論理量子ビット※を表す．重ね合わせ状態にある量子ビットを

$$|\psi_L\rangle = \alpha |0_L\rangle + \beta |1_L\rangle \tag{6.50}$$

とする．これは量子ビットのコピー

$$(\alpha |0\rangle + \beta |1\rangle) \otimes |0\rangle \otimes |0\rangle \mapsto (\alpha |0\rangle + \beta |1\rangle) \otimes (\alpha |0\rangle + \beta |1\rangle) \otimes (\alpha |0\rangle + \beta |1\rangle)$$

とは違うので量子回路でつくることができる．つまり，図 6.11 のように $(\alpha |0\rangle + \beta |1\rangle) \otimes |0\rangle \otimes |0\rangle$ から出発して，第 1 量子ビットを制御ビットとして，第 2 量子ビット，第 3 量子ビットとの間で CNOT ゲートを作用させればよい．第 1 量子ビットが $|1\rangle$ のとき，第 2 量子ビットと第 3 量子ビットも反転して $|1\rangle$ になるから式 (6.50) が出力される．

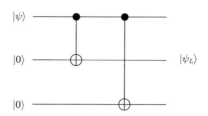

図 6.11　1 ビット反転を訂正する 3 量子ビット符号化を行う量子回路

ここで，高々一つの量子ビットが反転したとしよう．このとき，3 量子ビットの状態は次の四つのうちの一つになる．

※ 論理量子ビットを構成する量子ビットをとくに区別して表したいときは物理量子ビットとよぶ．

$$|\psi_L\rangle \mapsto \begin{cases} \alpha|000\rangle + \beta|111\rangle & \text{誤りなし} \\ \alpha|100\rangle + \beta|011\rangle & \text{第 1 量子ビット反転} \\ \alpha|010\rangle + \beta|101\rangle & \text{第 2 量子ビット反転} \\ \alpha|001\rangle + \beta|110\rangle & \text{第 3 量子ビット反転} \end{cases} \quad (6.51)$$

ある量子ビットが反転しているかを知るには，他の量子ビットと比べてみればよい．そのために，**パリティ測定**とよばれる測定を行う．第 1 量子ビットと第 2 量子ビットを比べるにはパリティ測定として

$$\hat{P}_{12} = ((|00\rangle_{12}\langle 00| + |11\rangle_{12}\langle 11|) - (|10\rangle_{12}\langle 10| + |01\rangle_{12}\langle 01|)) \otimes \hat{1}_3 \quad (6.52\text{a})$$

を行う．ここで，量子ビットは下付の添え字で指定されている．同様に，第 2 量子ビットと第 3 量子ビットを比べるには

$$\hat{P}_{23} = \hat{1}_1 \otimes ((|00\rangle_{23}\langle 00| + |11\rangle_{23}\langle 11|) - (|10\rangle_{23}\langle 10| + |01\rangle_{23}\langle 01|)) \quad (6.52\text{b})$$

を行う．可能性のある四つの状態 (6.51) は $\hat{P}_{12}$ と $\hat{P}_{23}$ の固有状態になっている．つまり，これらの測定は状態を変えないので重ね合わせ状態が保存される．さらに，第 1 量子ビットと第 2 量子ビットが同じ状態は P_{12} の固有値 1 に属する固有状態であり，異なる状態は固有値 -1 に属する固有状態である．これは $\hat{P}_{12}$ の測定結果が 1 のとき，第 1 量子ビットと第 2 量子ビットが等しく，測定結果が -1 のときは第 1 量子ビットと第 2 量子ビットが異なることを表している．同様に $\hat{P}_{23}$ の測定結果が 1 のとき，第 2 量子ビットと第 3 量子ビットが等しく，測定結果が -1 のときは第 2 量子ビットと第 3 量子ビットが異なることがわかる．測定結果 1 に論理値 $s = 0$ を，-1 に論理値 $s = 1$ を対応させると，ベクトル (s_{12}, s_{23}) によって誤りの有無と誤りの位置が特定できる．このようなベクトルを古典の誤り訂正にならって**シンドローム**とよぶ．ここまでの結果をまとめると，表 6.1 のようになり，$(s_{12}, s_{23}) = (0, 0)$ のときは訂正せず，$(1, 0)$ のとき第 1 量子ビットを反転，$(1, 1)$ のとき第 2 量子ビットを反転，$(0, 1)$ のとき第 3 量子ビットを反転すればよい．量子ビットの反転は測定結果に応じて X ゲートを作用させることで行える．

パリティ測定 (6.52) は Z 測定 ($\hat{Z}_i = |0\rangle_i\langle 0| - |1\rangle_i\langle 1|$) を用いて表すことができる．

表 6.1 1 ビット反転を訂正する 3 量子ビット符号化におけるシンドローム

反転ビット	なし	第 1 量子ビット	第 2 量子ビット	第 3 量子ビット
s_{12}	0	1	1	0
s_{23}	0	0	1	1

$$P_{ij} = \hat{Z}_i \hat{Z}_j \hat{1}_k \tag{6.53}$$

そこで，誤り訂正を行う量子回路は，図 6.12(a) のようになる．量子ビットのパリティ測定はアンシラ量子ビットに CNOT ゲートをかけることでも行うことができ，量子回路としては図 6.12(b) のようになる．

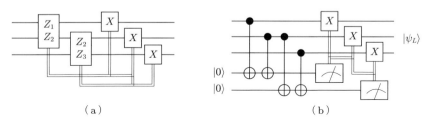

図 6.12 1 ビット反転を訂正する量子回路．(a) Z 測定を用いた誤り訂正回路．(b) CNOT ゲートを用いた誤り訂正回路．

■**位相誤り訂正**　位相誤りを訂正するためには論理量子ビットの基底を

$$|0_L\rangle = |---\rangle \tag{6.54a}$$
$$|1_L\rangle = |+++\rangle \tag{6.54b}$$

とする．ただし，$|\pm\rangle = 2^{-1/2}(|0\rangle \pm |1\rangle)$ である．重ね合わせ状態にある量子ビットを $|\psi_L\rangle = \alpha|0_L\rangle + \beta|1_L\rangle$ のように符号化するためには，図 6.11 の後でそれぞれの量子ビットにアダマールゲートを作用させればよい．

1 量子ビットの位相誤りが起きたとき，誤りを検出するには $|\pm\rangle$ 基底でのパリティ測定を行う．測定の演算子は

$$\hat{X}_1\hat{X}_2 = (|--\rangle_{12}\langle--| + |++\rangle_{12}\langle++|) - (|-+\rangle_{12}\langle-+| + |+-\rangle_{12}\langle+-|) \tag{6.55a}$$
$$\hat{X}_2\hat{X}_3 = (|--\rangle_{23}\langle--| + |++\rangle_{23}\langle++|) - (|-+\rangle_{23}\langle-+| + |+-\rangle_{23}\langle+-|) \tag{6.55b}$$

である．ビット誤りのときと同じように位相誤りが起きた状態は測定演算子の固有状態になっている．また，位相誤りに対応して固有値が -1 になるので，シンドロームが得られる．シンドロームに応じて Z ゲートを作用させれば位相誤りが訂正できる．

1 量子ビットにおける一般的な誤りは 2 行 2 列の行列で表される演算子の作用として書ける．2 行 2 列の行列は式 (3.11) のようにパウリ行列で展開できる．つまり，一般的な誤りは 1 量子ビットに $\{\hat{1}, \hat{X}, \hat{Y}, \hat{Z}\}$ のどれかが作用されて別の状態に変えられたものと考えることができる．この四つの演算子の作用を考えれば一般的な誤りに対する訂正を考えたことになる．$\hat{1}$ は誤りが起きなかったことを示す．X ゲートはビッ

ト誤り，Zゲートは位相誤りを与え，Yゲートは $\hat{Y} = i\hat{Z}\hat{X}$ より，両方の誤りを与える．単純に考えるとそれぞれの誤りは3量子ビットの符号で訂正できるので，すべての誤りを訂正するのに必要な量子ビットは $3 \times 3 = 9$ ビットのように思われる．ショアがはじめて与えた1量子ビットの誤りが訂正できる符号は確かに9量子ビット符号だった．1量子ビットの誤りを訂正するのに必要な量子ビットの数を求めるために，n 個の量子ビットで1論理量子ビットを符号化することを考えよう．n 個の量子ビットで表せる状態の数は 2^n である．論理量子ビットを表すのに2次元が必要なので，誤り訂正に使える状態の数は 2^{n-1} になる．一方，どれか一つの量子ビットに $\hat{X}, \hat{Z}, \hat{Z}\hat{X}$ のどれかが作用すると1量子ビットの誤りが起きる．誤りのパターンは $3n$ 個になるが，誤りがない場合も加えると $3n+1$ パターンとなる．誤りをすべて区別するためには $2^{n-1} \geq 3n+1$ が必要で，これを満たす最小の整数は $n=5$ である．実際，1量子ビットの任意の誤りを訂正する5量子ビット符号がつくられており，これが最小の符号である．

6.4.2 | スタビライザー

より一般的な誤り訂正の枠組みを考えるために**スタビライザー** (stabilizer) を導入しよう．スタビライザーとは交換可能なエルミート演算子の組である．2.2.3項で見たように，交換可能なエルミート演算子は同時固有状態をもつ．演算子を指定するとその固有状態は全体のヒルベルト空間の部分空間を張る．そのため多くの演算子の同時固有状態を考えると，どんどん可能な部分空間が狭まっていくことになる．3量子ビットの系を例としてみよう．この空間の次元は $2^3 = 8$ 次元である．ここで，交換可能なエルミート演算子 $\hat{Z}_1\hat{Z}_2\hat{1}_3$ と $\hat{1}_1\hat{Z}_2\hat{Z}_3$ を考える．Zゲートはユニタリかつエルミートなのでそのテンソル積もユニタリかつエルミートである．この二つが交換可能なことは $\hat{Z}^2 = \hat{1}$ であることと，異なる量子ビットに作用する演算子が交換可能である $\left(\left[\hat{Z}_i, \hat{Z}_j\right] = 0 \ (i \neq j)\right)$ ことから明らかである．また，$|\Psi\rangle = a|000\rangle + b|111\rangle$ はこれらの演算子の固有値1の固有状態である．このことは，Zゲートがどれか二つの量子ビットに1回ずつかかるので，2回の符号反転は $(-1)^2 = 1$ だから $|111\rangle$ の符号を変えないことからわかる．逆にいうと，これら二つの演算子は $|\Psi\rangle$ を変えない（安定化する）．このためスタビライザーという名前がつけられている．また，二つの演算子の同時固有状態の張る部分空間の次元は2にまで縮まっている．

ところで，$\hat{Z}_3\hat{1}_2\hat{Z}_1$ についても $|\Psi\rangle$ は固有値1の固有状態である．つまり，$\hat{Z}_3\hat{1}_2\hat{Z}_1$ も $|\Psi\rangle$ のスタビライザーである．そこで，$\hat{1} \equiv \hat{1}_1\hat{1}_2\hat{1}_3$ と合わせてスタビライザーの集合 G を考える．

$$G = \{\hat{1}, \hat{Z}_1\hat{Z}_2\hat{1}_3, \hat{1}_1\hat{Z}_2\hat{Z}_3, \hat{Z}_3\hat{1}_2\hat{Z}_1\} \tag{6.56}$$

ここで,
$$\left(\hat{1}_1\hat{Z}_2\hat{Z}_3\right)\left(\hat{Z}_1\hat{Z}_2\hat{1}_3\right) = \hat{Z}_3\hat{1}_2\hat{Z}_1$$

であるから,単位元 $\hat{1}$ を含めて,これら四つの演算子は積について閉じている(任意の二つの演算子の積は四つのうちのどれかになる).また,自分自身との積は $\hat{1}$ になるから,逆元も存在している.このような集合は群とよばれ,量子情報の進んだ理論では重要な役割を果たす.

さて,状態 $|\Psi\rangle$ に測定 $\hat{M}_1 = \hat{Z}_1\hat{Z}_2\hat{1}_3$ を行うと,固有値 1 の固有状態なのでもちろん結果は 1,測定後の状態は $|\Psi\rangle$ である.第 1 量子ビットが反転した状態 $\hat{X}_1|\Psi\rangle$ に同じ測定を行うと,$\hat{Z}\hat{X} = -\hat{X}\hat{Z}$ なので

$$\hat{Z}_1\hat{Z}_2\hat{1}_3\hat{X}_1|\Psi\rangle = -\hat{X}_1\hat{Z}_1\hat{Z}_2\hat{1}_3|\Psi\rangle = -\hat{X}_1|\Psi\rangle$$

より測定結果は -1 になる.一方,この状態に測定 $\hat{M}_2 = \hat{1}_1\hat{Z}_2\hat{Z}_3$ を行うと測定結果は 1 である.同じように,第 2 量子ビットが反転した状態では $\hat{M}_1\hat{X}_2|\Psi\rangle = -\hat{X}_2|\Psi\rangle$, $\hat{M}_2\hat{X}_2|\Psi\rangle = -\hat{X}_2|\Psi\rangle$ なので測定結果は共に -1 になる.また,第 3 量子ビットが反転した状態では $\hat{M}_1$ では 1,$\hat{M}_2$ では -1 の測定結果が得られる.つまり,二つの測定 $\hat{M}_1$ と $\hat{M}_2$ の結果によりどの量子ビットが反転したかを知ることができるので,その結果(シンドローム)に基づいて量子ビットを反転させることによって,誤りが訂正できる.これは,前の節の 3 量子ビットによるビット反転誤りの訂正をスタビライザーという概念を使って言い直したものにほかならないが,次のように一般化できる.つまり,スタビライザーがスタビライズする状態(スタビライザーの固有値 1 の固有状態)に論理量子ビットを符号化することによって,スタビライザーに対応する測定によって誤りの起きた量子ビットを知ることができ,誤り訂正ができる.

そこで,n 量子ビットに対するスタビライザーを次の集合のなかから選ぶことにする.

$$\mathcal{G}_n = \{\hat{1}, \hat{X}, \hat{Y}, \hat{Z}\}^{\otimes n} \tag{6.57}$$

$\mathcal{G}_n$ の元は各量子ビットに対して $\{\hat{1}, \hat{X}, \hat{Y}, \hat{Z}\}$ の四つのうちどれか一つの演算を行う演算子である.元の数は $|\mathcal{G}_n| = 4^n$ である.この集合は演算子の積に対して群となり,パウリ群とよばれる.$\hat{1}^{\otimes n}$ を含み,パウリ群の元のなかから互いに交換可能で積について閉じているものを選んだ部分集合も群になる.そういった部分集合の一つをスタビライザー $\mathcal{S}$ とする.$\mathcal{S}$ の元の数を $|\mathcal{S}| = 2^{n-k}$ とすると,すべての元は $n-k$ 個の演算子の積で次のように書くことができる.

$$S = s_1^{a_1} \cdot s_2^{a_2} \cdot \cdots \cdot s_{n-k}^{a_{n-k}} \tag{6.58}$$

ただし，$i=1,\ldots,n-k$ に対して $a_i \in \{0,1\}$ である．このような演算子の組を生成子 (generator) という．さきほどの 3 量子ビットの例でいえば，$n=3$, $|S|=2^2$ であり，実際 $\hat{Z}_1\hat{Z}_2\hat{1}_3$ と $\hat{1}_1\hat{Z}_2\hat{Z}_3$ とそれらの積によって四つすべての演算子が表される．

$\mathcal{S}$ でスタビライズされる状態 $|\psi\rangle$ は $\mathcal{S}$ の元となるすべての演算子 S の固有値 1 の固有状態である．

$$S|\psi\rangle = |\psi\rangle, \quad \forall S \in \mathcal{S} \tag{6.59}$$

スタビライズされる状態は 2^{n-k} 個の演算子の同時固有状態なので 2^k 次元の部分空間を張る．別の言い方をすると，n 個の物理量子ビットで k 個の論理量子ビットを符号化するということになる．この部分空間を**符号空間** (code space) という．

次に n 量子ビットに対するユニタリ変換 $\mathcal{U}(2^n)$ の集合で $\mathcal{S}$ の元を $\mathcal{S}$ に移すものを考え，これを**ノーマライザー** (normalizer) とよぶことにする．

$$\mathcal{N}(\mathcal{S}) = \{\hat{U} \in \mathcal{U}(2^n) | \hat{U}\hat{S}\hat{U}^\dagger \in \mathcal{S}, \forall \hat{S} \in \mathcal{S}\} \tag{6.60}$$

ノーマライザーには以下のような性質がある．

1. もし，$\hat{U}$ がノーマライザーであるならば，$\hat{U}^\dagger$ もノーマライザーである．

    ◆ 証明 ◆

    $$\hat{S}_U = \hat{U}\hat{S}\hat{U}^\dagger \tag{6.61}$$

    とする．定義より，$\hat{S}, \hat{S}_U \in \mathcal{S}$ である．式 (6.61) の両辺に左から $\hat{U}^\dagger$，右から $\hat{U}$ をかける．$\hat{U}\hat{U}^\dagger = \hat{U}^\dagger\hat{U} = \hat{1}$ なので

    $$\hat{U}^\dagger \hat{S}_U \hat{U} = \hat{S} \in \mathcal{S}$$

    であるから $\hat{U}^\dagger$ もノーマライザーである． $\square$

2. ノーマライザーはスタビライズされた状態をスタビライズされた状態に移す．つまり，ノーマライザーは符号化された論理量子ビットを符号空間の外に出さない．

    ◆ 証明 ◆

    $$\hat{S}\hat{U}|\psi\rangle = \hat{U}\hat{U}^\dagger\hat{S}\hat{U}|\psi\rangle = \hat{U}\hat{S}_U|\psi\rangle = \hat{U}|\psi\rangle \qquad \square$$

3. スタビライザーはノーマライザーの部分集合である：$\mathcal{S} \subseteq \mathcal{N}$

    ◆ 証明 ◆ $\hat{S}_1, \hat{S}_2 \in \mathcal{S}$ とする．スタビライザーであることから，$\hat{S}_1, \hat{S}_2$ はエルミートかつユニタリであって，互いに交換する．そこで

    $$\hat{S}_1 \hat{S}_2 \hat{S}_1^\dagger = \hat{S}_2 \hat{S}_1 \hat{S}_1^\dagger = \hat{S}_2$$

が成り立つ．つまり，$\hat{S}_1 \in \mathcal{N}$ である．$\hat{S}_1$ は $\mathcal{S}$ の任意の元であるから，$\mathcal{S}$ のすべての元は $\mathcal{N}$ の元である． □

n 量子ビットに対する擾乱はパウリ群の元で表すことができる．擾乱を表す元の集合を $\mathcal{E}$ とすると，$\mathcal{E} \subseteq \mathcal{G}_n$ である．スタビライザー $\mathcal{S}$ が与えられたとき，訂正可能な擾乱の条件は

1. $\mathcal{E}$ の任意の元 $\hat{E}_1 \neq \hat{E}_2$ について，$\hat{E}_1^\dagger \hat{E}_2 \notin \mathcal{N}$
2. もし，$\hat{E}_1^\dagger \hat{E}_2 \in \mathcal{N}$ なら同時に $\hat{E}_1^\dagger \hat{E}_2 \in \mathcal{S}$

である．

◆証明◆ $\hat{E}_1$ と $\hat{E}_2$ によって引き起こされる誤りを訂正するためには，それぞれの誤りがスタビライザーの生成子に対する測定 $\hat{s}_1 \cdots \hat{s}_{n-k}$ で区別される必要がある．測定した結果が同じだと，修正すべき誤りが特定できないため，誤り訂正が失敗する．いま，任意のスタビライズされた状態 $|\psi\rangle$ をとると擾乱 $\hat{E}$ に対して

$$\hat{S}\hat{E}|\psi\rangle = (-1)^{g(S,E)}\hat{E}\hat{S}|\psi\rangle = (-1)^{g(S,E)}\hat{E}|\psi\rangle$$

である．ここで，$(-1)^{g(S,E)}$ は $\hat{Z}$ と $\hat{X}$ のように反交換する演算子の順序交換による因子であり，交換が奇数のとき -1，偶数のとき 1 になる．この値が測定 $\hat{S}$ による測定結果となる．ここで

$$\hat{E}_1^\dagger \hat{E}_2 \hat{S} = (-1)^{(g(S,E_1)+g(S,E_2))} \hat{S}\hat{E}_1^\dagger \hat{E}_2 \tag{6.62}$$

である．もし，$\hat{E}_1^\dagger \hat{E}_2 \in \mathcal{N}$ なら，

$$\left(\hat{E}_1^\dagger \hat{E}_2\right) \hat{S} \left(\hat{E}_1^\dagger \hat{E}_2\right)^\dagger |\psi\rangle = |\psi\rangle$$

だが，式 (6.62) と合わせると，$\left(\hat{E}_1^\dagger \hat{E}_2\right)\left(\hat{E}_1^\dagger \hat{E}_2\right)^\dagger = \hat{1}$ なので

$$(-1)^{(g(S,E_1)+g(S,E_2))}\hat{S}|\psi\rangle = |\psi\rangle \tag{6.63}$$

である．これはつまり，

$$(-1)^{g(S,E_1)} = (-1)^{g(S,E_2)} \tag{6.64}$$

を意味しており，シンドロームが等しいため測定によって二つの誤りを区別することはできない．

ただし，$\hat{E}_1^\dagger \hat{E}_2 \in \mathcal{N}$ であっても，$\hat{E}_1^\dagger \hat{E}_2 \in \mathcal{S}$ であれば，

$$\hat{E}_1^\dagger \hat{E}_2 |\psi\rangle = |\psi\rangle$$
$$\hat{E}_2 |\psi\rangle = \hat{E}_1 |\psi\rangle \tag{6.65}$$

となり，二つの誤りの効果が同じになるので，同じ修正によって誤りを訂正できる． □

この条件は次のようにも理解できる．もし $\hat{E}_1^\dagger \hat{E}_2$ がノーマライザーならスタビライズされた状態をスタビライズされた状態に移す．

$$\hat{E}_1^\dagger \hat{E}_2 |\psi\rangle = |\phi\rangle$$

$$\hat{E}_2 |\psi\rangle = \hat{E}_1 |\phi\rangle$$

この結果は，状態 $|\phi\rangle$ が $\hat{E}_1$ によって擾乱を受けた状態と状態 $|\psi\rangle$ が $\hat{E}_2$ によって擾乱を受けた状態が区別できないことを表しており，このときは誤り訂正が失敗する．異なる状態が異なる擾乱を受けたことを区別するためには

$$|\psi\rangle \neq |\phi\rangle \text{ かつ } \hat{E}_1 \neq \hat{E}_2 \text{ のとき } \langle\phi|\hat{E}_1^\dagger \hat{E}_2|\psi\rangle = 0 \tag{6.66}$$

であればよい．また，式 (6.65) は

$$\langle\psi|\hat{E}_1^\dagger \hat{E}_2|\psi\rangle = \text{const.} \quad （状態によらない定数） \tag{6.67}$$

と書くこともできる．ここで述べた考え方のほうがわかりやすいが，証明で使った方法のほうが誤り訂正の手順との対応はよい．なお，ここで使った擾乱を与える演算子 $\hat{E}$ は 4.2.1 項で調べたクラウス演算子である．

■**例：5 量子ビット符号**　　例として，5 量子ビットを使って 1 量子ビットの誤りを訂正する符号を構成する．$n = 5$, $k = 1$ なので，4 個の生成子から 16 個の交換可能な演算子が構成される．生成子としては次のような四つを考えればよい．

$$\hat{s}_1 = \hat{X} \otimes \hat{X} \otimes \hat{Z} \otimes \hat{X} \otimes \hat{1} \tag{6.68a}$$

$$\hat{s}_2 = \hat{X} \otimes \hat{Z} \otimes \hat{X} \otimes \hat{1} \otimes \hat{X} \tag{6.68b}$$

$$\hat{s}_3 = \hat{Z} \otimes \hat{1} \otimes \hat{X} \otimes \hat{X} \otimes \hat{Z} \tag{6.68c}$$

$$\hat{s}_4 = \hat{Z} \otimes \hat{X} \otimes \hat{1} \otimes \hat{Z} \otimes \hat{X} \tag{6.68d}$$

これらの固有値 1 の同時固有状態は

$$|\psi\rangle = a |0_L\rangle + b |1_L\rangle \tag{6.69}$$

で与えられる．ただし，

$$|0_L\rangle = \frac{1}{2\sqrt{2}} (|00000\rangle + |00110\rangle + |01001\rangle - |01111\rangle$$
$$+ |10011\rangle + |10101\rangle + |11010\rangle - |11100\rangle) \tag{6.70a}$$

$$|1_L\rangle = \frac{1}{2\sqrt{2}}(|11111\rangle + |11001\rangle + |10110\rangle - |10000\rangle$$
$$- |01100\rangle - |01010\rangle - |000101\rangle + |00011\rangle) \tag{6.70b}$$

である．これが，求める固有値 1 の固有状態になっていることは実際に式 (6.70) に式 (6.68) を作用させて確かめることができる．

　誤りのパターンは 16 個ある．つまり，誤りがない状態，第 j ($j = 1, \ldots, 5$) 量子ビットのどれかにビット反転 ($\hat{X}_j$)，位相反転 ($\hat{Z}_j$)，ビット反転と位相反転の両方 ($\hat{Z}_j\hat{X}_j$) のいずれかが起きた状態である．これらをすべて書くのは大変なので，第 1 量子ビットの誤りについて具体的に書いてみる．他の量子ビットの誤りも同じようにして訂正することができる．第 1 量子ビットがビット反転した状態は

$$\hat{E}_1^{(X)}|\psi\rangle = \left(\hat{X} \otimes \hat{1} \otimes \hat{1} \otimes \hat{1} \otimes \hat{1}\right)|\psi\rangle$$

である．同じように位相反転した状態は

$$\hat{E}_1^{(Z)}|\psi\rangle = \left(\hat{Z} \otimes \hat{1} \otimes \hat{1} \otimes \hat{1} \otimes \hat{1}\right)|\psi\rangle$$

であり，両方が起きた状態は

$$\hat{E}_1^{(XZ)}|\psi\rangle = \left(\hat{X} \cdot \hat{Z} \otimes \hat{1} \otimes \hat{1} \otimes \hat{1} \otimes \hat{1}\right)|\psi\rangle$$

である．ここで測定 (6.68) を行う．反交換するのは $\hat{X}$ と $\hat{Z}$ なので，ビット反転した状態のシンドロームが -1 になる測定は第 1 量子ビットの測定の演算子が $\hat{Z}$ である，$\hat{s}_3$ と $\hat{s}_4$ である．一方，位相反転した状態のシンドロームが -1 になる測定は，第 1 量子ビットの測定の演算子が $\hat{X}$ である，$\hat{s}_1$ と $\hat{s}_2$ である．両方が起きた状態では四つのシンドロームが -1 になる．それぞれの誤りパターンに対してシンドロームが区別できることから，

(i) $\hat{s}_1$ と $\hat{s}_2$ のシンドロームが共に -1 で $\hat{s}_3$ と $\hat{s}_4$ のシンドロームが共に 1 のとき，第 1 量子ビットを位相反転させる．

(ii) $\hat{s}_1$ と $\hat{s}_2$ のシンドロームが共に 1 で $\hat{s}_3$ と $\hat{s}_4$ のシンドロームが共に -1 のとき，第 1 量子ビットをビット反転させる．

(iii) すべてのシンドロームが -1 のとき第 1 量子ビットにビット反転と位相反転の両方を行う．

(iv) それ以外の場合は第 1 量子ビットに操作しない．

とすることで第 1 量子ビットの誤りを訂正できる．

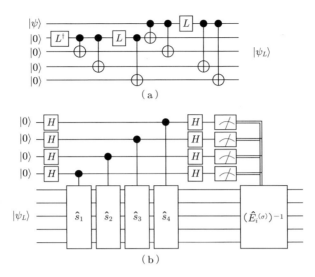

図 6.13 (a) 5 量子ビット量子誤り訂正符号を符号化する量子回路．復号化は量子回路を逆に通す．(b) スタビライザーを用いた量子回路．

図 6.13(a) に 5 量子ビット符号の符号化を行う量子回路の一例を示す．ここで，L，$L^\dagger$ は

$$\hat{L} = \frac{1}{\sqrt{2}}\begin{pmatrix} 1 & -1 \\ 1 & 1 \end{pmatrix}, \quad \hat{L}^\dagger = \frac{1}{\sqrt{2}}\begin{pmatrix} 1 & 1 \\ -1 & 1 \end{pmatrix} \tag{6.71}$$

で定義される演算子である．復号化には同じ量子回路を逆に通す．誤りがなければもとに戻るので第 2～第 5 量子量子ビットはすべて $|0\rangle$ になる．それ以外の場合は測定するとシンドロームが得られるので誤りが特定できる．図 6.13(b) はスタビライザー $\hat{s}_1,\ldots,\hat{s}_4$ を使った量子回路である．スタビライザー（の生成子）についてシンドローム測定を行い，結果がすべて 1 のとき正しく符号化された状態が得られている．それ以外のとき，シンドロームのパターンによって i 番目の量子ビットの誤り $\hat{E}_i^\sigma$ を反転させる．ただし，$\sigma = \{\hat{X}, \hat{Z}, \hat{X}\hat{Z}\}$ である．状態はスタビライザーの固有状態であって，そのどれかは固有値 ± 1 を求めればわかる．これは 1 ビットの精度で位相推定をすることと同じである．

6.4.3 │ フォールトトレラント量子計算

以上のように，量子状態に誤りが生じても訂正可能なことが示されたが，まだ考えておくべきことがある．第一に，符号化された状態はとりあえず守られているが，1 量子ビットに復号された瞬間から再び誤りの可能性にさらされる．こういった危険を避けるためには，常に符号化された状態で計算を進める必要がある．言い換えれば，符

号化された状態にはたらく量子ゲートを構成する必要がある．このとき，量子ゲートが状態を符号空間から出さないようにすることが必要である．このような性質をもつあらゆる量子ゲートがつくれるかは自明ではないが，CNOT ゲート，アダマールゲート，Z ゲートと $\pi/8$ ゲートを構成できることが知られている．これらができればユニバーサルな量子計算を行えるので，符号化された状態のままで量子計算が可能である．

もう一つの問題は，誤り訂正を行うための量子ゲートが常に正しくはたらくとは限らないことである．制御量子ゲートの場合とくに深刻である．一つの量子ビットで誤りが生じたとき，他の量子ビットにも誤りが伝搬してしまう．たとえば，CNOT ゲートで図 6.14(a) のように制御量子ビットがビット反転すれば標的量子ビットもビット反転する．また，標的量子ビットが位相反転したときにはキックバックによって図 6.14(b) のように制御量子ビットも位相反転する（図 3.16 も参照）．このような誤りの伝搬を考えると，シンドローム測定において，図 6.14(c) のように同じアンシラに 2 回以上制御量子ゲートをかけることは好ましくないことがわかる．なぜなら，一度アンシラに誤りが起きるとその誤りが無傷だったはずの制御量子ビットに伝染してしまうからである．これを避けるためには，図 6.14(d) のようにそれぞれの制御量子ビットに別のアンシラを対応させるのがよい．ただし，このときはアンシラの初期状態を $|0\rangle$ にすると，アンシラの測定によって制御量子ビットの状態が収縮してしまう．そこで，この場合は X ゲートの固有値 1 の固有状態である $|+\rangle$ を初期状態とする．なお，アンシラは決まった初期状態につくるので，シンドローム測定は繰り返し行うことができる．繰り返しシンドロームを測定して誤り訂正を行うことによって，誤り確率を減少させることが可能である．

以上のことを考慮して量子回路を設計することにより，量子ゲートの動作が完全でなくとも正しく量子計算を行うことができる．このように不完全性を考慮した量子計

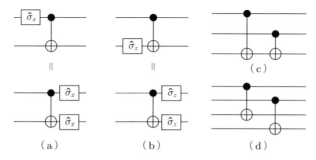

図 6.14 制御量子ゲートにおける誤りの伝搬．(a) 制御量子ビットのビット反転は標的量子ビットもビット反転させる．(b) 標的量子ビットの位相反転は制御量子ビットも位相反転させる．(c) 好ましくない構成．(d) より良い構成．

算を**フォールトトレラント量子計算**という.

フォールトトレラントな量子計算を行うためには，一つの論理量子ビットに対する量子ゲートを多数の物理量子ビットに対する量子ゲートで構成しなければならない．そのため，物理的な量子ゲートの誤り率が量子計算を行えるステップ数に影響を与える．たとえば，1個の物理的な量子ゲートの誤り率を ϵ としよう．t 個の誤り訂正ができる符号を考えると，$t+1$ 個の誤りが起きて計算ができなくなる確率は，誤りが独立に起きるとして，ϵ^{t+1} に減少する．t が大きくなれば誤り確率は減るはずだが，必要な量子ゲートの数は符号化に用いる物理量子ビットの数に従って増加する．これが t のべき t^α で増加すると仮定すると，$t+1$ 個の誤りが起きる確率は c を定数として $p_F = \left(1-(1-\epsilon)^{ct^\alpha}\right)^{t+1}$ になる．このため，t はいくらでも大きくできるわけではないことがわかる．実際，$\epsilon \ll 1$ のとき，$p_F \sim (\epsilon c t^\alpha)^{t+1}$ となるが，t が十分大きく $t^{-1} \ll \ln t$ のとき，t の最適値は

$$t_{\text{opt}} = K\epsilon^{-1/\alpha}, \quad K = e^{-1}c^{-1/\alpha} \tag{6.72}$$

になる．このとき，$p_F \sim \exp[-\alpha(1+K\epsilon^{-1/\alpha})]$ である．一方，量子計算のステップ数が増えると必要な誤り訂正の回数も増える．この回数は計算の長さに比例すると考えてよいから，誤り訂正が可能な回数が量子計算の長さを与えると考えてよい．そこで，N 回誤り訂正を行うとすると，失敗する確率は $Np_F \sim \exp[\ln N - \alpha(1+K\epsilon^{-1/\alpha})]$ である．失敗確率を有限に保つには，N が大きいとき，$O(\ln N) = O(\epsilon^{-1/\alpha})$ でなければならない．つまり，1個の物理的な量子ゲートの誤り率が $O(\epsilon) = O((\ln N)^{-\alpha})$ でスケーリングすることが必要である．これより，物理的な量子ゲートの誤り率が大きいとステップ数の多いフォールトトレラントな量子計算は不可能になることが結論される．

■**連接符号**　物理的な量子ゲートの誤り率を減らす方法として，符号の連接 (concatenation) というアイディアを導入する．これまで考えていた量子誤り訂正符号は，物理量子ビットから論理量子ビットをつくるものだった．しかし，複数の論理量子ビットを使って新たに1論理量子ビットを構成することも可能である．このプロセスは図6.15のように繰り返し行うことができる．そこで，連接の段数をレベルとよぶことにして，レベル n の連接によって物理量子ゲートの誤り率に関する要求が緩くなることを見てみよう．

簡単のため，各レベルで許される誤りは高々1個であるとする ($t=1$)．レベル n の1個の論理回路素子で使われるレベル $n-1$ の回路素子（ゲートと配線）の数を g とする．この計算はおおよその見当をつけるのが目的なので，簡単のためこの数はレベ

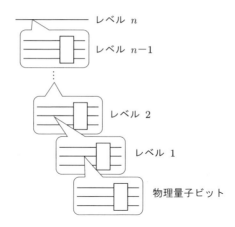

図 6.15 連接符号の考え方.レベル n の論理量子ビットは下位のレベルの論理量子ビットを符号化して得られる.下位の量子ビットは入れ子になっている.

ルによらないものとした.レベル $n-1$ の回路素子での誤りが1回起きる確率を ϵ_{n-1} だとすると,レベル n の1個の回路素子で誤りが1回起きる確率は,レベル $n-1$ で2回誤りが起きて訂正できなかった確率であるから

$$\epsilon_n = c\,(\epsilon_{n-1})^2 \tag{6.73}$$

となる.ただし,c は誤りを起こす回路素子を2個取り出す場合の数で g^2 程度の大きさである.

$$\log(c\epsilon_n) = 2(\log(c\epsilon_{n-1})) = 2^n \log(c\epsilon) \tag{6.74}$$

である.これから,

$$\epsilon < \frac{1}{c} \equiv \epsilon_{\text{th}} \tag{6.75}$$

であれば,連接によって誤り確率が減少することがわかる.この値を連接の閾値とよぶことにする.物理量子ビットに対する1回の演算の誤り率が閾値以下であれば,連接によって論理量子ビット演算の誤り率を小さくすることができる.閾値の値は,誤り訂正符号や量子計算のモデルの選び方,量子ゲートの確率的な動作を許すかといったことによって異なる.いまのところ,最大で1〜3%程度の誤りが許容される方法が提案されている.

連接を行うと当然多くの資源が必要になる.N 個の論理量子ビットについて M ステップの計算を行うとすると $NM\epsilon_n$ は高々1でなければならないので,ϵ,ϵ_{th} が与えられたとき,必要なレベル数は式 (6.73) を使って

$$2^n \sim \frac{\log(NM\epsilon_{\text{th}})}{\log(\epsilon_{\text{th}}/\epsilon)} \tag{6.76}$$

で与えられる．必要となる物理量子ビットレベルでの回路素子の数は Ng^n で与えられる．つまり，

$$Ng^n \sim N2^{\left(\log \frac{\log(NM\epsilon_{\text{th}})}{\log(\epsilon_{\text{th}}/\epsilon)}\right)\log g}$$
$$= O\left(N(\log(NM))^{\log g}\right) \tag{6.77}$$

であるから，$N \times (\log NM$ の多項式$)$ の物理量子ビットを必要とする．また，レベルを一つ上げたとき，必要な演算時間が τ 倍になるとする．τ は g に比例する定数である．このとき，レベル n での演算時間は $M\tau^n$ である．式 (6.77) と同様にして

$$M\tau^n = O\left(M(\log(NM))^{\log \tau}\right) \tag{6.78}$$

となり，$M \times (\log(NM)$ の多項式$)$ の演算時間を要する．しかし，これらの増加は緩やかなので，連接符号を用いたフォールトトレラント量子計算はスケーラブルに行える．

6.4.4 デコヒーレンスフリーサブスペース

ここでは，擾乱が特別な形をしている場合を考える．例として，d 量子ビットの $|1\rangle$ 状態に同じ大きさの位相が加えられる場合を見てみよう．

$$|0\rangle_j \mapsto |0\rangle_j, \quad |1\rangle_j \mapsto e^{i\phi}|1\rangle_j, \quad j = \{1,\ldots,d\}$$

2 量子ビットの場合

$$|00\rangle \mapsto |00\rangle$$
$$|10\rangle \mapsto e^{i\phi}|10\rangle$$
$$|01\rangle \mapsto e^{i\phi}|01\rangle$$
$$|11\rangle \mapsto e^{2i\phi}|11\rangle$$

である．そこで，論理量子ビットとして $|0_L\rangle = |01\rangle$，$|1_L\rangle = |10\rangle$ をつくってみると

$$|\psi_L\rangle = \alpha|0_L\rangle + \beta|1_L\rangle \mapsto e^{i\phi}(\alpha|0_L\rangle + \beta|1_L\rangle)$$

となる．加えられた位相はグローバル位相になるので状態に影響を与えない．これは論理量子ビットをつくっている $\{|01\rangle, |10\rangle\}$ に同じ大きさの位相が加えられるからである．同様に 3 量子ビットの場合，$\{|000\rangle\}$，$\{|100\rangle, |010\rangle, |001\rangle\}$，$\{|110\rangle, |101\rangle, |011\rangle\}$，$\{|111\rangle\}$ の組をつくると，各組の状態にはそれぞれ，1，$e^{i\phi}$，$e^{2i\phi}$，$e^{3i\phi}$ の位相が加わ

る．そこで，それぞれの組の状態ベクトルから論理量子ビットをつくれば，擾乱はグローバル位相を付け加えるだけなので状態は変化しない．一般の n 量子ビットの場合も，0 と 1 の数が等しい状態には同じグローバル位相が加わり，状態は変わらない．このような組み合わせが，状態を変えない部分空間を与える．部分空間の次元は組み合わせの数に等しいから，$|0\rangle$ を k 個もつ部分空間の次元は

$$d_k = \binom{d}{k}$$

であり，$[\log d_k]$ 個の論理量子ビットを表すことができる．

より一般的な議論をしよう．物理系が注目しているシステムと環境に分けられるとする．お互いが関係しなければ無視してよいのだが，そうはいかないため，システムが擾乱を受ける．そこで，全体のハミルトニアン $\hat{H}$ がシステムのハミルトニアン $\hat{H}_S$，環境のハミルトニアン $\hat{H}_R$，相互作用 $\hat{H}_{SR}$ で表されるとする．とくに相互作用が

$$\hat{H}_{SR} = \sum_i \hat{\sigma}_i \otimes \hat{B}_i \tag{6.79}$$

の形になっているとする．ここで，$\hat{\sigma}_i$ はシステムに，$\hat{B}_i$ は環境にそれぞれ作用する．全体のハミルトニアンは

$$\begin{aligned}\hat{H} &= \hat{H}_S \otimes \hat{1}_R + \hat{1}_S \otimes \hat{H}_R + \hat{H}_{SR} \\ &= \hat{H}_S \otimes \hat{1}_R + \hat{1}_S \otimes \hat{H}_R + \sum_i \hat{\sigma}_i \otimes \hat{B}_i\end{aligned} \tag{6.80}$$

である．ここで，$\hat{\sigma}_i$ はシステムの空間 $\mathcal{H}_S$ を張るベクトル $|k\rangle_S$ を固有ベクトルとしてもち，さらに固有値が k によらないとする（むしろそのような部分空間をシステムとして選ぶというほうが実態に合っているかもしれない）．

$$\hat{\sigma}_i |k\rangle_S = c_i |k\rangle_S \tag{6.81}$$

このとき式 (6.80) は，

$$\hat{H} = \hat{H}_S \otimes \hat{1}_R + \hat{1}_S \otimes \left(\hat{H}_R + \sum_i c_i \hat{B}_i\right) \tag{6.82}$$

となる．ただし，$\{|k\rangle_S\}$ の完全性から

$$\hat{\sigma}_i = c_i \sum_k |k\rangle_S \langle k| = c_i \hat{1}_S$$

であることを使った．

さて，全体の初期状態ではシステムと環境が分離しているとする．

$$\hat{\rho}(0) = \hat{\rho}_S(0) \otimes \hat{\rho}_R(0)$$

全系の状態の時間発展は $\hat{U}_{SR} = \exp[-i\hat{H}t/\hbar]$ で表される．時刻 t での $\hat{\rho}$ は

$$\hat{\rho}(t) = \hat{U}_{SR}(t)\hat{\rho}(0)\hat{U}_{SR}^\dagger(t)$$

であり，式 (6.82) に注意すると，$\hat{U}_{SR}$ はシステムと環境の時間発展を表すユニタリ演算子の積に分離される．

$$\hat{U}_{SR}(t) = \hat{U}_S \otimes \hat{U}_R$$

ここで，

$$\hat{U}_S(t) = \exp\left[-\frac{i}{\hbar}\hat{H}_S t\right]$$
$$\hat{U}_R(t) = \exp\left[-\frac{i}{\hbar}\left(\hat{H}_R + \sum_i c_i \hat{B}_i\right)\right]$$

である．このため，システムの状態は環境についてトレースをとって

$$\hat{\rho}_S(t) = \mathrm{tr}_R\left[\hat{\rho}(t)\right] = \hat{U}_S(t)\hat{\rho}_S(0)\hat{U}_S^\dagger(t) \tag{6.83}$$

となる．ここで，$\hat{U}_S(t)$ はユニタリなので $\hat{\rho}_S(t)$ はシステムの空間のなかにとどまり，環境との相互作用の影響を受けない．もちろん $\hat{U}_S(t)$ で変換されるがこれは既知のハミルトニアンによる時間発展なので状態に対する擾乱ではない．このような条件を満たすシステムの空間を**デコヒーレンスフリーサブスペース** (decoherence free subspace) という．

最初にあげた例では，$\{|10\rangle, |01\rangle\}$ は環境との相互作用（この例では具体的にどういうものかわからないが）に対して共通の固有値 $e^{i\phi}$ をもっていた．このため，$\{|10\rangle, |01\rangle\}$ で張られる部分空間のベクトルは環境との相互作用の影響を受けない．実際の物理系では複数の量子ビットが近接して存在し，環境がその範囲では一定とみなせることがある．このようなとき，デコヒーレンスフリーサブスペースが構成でき，量子ビットが環境からの擾乱を受けないようにすることができる．

量子誤り訂正符号は強力な方法だが，必要とする資源が大きくなるというデメリットをもつ．そこで，ここで説明したような物理的な擾乱から系を保護する手法と組み合わせることが，これからの量子コンピュータの実現には重要となるだろう．

演習問題の略解

2.1 これは自分で調べること．

2.2 $\hat{O}$ のエルミート共役演算子は

$$\hat{O}^\dagger = \sum_{ij} o_{ij}^\dagger \ket{i}\bra{j} = \sum_{ij} o_{ji}^* \ket{i}\bra{j}$$

と書ける．式 (2.23) の両辺をそれぞれ計算する．

$$\text{左辺} = \left(\ket{v}, \hat{O}\ket{u}\right) = \sum_{ij} v_i^* o_{ij} u_j$$

$$\text{右辺} = \left(\hat{O}^\dagger\ket{v}, \ket{u}\right) = \sum_i \left(\sum_j o_{ij}^\dagger v_j\right)^* u_i = \sum_i \left(\sum_j o_{ji}^* v_j\right)^* u_i = \sum_{ij} v_j^* o_{ji} u_i$$

2.3 射影演算子をスペクトル分解する：$\hat{P} = \sum_i \lambda_i \ket{i}\bra{i}$.

$$\hat{P}^2 = \sum_{ij} \lambda_i \lambda_j \ket{i}\braket{i|j}\bra{j} = \sum_i \lambda_i^2 \ket{i}\bra{i}$$

$\hat{P}^2 = \hat{P}$ であるから $\lambda_i^2 = \lambda_i$. つまり，$\lambda_i = 0, 1$.

2.4 $X = \begin{pmatrix} -(1+i) & 1+i \\ -3+4i & -3+4i \end{pmatrix}$ として，$X^\dagger X = \begin{pmatrix} 27 & 23 \\ 23 & 27 \end{pmatrix}$ の固有値は $\lambda_1 = 50$, $\lambda_2 = 4$ であり，規格化した固有ベクトルはそれぞれ $(1/\sqrt{2}, 1/\sqrt{2})^T$ と $(1/\sqrt{2}, -1/\sqrt{2})^T$ である．つまり，$\ket{u_1} = \ket{v_1} = (1,0)^T$, $\ket{u_2} = \ket{v_2} = (0,1)^T$ としているので式 (2.37) により $V = \frac{1}{\sqrt{2}}\begin{pmatrix} 1 & 1 \\ 1 & -1 \end{pmatrix}$ である．さらに，式 (2.31) から

$$U = XVD^{-1} = \begin{pmatrix} 0 & -\frac{1+i}{\sqrt{2}} \\ -\frac{3-4i}{5} & 0 \end{pmatrix}$$

となる．まとめると

$$X = \begin{pmatrix} 0 & -\frac{1+i}{\sqrt{2}} \\ -\frac{3-4i}{5} & 0 \end{pmatrix} \begin{pmatrix} 5\sqrt{2} & 0 \\ 0 & 2 \end{pmatrix} \begin{pmatrix} \frac{1}{\sqrt{2}} & \frac{1}{\sqrt{2}} \\ \frac{1}{\sqrt{2}} & -\frac{1}{\sqrt{2}} \end{pmatrix}$$

2.5 この状態 $\ket{\alpha}$ はコヒーレント状態とよばれ，量子光学ではおなじみのものである．

$$e^{i\chi\hat{N}}\ket{\alpha} = e^{i\chi\hat{N}} e^{-|\alpha|^2/2} \sum_{n=0}^{\infty} \frac{\alpha^n}{\sqrt{n!}} \ket{n} = e^{-|\alpha|^2/2} \sum_{n=0}^{\infty} \frac{\alpha^n}{\sqrt{n!}} e^{i\chi\hat{N}} \ket{n}$$

$$= e^{-|\alpha|^2/2} \sum_{n=0}^{\infty} \frac{\alpha^n}{\sqrt{n!}} e^{i\chi n} \ket{n} = e^{-|\alpha|^2/2} \sum_{n=0}^{\infty} \frac{(\alpha e^{i\chi})^n}{\sqrt{n!}} \ket{n} = \ket{\alpha e^{i\chi}}$$

2.6 ・巡回性：$\mathrm{tr}(\hat{A}\hat{B}) = \mathrm{tr}(\hat{B}\hat{A})$ を示せばよい．三つ以上の演算子についての巡回性は二つの場合から直ちに導ける．$\hat{A} = \sum_{ij} a_{ij} \ket{i}\bra{j}$, $\hat{B} = \sum_{ij} b_{ij} \ket{i}\bra{j}$ とおく．正規直交基底では $\braket{i|j} = \delta_{ij}$ であることを使う．

$$\text{tr}(\hat{A}\hat{B}) = \sum_n \langle n| \left(\sum_{ij} a_{ij} |i\rangle \langle j| \sum_{kl} b_{kl} |k\rangle \langle l|\right) |n\rangle = \sum_n \sum_j a_{nj} b_{jn}$$

$$\text{tr}(\hat{B}\hat{A}) = \sum_n \langle n| \left(\sum_{ij} b_{ij} |i\rangle \langle j| \sum_{kl} a_{kl} |k\rangle \langle l|\right) |n\rangle = \sum_n \sum_j b_{nj} a_{jn}$$

n と j を入れ替えれば両者は同じものである.

・線形性:

$$\text{tr}(\hat{A}+\hat{B}) = \sum_n \langle n| \left(\sum_{ij} a_{ij} |i\rangle \langle j| + \sum_{kl} b_{kl} |k\rangle \langle l|\right) |n\rangle$$

$$= \sum_n \langle n| \sum_{ij} a_{ij} |i\rangle \langle j|n\rangle + \sum_n \langle n| \sum_{kl} b_{kl} |k\rangle \langle l|n\rangle = \text{tr}(\hat{A}) + \text{tr}(\hat{B})$$

$$\text{tr}(\alpha\hat{A}) = \sum_n \langle n| \alpha \sum_{ij} a_{ij} |i\rangle \langle j|n\rangle = \alpha \sum_n \langle n| \sum_{ij} a_{ij} |i\rangle \langle j|n\rangle = \alpha \text{tr}(\hat{A})$$

2.7 $\hat{A} = \hat{U}|\hat{A}|$ のエルミート共役をとる:

$$\hat{A}^\dagger = |\hat{A}|^\dagger \hat{U}^\dagger = |\hat{A}|\hat{U}^\dagger$$

ここで, $|\hat{A}|$ がエルミートであることを使った. これから,

$$\hat{A}^\dagger \hat{A} = |\hat{A}|\hat{U}^\dagger \hat{U}|\hat{A}| = |\hat{A}|^2$$

よって, $\hat{U}^\dagger \hat{U} = \hat{1}$, すなわち $\hat{U}$ はユニタリである.

2.9 式 (2.61) に $e_1 = 1/\sqrt{2}$, $e_2 = i/\sqrt{2}$ を代入すると

$$\vec{E} = E \begin{pmatrix} \sqrt{2} \cos(kx - \omega t) \\ \sqrt{2} \sin(kx - \omega t) \end{pmatrix}$$

を得る. 波が進行して x が変わると電場ベクトルの向きが $y-z$ 平面の円の上を回っていくことがわかる (時間 t が変わるとしても同じ). $|e_1| \neq |e_2|$ のときも同様に計算することにより, 電場ベクトルの軌跡が楕円を描くことがわかる.

3.1

$$\hat{U}^\dagger = \begin{pmatrix} e^{i(\alpha/2+\beta/2)} \cos(\theta/2) & -e^{-i(\alpha/2-\beta/2)} \sin(\theta/2) \\ e^{i(\alpha/2-\beta/2)} \sin(\theta/2) & e^{-i(\alpha/2+\beta/2)} \cos(\theta/2) \end{pmatrix}$$

なので

$$\hat{U}^\dagger \hat{U} = \begin{pmatrix} e^{i(\alpha/2+\beta/2)} \cos(\theta/2) & e^{-i(\alpha/2-\beta/2)} \sin(\theta/2) \\ -e^{i(\alpha/2-\beta/2)} \sin(\theta/2) & e^{-i(\alpha/2+\beta/2)} \cos(\theta/2) \end{pmatrix}$$

$$\times \begin{pmatrix} e^{-i(\alpha/2+\beta/2)} \cos(\theta/2) & -e^{-i(\alpha/2-\beta/2)} \sin(\theta/2) \\ e^{i(\alpha/2-\beta/2)} \sin(\theta/2) & e^{i(\alpha/2+\beta/2)} \cos(\theta/2) \end{pmatrix}$$

$$= \begin{pmatrix} \cos^2(\theta/2) + \sin^2(\theta/2) & 0 \\ 0 & \cos^2(\theta/2) + \sin^2(\theta/2) \end{pmatrix} = \begin{pmatrix} 1 & 0 \\ 0 & 1 \end{pmatrix}$$

3.2 ・x 成分: $\langle \hat{\sigma}_x \rangle = \langle \psi | \hat{\sigma}_x | \psi \rangle$

$$= \left(\cos(\theta/2) \langle 0| + e^{-i\varphi} \sin(\theta/2) \langle 1|\right) \left(|0\rangle \langle 1| + |1\rangle \langle 0|\right)$$

$$\times \left(\cos(\theta/2) |0\rangle + e^{i\varphi} \sin(\theta/2) |1\rangle\right)$$

$$= \cos\varphi \sin\theta$$

・y 成分：
$$\begin{aligned}\langle\hat{\sigma}_y\rangle &= \langle\psi|\hat{\sigma}_y|\psi\rangle \\
&= \left(\cos(\theta/2)\langle 0| + e^{-i\varphi}\sin(\theta/2)\langle 1|\right)\left(-i|0\rangle\langle 1| + i|1\rangle\langle 0|\right) \\
&\quad \times \left(\cos(\theta/2)|0\rangle + e^{i\varphi}\sin(\theta/2)|1\rangle\right) \\
&= \sin\varphi\sin\theta\end{aligned}$$

・z 成分：
$$\begin{aligned}\langle\hat{\sigma}_z\rangle &= \langle\psi|\hat{\sigma}_z|\psi\rangle \\
&= \left(\cos(\theta/2)\langle 0| + e^{-i\varphi}\sin(\theta/2)\langle 1|\right)\left(|0\rangle\langle 0| - |1\rangle\langle 1|\right) \\
&\quad \times \left(\cos(\theta/2)|0\rangle + e^{i\varphi}\sin(\theta/2)|1\rangle\right) \\
&= \cos\theta\end{aligned}$$

3.4 $\hat{\sigma}_y\hat{\sigma}_z = -\hat{\sigma}_z\hat{\sigma}_y = i\hat{\sigma}_x$, $\hat{\sigma}_x\hat{\sigma}_z = -\hat{\sigma}_z\hat{\sigma}_x = -i\hat{\sigma}_y$ といった関係を用いる.

$$\begin{aligned}&\hat{R}_z(\beta)\hat{R}_y(\gamma)\hat{R}_z(\delta) \\
&= \left(\cos\frac{\beta}{2}\hat{\sigma}_0 - i\sin\frac{\beta}{2}\hat{\sigma}_z\right)\left(\cos\frac{\gamma}{2}\hat{\sigma}_0 - i\sin\frac{\gamma}{2}\hat{\sigma}_y\right)\left(\cos\frac{\delta}{2}\hat{\sigma}_0 - i\sin\frac{\delta}{2}\hat{\sigma}_z\right) \\
&= \cos\frac{\gamma}{2}\cos\frac{\beta+\delta}{2}\hat{\sigma}_0 + i\sin\frac{\gamma}{2}\sin\frac{\beta-\delta}{2}\hat{\sigma}_x - i\sin\frac{\gamma}{2}\cos\frac{\beta-\delta}{2}\hat{\sigma}_y + i\cos\frac{\gamma}{2}\sin\frac{\beta+\delta}{2}\hat{\sigma}_z \\
&= \begin{pmatrix}\cos(\gamma/2)e^{-i(\beta+\delta)/2} & -\sin(\gamma/2)e^{-i(\beta-\delta)/2} \\ \sin(\gamma/2)e^{i(\beta-\delta)/2} & \cos(\gamma/2)e^{i(\beta+\delta)/2}\end{pmatrix}\end{aligned}$$

式 (3.32) についても同様の計算を行えばよい.

3.5 Z ゲートは $|1\rangle$ の符号を反転させ, X ゲートは $|0\rangle$ と $|1\rangle$ を入れ替える. 第 1 量子ビットにゲートを作用させると,

$$\hat{Z}_1|\Phi^{(+)}\rangle = \hat{Z}_1\frac{1}{\sqrt{2}}(|0\rangle|0\rangle + |1\rangle|1\rangle) = \frac{1}{\sqrt{2}}(|0\rangle|0\rangle - |1\rangle|1\rangle) = |\Phi^{(-)}\rangle$$

$$\hat{Z}_1|\Psi^{(+)}\rangle = \hat{Z}_1\frac{1}{\sqrt{2}}(|0\rangle|1\rangle + |1\rangle|0\rangle) = \frac{1}{\sqrt{2}}(|0\rangle|1\rangle - |1\rangle|0\rangle) = |\Psi^{(-)}\rangle$$

$$\hat{X}_1|\Phi^{(+)}\rangle = \hat{X}_1\frac{1}{\sqrt{2}}(|0\rangle|0\rangle + |1\rangle|1\rangle) = \frac{1}{\sqrt{2}}(|1\rangle|0\rangle + |0\rangle|1\rangle) = |\Psi^{(+)}\rangle$$

$$\hat{X}_1|\Phi^{(-)}\rangle = \hat{X}_1\frac{1}{\sqrt{2}}(|0\rangle|0\rangle - |1\rangle|1\rangle) = \frac{1}{\sqrt{2}}(|1\rangle|0\rangle - |0\rangle|1\rangle) = -|\Psi^{(-)}\rangle$$

グローバル位相の違いは無視してよい. 逆方向も同様に計算できる.

3.6 式 (3.80) を参考にして, 3 粒子の状態を $|\psi_C\rangle \otimes |\Psi^{(-)}\rangle_{AB}$ のようにとり, 2 粒子 CA の状態をベル状態の基底で書き直して整理すればよい.

3.7 $|\Phi^{(\pm)}\rangle$ について, 式 (3.90) を使うと

$$|H\rangle_1|H\rangle_2 \mapsto \frac{1}{2}(|H\rangle_3 + i|H\rangle_4)(i|H\rangle_3 + |H\rangle_4) = \frac{i}{2}(|H\rangle_3|H\rangle_3 + |H\rangle_4|H\rangle_4)$$

となる. $|V\rangle_1|V\rangle_2$ も同様に変換されるから,

$$|\Phi^{(\pm)}\rangle \mapsto \frac{i}{2\sqrt{2}}\left[(|H\rangle_3|H\rangle_3 + |H\rangle_4|H\rangle_4) \pm (|V\rangle_3|V\rangle_3 + |V\rangle_4|V\rangle_4)\right]$$

となり, ビームスプリッタの片方の出力ポートに 2 光子現れることがわかる. $|\Psi^{(\pm)}\rangle$ について,

$$|H\rangle_1|V\rangle_2 \mapsto \frac{1}{2}\left[i(|H\rangle_3|V\rangle_3 + |V\rangle_4|H\rangle_4) + (|H\rangle_3|V\rangle_4 - |V\rangle_3|H\rangle_4)\right]$$

$$|V\rangle_1|H\rangle_2 \mapsto \frac{1}{2}\left[i(|H\rangle_3|V\rangle_3 + |V\rangle_4|H\rangle_4) + (|V\rangle_3|H\rangle_4 - |H\rangle_3|V\rangle_4)\right]$$

なので
$$|\Psi^{(+)}\rangle \mapsto \frac{i}{\sqrt{2}}(|H\rangle_3|V\rangle_3 + |V\rangle_4|H\rangle_4), \quad |\Psi^{(-)}\rangle \mapsto \frac{1}{\sqrt{2}}(|H\rangle_3|V\rangle_4 - |V\rangle_3|H\rangle_4)$$
が得られる．ビームスプリッタの両方の出力ポートに光子が一つずつ現れるのは $|\Psi^{(-)}\rangle$ を入力したときだけである．これは粒子の交換に対する対称性が起因している．粒子の交換に対して 3 重項状態である $|\Psi^{(\pm)}\rangle$ と $|\Psi^{(+)}\rangle$ は符号を変えないが 1 重項状態である $|\Psi^{(-)}\rangle$ は符号を変える．そのため，2 光子の干渉によって 3 重項状態では 2 光子が同時に出力される項が，1 重項状態では光子が一つずつ出力される光が打ち消されずに残る．$|\Psi^{(+)}\rangle$ では 2 光子の偏光が異なっていることからビームスプリッタの後に偏光ビームスプリッタ（あるいは偏光プリズム）を置くとその出力には 1 光子ずつ現れるので $|\Phi^{(\pm)}\rangle$ とは区別できる．

4.1 $\hat{\rho}(t_1) = \sum_i p_i |\phi_i(t_1)\rangle\langle\phi_i(t_1)|$ に $|\phi_i(t)\rangle = \hat{U}(t,t_0)|\phi_i(t_0)\rangle$ を用いると
$$\hat{\rho}(t_1) = \sum_i p_i \hat{U}(t_1,t_0)|\phi_i(t_0)\rangle\langle\phi_i(t_0)|\hat{U}^\dagger(t_1,t_0) = \hat{U}(t_1,t_0)\hat{\rho}(t_0)\hat{U}^\dagger(t_1,t_0)$$

4.2 式 (4.50) の左辺に式 (4.47) を適用する．
$$\left(\sum_k {}_E\langle k| \otimes {}_A\langle\psi|\hat{M}_k^\dagger\right)\left(\sum_j \hat{M}_j|\phi\rangle_A \otimes |j\rangle_E\right) = \sum_j {}_A\langle\psi|\hat{M}_j^\dagger \hat{M}_j|\phi\rangle_A$$
$$= {}_A\langle\psi|\sum_j \hat{M}_j^\dagger \hat{M}_j|\phi\rangle_A = {}_A\langle\psi|\phi\rangle_A$$
内積が保存されるので $\hat{U}$ はユニタリである．

4.3 ユニバーサル NOT はブロッホ球上の点対称な点に移す写像であるから写像された状態を表す密度行列が書け，その固有値は非負である．つまり，ユニバーサル NOT は正写像である．次に，合成系 $\hat{\rho}_{AB} = |\Phi^{(+)}\rangle\langle\Phi^{(+)}|$ を入力状態として $\mathcal{U}_\text{NOT} \otimes \mathcal{I}_B$ を作用させる．$\hat{\rho}_{AB} = \frac{1}{2}(|0\rangle_A\langle 0| \otimes |0\rangle_B\langle 0| + |1\rangle_A\langle 1| \otimes |0\rangle_B\langle 0| + |0\rangle_A\langle 0| \otimes |1\rangle_B\langle 1| + |1\rangle_A\langle 1| \otimes |0\rangle_B\langle 0|)$ であるから
$$(\mathcal{U}_\text{NOT} \otimes \mathcal{I}_B)\hat{\rho}_{AB} = \frac{1}{2}(|01\rangle\langle 01| + |10\rangle\langle 10| - |00\rangle\langle 11| - |11\rangle\langle 00|)$$
$$= \frac{1}{4}(|\Psi^{(+)}\rangle\langle\Psi^{(+)}| + |\Psi^{(-)}\rangle\langle\Psi^{(-)}| + |\Phi^{(+)}\rangle\langle\Phi^{(+)}| - |\Phi^{(-)}\rangle\langle\Phi^{(-)}|)$$
となり，固有値の一つが負になることがわかる．つまり，ユニバーサル NOT は完全正写像ではない．

4.4 $\hat{1} = \hat{P}_0 + \hat{P}_1$, $\hat{\sigma}_z = \hat{P}_0 - \hat{P}_1$ であるから，
$$\begin{pmatrix}\hat{M}_0 \\ \hat{M}_1\end{pmatrix} = \begin{pmatrix}\frac{1}{\sqrt{2}}\hat{1} \\ \frac{1}{\sqrt{2}}\hat{\sigma}_z\end{pmatrix} = \begin{pmatrix}\frac{1}{\sqrt{2}} & \frac{1}{\sqrt{2}} \\ \frac{1}{\sqrt{2}} & -\frac{1}{\sqrt{2}}\end{pmatrix}\begin{pmatrix}\hat{P}_0 \\ \hat{P}_1\end{pmatrix}$$
ここに現れた行列はアダマール行列なのでユニタリである．よって，$\mathcal{E}_{PF}(\hat{\rho}) = \hat{P}_0\hat{\rho}\hat{P}_0 + \hat{P}_1\hat{\rho}\hat{P}_1$ である．この表現は $\hat{1}$ と $\hat{\sigma}_z$ を $\hat{P}_0$ と $\hat{P}_1$ で書き換えて直接得ることもできる．また，$\hat{\sigma}_x = |+\rangle\langle +| - |-\rangle\langle -|$ なのでビット反転を表す写像も $\mathcal{E}_{BF} = \hat{P}_+\hat{\rho}\hat{P}_+ + \hat{P}_-\hat{\rho}\hat{P}_-$ と書くことができる．

4.5 $|\psi_i\rangle$ と $|\phi_i\rangle$ をそれぞれ，$F(\hat{\rho}_i, \hat{\sigma}_i) = |\langle\psi_i|\phi_i\rangle|$ を満たすように選んだ $\hat{\rho}_i$ と $\hat{\sigma}_i$ の純粋化とする．ここで，正規直交基底 $|i\rangle$ で張られるアンシラ系を使って $|\psi\rangle = \sum_i \sqrt{p_i}|\psi_i\rangle|i\rangle$ と $|\phi\rangle = \sum_i \sqrt{q_i}|\phi_i\rangle|i\rangle$ を考えると，これらは $\sum_i p_i\hat{\rho}_i$ と $\sum_i q_i\hat{\sigma}_i$ の純粋化になっている．純粋化された状態間のフィデリティはもとの混合状態のフィデリティを超えないので
$$F\left(\sum_i p_i\hat{\rho}_i, \sum_i q_i\hat{\sigma}_i\right) \geq |\langle\psi|\phi\rangle| = \sum_i \sqrt{p_i q_i}|\langle\psi_i|\phi_i\rangle| = \sum_i \sqrt{p_i q_i}F(\hat{\rho}_i, \hat{\sigma}_i)$$

4.6 2値のエントロピーの表式は $H(p) = -p\log p - (1-p)\log(1-p)$ である（グラフは省略）．$0 \leq p \leq 1$ だから $\log p, \log(1-p) \leq 0$．よって，$H(p) \geq 0$．微分すると $H'(p) = (-\ln p + \ln(1-p))/\ln 2$ より $H'(1/2) = 0$ なので $p = 1/2$ のとき，エントロピーは最大値 1 をとる．もう一度微分すると $H''(p) = (-1/p - 1/(1-p))/\ln 2 \leq 0$ なので凹関数．

4.7 まず，$\sum_i p(A_i, B_j) = p(B_j), \sum_j p(A_i, B_j) = p(A_i)$ なので $H(A) + H(B) = -\sum_{i,j} p(A_i, B_j) \log p(A_i) p(B_j)$ であることに気づこう．すると，$H(A) + H(B) - H(A,B) = \sum_{i,j} p(A_i, B_j)(\log p(A_i, B_j) - \log p(A_i) p(B_j)) \geq 0$ が式 (4.137) から直ちにわかる．等号成立は $p(A_i, B_j) = p(A_i) p(B_j)$ つまり，A と B が独立事象のときである．

$H(A,B) = H(B) + H(A|B) \leq H(A) + H(B)$ であるから，$H(A) \geq H(A|B)$ がいえる．$H(B) \geq H(B|A)$ も同様．また，条件付きエントロピーが非負であるから $H(A,B) \geq H(A), H(B)$ である．

4.8 密度行列を対角化する正規直交基底を用いて $\hat{\rho} = \sum_i |\phi_i\rangle p_i \langle \phi_i|$ と書く．$S(\hat{\rho}) = -\sum_i \langle \phi_i| \hat{\rho} \log \hat{\rho} |\phi_i\rangle = -\sum_i p_i \log p_i$ である．$0 \leq p_i \leq 1$ であるから $-\sum_i p_i \log p_i \geq 0$ である．$S(\hat{\rho}) = -\sum_{i=1}^d p_i \log p_i$ であり，シャノンエントロピーのときと同様に拘束条件 $\sum_{i=1}^d p_i = 1$ のもとで最大化する．

4.9 $\text{tr}_B |\Psi\rangle\langle\Psi| = |a|^2 |0\rangle_A \langle 0| + |b|^2 |1\rangle_A \langle 1|$ であるからエントロピー $S(A) = -(|a|^2 \log |a|^2 + |b|^2 \log |b|^2) = H(|a|^2)$．$S(B)$ についても同様に計算する．

6.1 2進表示に書き直す．

$$|j\rangle \mapsto 2^{-n/2} \sum_{k=0}^{2^n-1} \exp[2\pi ijk/2^n] |k\rangle$$

$$= 2^{-n/2} \sum_{k_1=0}^1 \cdots \sum_{k_n=0}^1 \exp\left[2\pi ij \sum_{l=1}^n k_l 2^{-l}\right] |k_1 \ldots k_n\rangle$$

$$= 2^{-n/2} \sum_{k_1=0}^1 \cdots \sum_{k_n=0}^1 \prod_{l=1}^n \exp\left[2\pi ijk_l 2^{-l}\right] |k_l\rangle = 2^{-n/2} \prod_{l=1}^n \left(\sum_{k_l=0}^1 \exp\left[2\pi ijk_l 2^{-l}\right] |k_l\rangle\right)$$

$$= 2^{-n/2} \prod_{l=1}^n \left(|0\rangle + \exp\left[2\pi ij 2^{-l}\right] |1\rangle\right)$$

$j = j_1 2^{n-1} + j_2 2^{n-2} + \cdots + j_n 2^0$ であることと m が整数のとき $e^{2\pi im} = 1$ であることを思い出すと，最後の式の積を書き下して式 (6.8) を得る．

6.2 これは初項 1，公比 $e^{-2\pi ik/r}$ の等比級数で和を第 r 項までとったものだから，$k \neq 0$ のとき，

$$\sum_{s=0}^{r-1} e^{-2\pi isk/r} = \frac{1 - e^{-2\pi ik}}{1 - e^{-2\pi ik/r}} = 0$$

$k = 0$ のとき，

$$\sum_{s=0}^{r-1} e^{-2\pi isk/r} = \sum_{s=0}^{r-1} = r$$

式 (6.18) を使うと

$$\frac{1}{\sqrt{r}} \sum_{s=0}^{r-1} |u_s\rangle = \frac{1}{r} \sum_{s=0}^{r-1} \sum_{k=0}^{r-1} e^{-2\pi isk/r} |x^k \bmod N\rangle$$

$$= \sum_{k=0}^{r-1} \delta_{k0} |x^k \bmod N\rangle = |1 \bmod N\rangle = |1\rangle$$

参考書

さらに勉強したい人，基礎知識を確かめたい人のために，参考書を紹介する．入門書としての性格上，日本語で読める本だけを選んでいる．他にも良い本があると思うので，探してみてほしいし，プロを目指すなら英語の優れた本や，原著論文にもチャレンジしてほしい．この本では重要な言葉は英語でも記しているので検索すれば原論文が見つかるはずである．なお，紹介文は主観的な感想なので，実際に自分の目で確かめてから読み始めてもらいたい．

情報理論

情報理論の有名な教科書をあげておこう．

1. 今井秀樹『情報理論』，昭晃堂，1984（2014年にオーム社より発行）：標準的な教科書．
2. 甘利俊一『情報理論』（ちくま学芸文庫），筑摩書房，2011：大数の法則を中心にすえて，情報理論をわかりやすく解説しているが，内容はさすがにしっかりしている．テクニックよりも考え方を学ぶのによいと思う．
3. T.M. Cover／J.A. Thomas（著），山本博資ほか（訳）『情報理論——基礎と広がり』，共立出版，2012：世界的にも標準的教科書とされる．第4章の典型系列の部分はこの本を参考にした．かなり分厚く中上級者向きと思われる．

量子力学

量子情報技術と学部で教わる量子力学はだいぶ様子が違う．とはいうものの，量子力学にある程度なじみがあったほうがやはり入り込みやすいようには思う．

1. 小出昭一郎『量子論』，裳華房，1990：まず，教科書をいくつか．これは古い本だが，量子の世界を概観するには良い本だと思う．同じ著者の標準的教科書に『量子力学 I, II』があるが，量子情報技術を学ぶにはそこまで必要ではないように思う．
2. 小形正男『量子力学』，裳華房，2007：比較的薄くて読みやすいが，量子情報に使う量子力学はあまり出てこない．
3. 猪木慶治，川合光『基礎量子力学』，講談社サイエンティフィック，2007：同じ著者の『量子力学 I, II』の入門バージョンだが，それなりに骨がある．
4. J.J. サクライ（著），桜井明夫（訳）『現代の量子力学（上・下）』，吉岡書店，2014：記述は現代的で内容も優れている．ただし，大学院レベルの教科書なので物理のプロを目指す人向けだと思う．

5. 北野正雄『量子力学の基礎』, 共立出版, 2010：ここからは現代的な量子力学というか，量子情報技術の入門としても適した本を紹介する．この本は教科書としても使われている．記述はクリアだがはじめて量子力学に触れる人が読むには少々つらいかもしれない．
6. L. Susskind／A. Friedman（著），森弘之（訳）『スタンフォード物理学再入門量子力学』, 日経BP社, 2014：語り口は軽めだが，量子力学の枠組みなど，きちんとした内容になっている．
7. 上田正仁『現代量子物理学——基礎と応用』, 培風館, 2004：現代的な量子科学への橋渡しを意図した本．

量子情報科学

「量子コンピュータ」がタイトルにある本はたくさん出ているが，自分自身がそれほど読んでいるわけではないのでここでは触れない．

1. M.A. Nielsen／I.L. Chang（著），木村達也（訳）『量子コンピュータと量子通信（⟨1⟩～⟨3⟩）』, オーム社, 2004：ニールセン–チャンとよばれる業界標準の教科書．初版が2000年で，量子コンピュータや量子暗号研究のトレンドはもちろん反映されていない．量子情報科学が進歩していることを考えるともっと古びていてもいいのだが，基本的なところは結局変わっていないのだろう．これを読めばとりあえず準備完了，とはいうものの，やはり分厚い（日本語版は3分冊）のが難点だろう．英語版では2010年に10th Anniversary Editionが出ている．
2. 石坂智，小川朋宏，河内亮周，木村元，林正人『量子情報科学入門』, 共立出版, 2012：冬の学校のテキストを改訂したもの．日本を代表する若手・中堅の理論家が初心者向けに解説している．理論家が書いているので数学的にもしっかりしている．導入部の数章ははじめての人でも読めると思う．ただし，どうしても叙述に濃淡があるのと，章ごとの難易度も相当違うので読むときには注意が必要．
3. 小芦雅斗，小柴健史『量子暗号理論の展開（SGCライブラリ67）』, サイエンス社, 2008：この本の第5章の安全性証明を考えた人の解説書．量子暗号を研究するときは，手はじめにこの本を読むことになる．本書で触れなかった量子公開鍵暗号についても書かれている．
4. 古澤明『量子光学と量子情報科学（新・工科系の物理学）』, 数理工学社, 2005：後半で本書では述べなかった連続量を使った量子情報技術を解説している．連続量量子情報技術を学ぶにはどうしても量子光学の知識が必要となるので，前半もきちんと読む必要がある．著者は連続量量子情報実験のトップランナーである．同じ著者で他にも量子情報科学の本がある．たとえば，
5. 宮野健次郎，古澤明『量子コンピュータ入門（第2版）』, 日本評論社, 2016.

光技術

この本では光の話がたくさん出てきた．光で量子情報技術を実装しようとするときは，光技術の知識が必須になる．

1. **A. Yariv／P. Yeh（著），多田邦雄・神谷武志（監訳）**『光エレクトロニクス基礎編・展開編 原書第 6 版』，丸善，**2014**：この分野の定番の教科書といえばこれだろう．
2. **井上恭**『ファイバー通信のための非線形光学』，森北出版，**2011**：入門にはこちらのほうがとっつきやすいかもしれない．同じ著者で
3. **井上恭**『工学系のための量子光学——量子力学の基礎から量子情報通信まで』，森北出版，**2008**（POD 版：2015 年）もはじめてこの分野に触れる人にもわかりやすく書かれているように思う．
4. **M. Fox（著），木村達也（訳）**『量子光学』，丸善出版，**2012**：実験のことが比較的詳しく書かれており，量子情報技術に関連した内容も書かれている．

索引

英数先頭

1 量子ビットテレポーテーション　213, 216
2 準位原子　56
2-ユニバーサルハッシュ関数　159, 172
ϵ-安全　158, 188
$\pi/8$ ゲート　51
BB84 プロトコル　162
BB84 プロトコルの実装例　167
BBM92 プロトコル　161
CNOT ゲート　72
CPTP　106
CSWAP ゲート　123
CSWAP テスト　124
CZ ゲート　73, 211
operator-sum representation　103
POVM　105
QKD　151
QKD プラットホーム　187
RSA 暗号　152, 202
Solovay–Kitaev の定理　73
SWAP ゲート　197
Takeoka–Guha–Wilde 限界　193
unambiguous state discrimination　106
X,Y,Z ゲート　48

あ行

アインシュタインとド・ブロイの関係　27
アダマールゲート　50
アダマール変換　49
誤り訂正　175, 220
誤りのない判別　106
暗計数（率）　190
暗号技術が実現すべき機能　151
アンシラ　103

安全性証明　174
安全パラメータ　172, 176
位数推定問題　200
位相誤り　164
位相回転ゲート　50
位相ゲート　51
位相推定問題　199
位相整合　83
位相ダンピング　112
位相反転チャネル　110
位相変調器　166
一重項状態　65
一方向量子計算　211
異方性結晶　83
ウルマン (Uhlmann) の定理　117
エルミート演算子　18, 35
エルミート共役　15
エルミート共役演算子　16
エルミート交代演算子　41
エンタングルメント　61
エンタングルメントエントロピー　148
エンタングルメントスワッピング　81, 192
エントロピー　127
オイラーの公式　11
オブザーバブル　35, 49
オラクル　206

か行

回転ゲート　51
鍵配付　154
鍵リレー　192
拡張した状態　119
確率密度分布　117
隠れ部分群問題　202
重ね合わせ　2, 5, 12, 32, 45
カルバック–ライブラー (Kullback-Leibler) 距離（ダイバージェンス）　134
完全正写像　106

完全前方安全性　154
犠牲ビット　176, 183
キックバック　76, 125, 199, 231
基底照合　162
強凹性　118
共通鍵暗号　152
強劣加法性　143
行列の関数　21
極座標表示　11
極分解　24
偶発同時計数　85
組み合わせ最適化問題　218
クラウス演算子　104, 228
クラウス表現　103
クラスター状態　211
グローバーアルゴリズム　205, 208
グローバル位相　45
経験確率分布　135, 176
計算基底　44
計算量　4
計算量的安全　6, 156
結合エントロピー　131, 142
公開鍵　152
公開鍵暗号　152
公開通信路　159
交換関係　40
交換子　40
光子数分離攻撃　179
恒等演算子　18
コヒーレント (coherent) 攻撃　156
コヒーレント時間　53
コヒーレント状態　182
個別 (individual) 攻撃　156
固有値　17
固有ベクトル　17
コレクティブ (collective) 攻撃　156
混合状態　89
混合状態の判別可能性　115

さ 行

最小誤り確率測定　121
最大量子もつれ状態　161
サイドチャネル攻撃　189
三重項状態　65
時間量子ビット　164
事後選択　76
自発パラメトリックダウンコンバージョン　82
シフト　162
射影演算子　33
射影測定　33
シャノンエントロピー　128
周辺状態　98
縮約状態　98
縮約密度行列　98
受信再送攻撃　172
シュテルン－ゲルラッハの実験　26
受動基底選択　167
シュミット係数　99
シュミット分解　98, 149
シュミットランク　99, 149
シュレーディンガー方程式　38
シュワルツの不等式　13, 43
純粋化　100, 115
純粋状態　89
ショア (Shor) のアルゴリズム　5, 202
条件付きエントロピー　130, 142
状態トモグラフィ　93
状態の収縮　34, 40
状態の発展　36
情報理論的安全　7, 156
剰余演算　153, 200
シンドローム　222
振幅増幅　6, 205
振幅ダンピング　110
スタビライザー　224
スペクトル分解　18
スワップゲート　74
正規演算子　18
正規直交基底　14
制御 Z ゲート　73
制御位相回転ゲート　197
制御（量子）ゲート　71
制御スワップゲート　74
制御ノットゲート　72
制御ユニタリゲート　71
制御量子ビット　71
生成子　37
積状態　96
線形演算子　15
線形結合　13
線形独立　13
素因数分解　154, 202
相互情報量　130, 142
相対エントロピー　134, 144
相補性　174
測定型量子計算　211

た 行

第 2 次高調波発生　83
対角行列　20
大数の法則　135
タイムビン量子ビット　165
耐量子暗号　7
多量子ビットゲート　71
単一光子光源　179
単調性　144
中間者攻撃　159
超演算子　104
超伝導量子ビット　53
調和振動子　53
通信路容量　139
デコイ BB84 プロトコル　184
デコイ法　181
デコヒーレンスフリーサブスペース　234
テプリッツ行列　172
デポーラライジングチャネル　109
典型系列　135, 138
伝令付単一光子源　85
同期　185
同時計数率　85
同時固有状態　224
盗聴戦略　183
特異値　20
特異値分解　19, 99
トモグラフィ　93, 123
トラステッドノード　192
トレース　22
トレース距離　119
トレースノルム　24, 117, 119

な 行

内積　13
生鍵　161
認証通信　159
能動基底選択　167
ノーマライザー　226

は 行

ハイゼンベルグ限界　8
パウリ行列　47, 223
パウリ群　225
ハミルトニアン　37
パリティ測定　222
反交換関係　40
反交換子　40
判別可能性　114
汎用結合性　158
非対称マッハツェンダー干渉計　165
ビット反転チャネル　110
秘匿性増幅　171, 175
秘匿通信　155
秘密鍵　152
ビームスプリッタモデル　110
ヒューリスティック　209
標的量子ビット　71
平文　155
ヒルベルト (Hilbert) 空間　12
フィデリティ　115
フィデリティの単調性　118
フィードフォワード　52, 212
フォールトトレラント　232
フォンノイマンエントロピー　141
不確実性　128
複屈折　83
複屈折結晶　54
複製禁止定理　62
複素共役転置　15
複素数　10
複素平面　11
符号空間　226
物理量　35, 40
部分トレース　97
フレドキンゲート　74
ブロッホ球　45
分離可能　96

ベイズ (Bayes) の定理　131
ベクトル空間　12
ベル状態　65
ベル状態測定　79
ヘルストロム限界　114
ベル不等式　66
偏光量子ビット　54
ポアソン分布　179
ポアンカレ球　46
ポストセレクション　76
ホレボー限界　145
ホレボー情報量　146

ま 行

密度演算子　89
密度行列　89
ムーア (Moore) の法則　4
無雑音通信路の容量　139
迷光　190
モノガミー　82, 161

や 行

有限長効果　184
ユニタリ演算子　18, 36
ユニタリ変換　36

ら 行

ラビ振動　56, 57
乱数　186
離散対数問題　203
量子アニーリング　218
量子誤り訂正　220
量子暗号　88, 151
量子暗号鍵配付　7, 151
量子一括測定　79
量子回路　51
量子回路モデル　75, 211
量子ゲート　46
量子積分アルゴリズム　209
量子相対エントロピー　146
量子断熱計算　217
量子チャネル　106
量子中継　188, 192

量子通信路　159
量子ディスコード　149
量子データ圧縮　148
量子テレポーテーション　78, 82
量子ビット　44
量子ビットコミットメント　102
量子フーリエ変換　195
量子もつれ　58, 61, 63, 211
量子もつれ光子対　82
量子力学的状態　40
量子力学の公準　39
両立可能性　41
劣加法性　143
連接　232
連接の閾値　233
連接符号　232
論理量子ビット　221

わ 行

ワンタイムパッド　154

著者略歴

富田　章久（とみた・あきひさ）
- 1982 年　東京大学理学部物理学科卒業
- 1984 年　東京大学大学院理学系研究科物理学専門課程修士課程修了
- 1984 年　日本電気株式会社入社
- 2000 年　科学技術振興事業団　ERATO 今井量子計算機構プロジェクト　グループリーダー（兼務，〜 2005 年）
- 2005 年　科学技術振興機構　ERATO-SORST 量子情報システムアーキテクチャプロジェクト　グループリーダー（兼務，〜 2010 年）
- 2010 年　北海道大学大学院情報科学研究科教授
- 現在に至る
- 博士（工学）

編集担当	丸山隆一（森北出版）
編集責任	藤原祐介・石田昇司（森北出版）
組　版	中央印刷
印　刷	同
製　本	ブックアート

量子情報工学　　　　　　　　　　　　　　　　　© 富田章久　2017

2017 年 2 月 28 日　第 1 版第 1 刷発行　【本書の無断転載を禁ず】

- 著　者　富田章久
- 発行者　森北博巳
- 発行所　森北出版株式会社
  - 東京都千代田区富士見 1-4-11（〒102-0071）
  - 電話 03-3265-8341／FAX 03-3264-8709
  - http://www.morikita.co.jp/
  - 日本書籍出版協会・自然科学書協会　会員
  - JCOPY ＜（社）出版者著作権管理機構　委託出版物＞

落丁・乱丁本はお取替えいたします．

Printed in Japan／ISBN978-4-627-85381-2